建築の仕組みが見える

Mechanism of architecture | X-Knowledge

緑と暮らしのデザイン手帖

著／山﨑誠子

06

JN245303

はじめに

本書は、2010年に発刊された『ゼロからはじめる建築知識07 住宅の植栽』を再編集したたものです。

建築から造園・ランドスケープデザインの世界へと入った筆者は、特に造園植物に興味をもち、今では植物系ランドスケープデザイナーを名乗るぐらい植物にこだわったデザインをしています。そこで、建築や土木などに携わる方が住宅等で植栽をするときに「ここは基本部分だから知っておいてほしいな」とか「こういうところがきっと分かりにくい部分だろうから、具体的に説明しなくちゃ」と考える部分を、1つひとつを吟味してまとめあげました。

造園植物は生き物ですから、「枯れると大変なので、使ったことのある植物ばかりを植栽しがち」「ワンパターン化しやすく、限られた樹種しか使用しないことも多い」と造園関係の方からお聞きします。

本書には「建物をつくる方たちがこんなことを知っていてくれるといいな」「基本的なことだけれど、造園関係の方でもこんなことは案外知らないかも」という内容も盛り込みました。

日本には造園に使える植物がたくさんあります。会社、現場、自宅、学校、さまざまな場所で本書を活用していただき、緑のある暮らしを楽しんでいただけましたら幸いです。

2025年3月

山﨑誠子

目次

第3章 緑の効果を生かす

本書は2010年10月、エクスナレッジより刊行された『ゼロからはじめる建築知識07 住宅の植栽』を加筆・修正したものです。

カバー・表紙デザイン	名和田耕平デザイン事務所
カバーアートワーク	中辻作太朗
本文デザイン	米倉英弘（米倉デザイン室）
本文アイコンイラスト	白井 匠
本文イラスト	GAヤマザキ
DTP	ユーホーワークス
印刷・製本	シナノ書籍印刷株式会社

第1章 植栽の設計のポイント

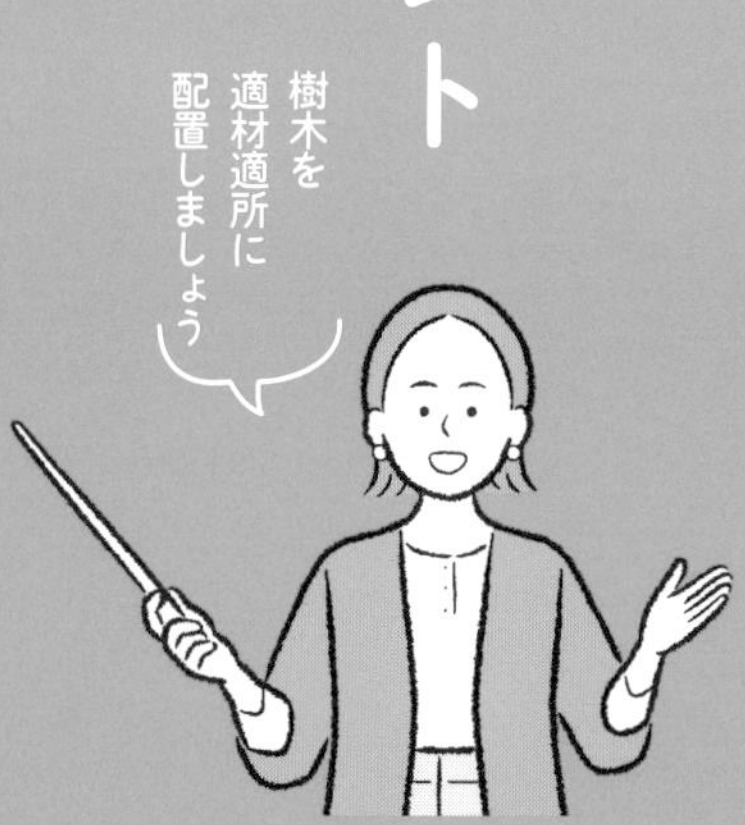
樹木を
適材適所に
配置しましょう

01 植栽設計とは

住宅の植栽に求められること

「植栽」とは、一般に植物を栽培することを意味しますが、植栽計画では、樹木の機能的な特性や管理方法を考慮しながら、樹木や草花を適所に配置することを指します。建物や庭に合わせて、どのような特徴、ボリュームの樹木を配置するかといったデザイン力、さらに樹木がどのような環境を好み、いつ花を咲かせ、どんな樹形になるかといった植物学的な知識、樹木をいつどのような方法で建築現場に持ち込み、設置するかといった植栽工事に関する知識が求められます。

植栽設計に携わる人は、ガーデンデザイナー、ランドスケープデザイナー、園芸家、造園家、作庭家などさまざまです。資格で分類すると、「造園施工管理技士」や「登録ランドスケープアーキテクト」などが主に植栽設計を行います。

住宅に合った植栽計画

住宅の庭は、建て主個人が楽しむことを主目的とするため、適切なボリュームで、手入れが楽な植栽を提案とすることが基本となります。植栽樹の種類は生長《せいちょう》後の大きさ[44頁参照]を想定し、日常的に管理を行える範囲にあるものを選びます。草本《そうほん》は水遣《みずや》りや雑草取り、花殻《はながら》摘みなどに手間がかかります。樹木と草本のバランスを検討することも重要です。

植栽設計では、どの時点で庭が完成するかで植栽する量や配置（植栽密度）が異なります。戸建住宅の場合、樹木は3年後、草本（宿根草《しゅっこんそう》を除く）は2カ月後を目安に植栽密度を決めます【図】。

集合住宅の場合は入居時にある程度完成した植栽デザインが求められます。植栽ピッチを通常より狭め、建物の顔になるエントランス廻りは、華やかな花木《かぼく》[126～133頁参照]を高密度に植栽します。植栽する樹種は、植え替えが必要な1年草は避け、樹木や宿根草を中心に構成します。植栽管理を住民が行う場合もあり、手のかからないもの[66～67頁参照]で構成することが重要です。

[図] 住宅の植栽計画例

①戸建住宅

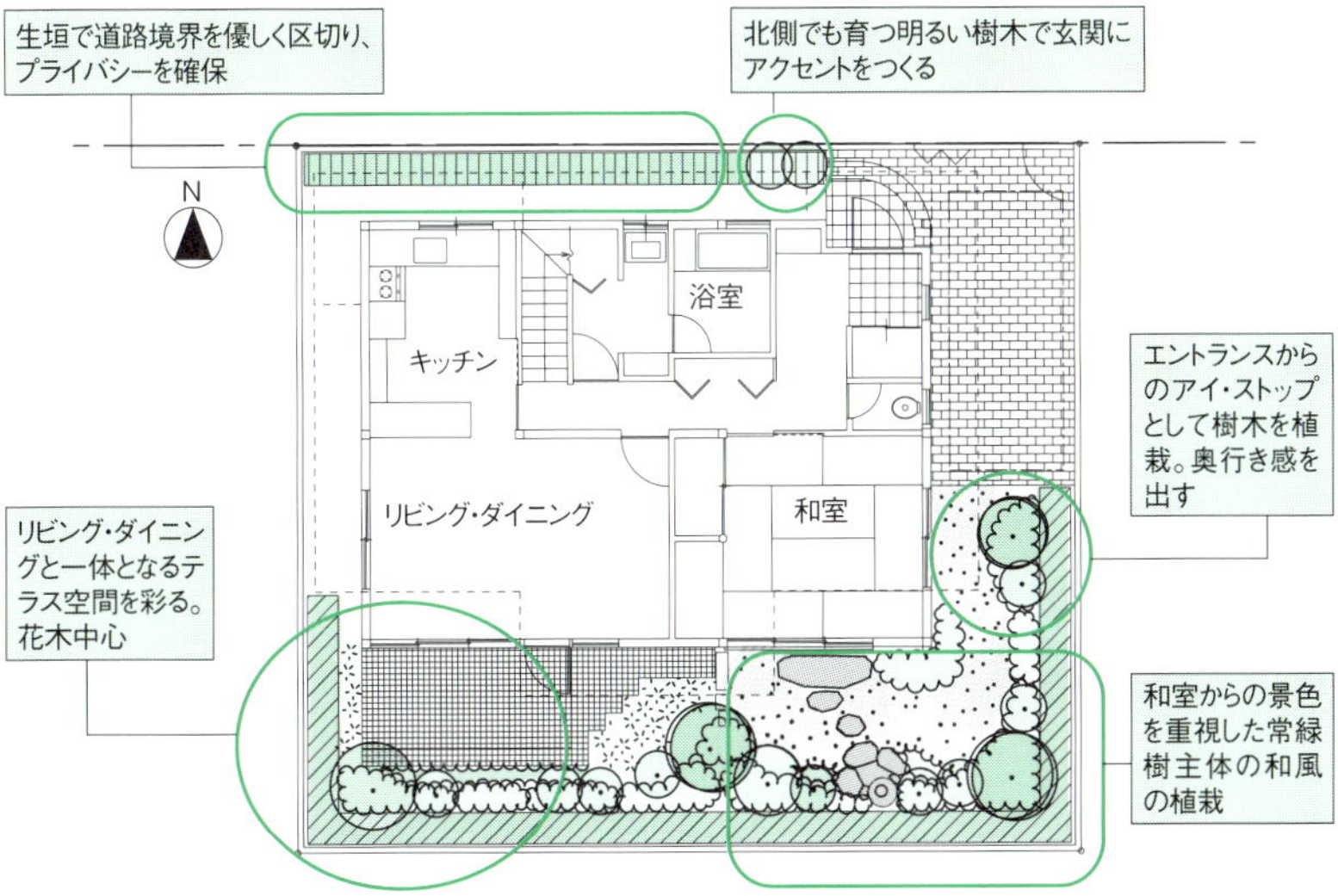
生垣で道路境界を優しく区切り、プライバシーを確保
北側でも育つ明るい樹木で玄関にアクセントをつくる
N
浴室
キッチン
エントランスからのアイ・ストップとして樹木を植栽。奥行き感を出す
リビング・ダイニング
和室
リビング・ダイニングと一体となるテラス空間を彩る。花木中心
和室からの景色を重視した常緑樹主体の和風の植栽

②集合住宅

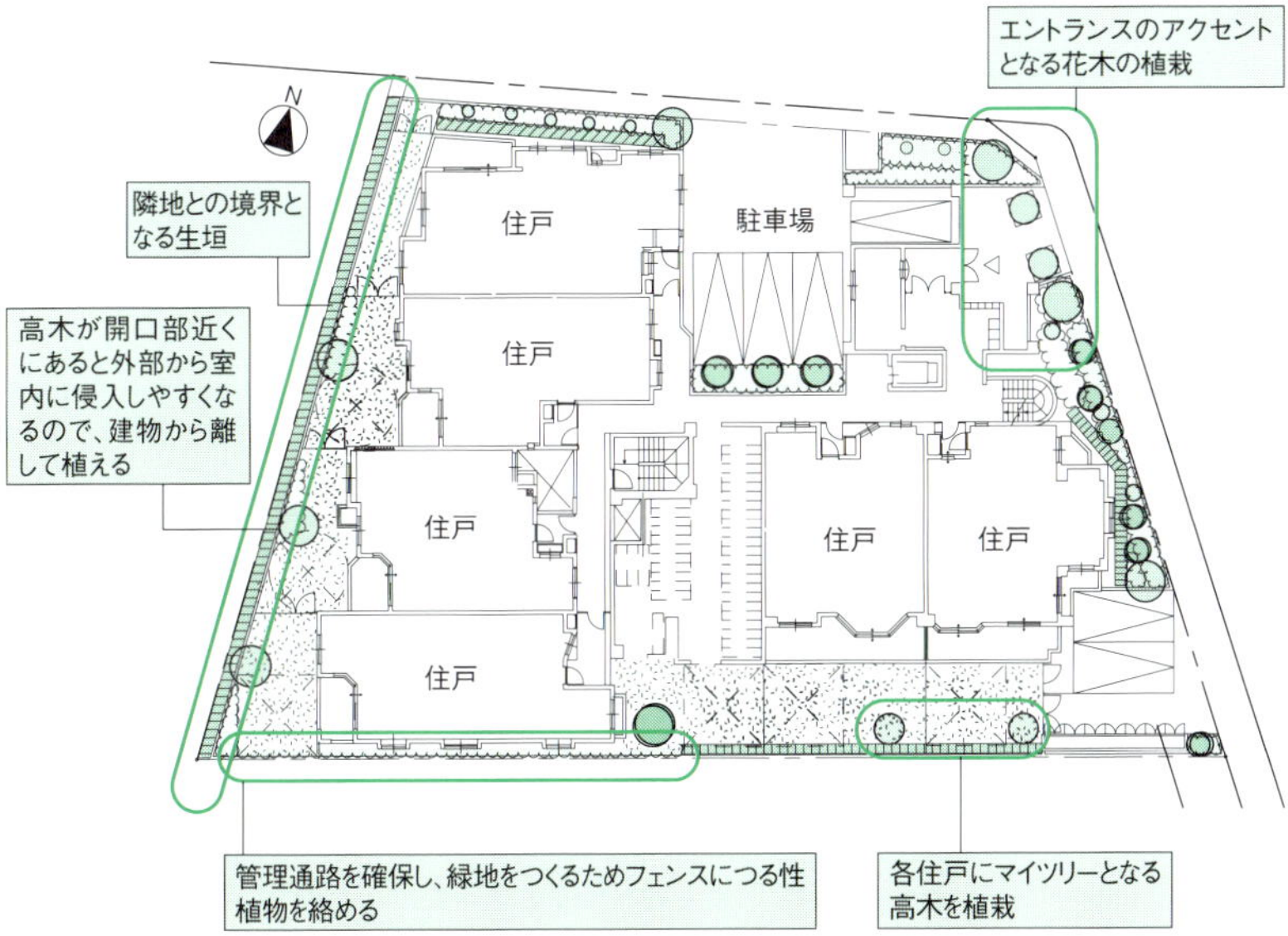
エントランスのアクセントとなる花木の植栽
N
隣地との境界となる生垣
住戸
駐車場
住戸
高木が開口部近くにあると外部から室内に侵入しやすくなるので、建物から離して植える
住戸
住戸
住戸
住戸
管理通路を確保し、緑地をつくるためフェンスにつる性植物を絡める
各住戸にマイツリーとなる高木を植栽

02 植栽設計・工事の流れ

○植栽計画の目安は2週間

植栽設計・工事は、「ヒアリング」→「現地・周辺調査」→「計画」→「施工」→「管理」という段取りで進められます【図】。これを建物の設計・施工計画にうまく当てはめていく必要があります。

植栽設計は、建て主へのヒアリングから始まります。どのような庭にしたいか建て主のイメージを引き出し、日常の管理方法や植栽にかけるコストなども確認します。

現地・周辺調査は、工事の規模にもよりますが、小規模の戸建住宅程度なら、現地調査に1～3日、周辺調査に1～2日、それらをまとめるのに1週間程度かかります。計画地の測量図や現況図《げんきょうず》(樹木の位置や給排水設備などの位置が分かるもの）が事前に手に入れば、調査日数は少なくなります。

建て主や建築の設計者との打ち合わせにかける時間は、規模や状況に応じて変わります。1日で打ち合わせが終わることもあれば、2カ月近くかかる場合もあります。標準的なタイプの戸建住宅の規模ならば、計画だけで1週間程度、現地・周辺調査と合わせると、施工までに2週間程度かかると考えておくとよいでしょう。

○植栽工事の施工

植栽工事は、材料の発注と施工の2段階に分かれます。材料の発注は、生物材料を扱うため、最低でも施工開始日の2週間前までにすませる必要があります（施工者がよく使う材料ならば1週間程度）。

施工期間は、工事の規模や周辺の状況、工事のタイミング、天候などに左右されます。小規模な個人住宅の場合、周辺状況がよく、天候に恵まれれば、長くみても1週間くらいと考えておけばよいでしょう。

ただし、計画地周辺の道路が狭い場合や、工事車両が計画地やその周辺に常時駐車できない場合、建築工事とバッティングするなど、現場の条件によっては施工期間は長くなる場合があります。

[図] 植栽設計・工事の基本的な流れ

植栽設計

植栽計画

植栽設計の基本方針となるキーワードを決める

①ヒアリング
建て主の希望や管理体制・方法についての考え方を聞く

②現地調査・分析
地形、土質、気象、植生、水分量、日照の各条件や設備設置状況、周辺環境などを確認する

植栽デザインのイメージを固める

③ゾーニング・動線計画
主庭、副庭の配置、イメージ創出、進入動線やサービス動線、視線の検討

④基本設計
主要樹木・添景物の検討、舗装材の検討、工事費概算

設計図を完成させる

⑤実施設計
配植図（樹種・形状・数量）、添景物の配置、舗装材の配置、門・塀・フェンス・生垣の検討、工事費積算

植栽工事

施工会社を選ぶ

⑥施工者選定
実施設計図を渡し、現地を確認して見積もりをしてもらい、金額が折り合えば決定

材料を発注する

⑦材料発注
植栽樹を発注する。施工会社と材料会社が異なる場合もある

工事を発注する

⑧施工
建物工事との取合いを考えながら施工

建て主に引き渡す

⑨引渡し
設計者、施工者、建て主で立会い検査をして引き渡す

03 植栽のコスト

建て主との打ち合わせでは、植栽工事や仕上がりのグレードを定めるためにも、初期段階でおおよそのコストを確認しておく必要があります。一般に植栽にかかるコストは、植栽設計料と植栽工事費の2つからなります【図】。

植栽設計のコスト

植栽設計料は植栽設計者に支払われるコストです。樹木の種類や配置の大まかな方針を決める基本設計、実際に図面を起こす実施設計、施工の際の立会いなどの施工監理《かんり》の費用などが含まれます。

設計料は建物の工事費を基準とした割合ではなく、その設計・施工をするのにどれくらい人が動いたかが基本になります。技術料は設計者の技量により大きく変わります。人件費の基準としては、国土交通省が毎年公表している「技術者単価」も目安になります。

植栽工事のコスト

植栽工事費は施工会社に支払われるコストで、材料代と施工代の2つに大別できます。施工代には、植込み代と、樹木を支える支柱材、土壌の改良が必要ならば、改良材の費用などが含まれます。このほか畑から樹木を搬送し、現場で樹木を立て、支柱を据え付ける手間のほか、材料の運搬費や、養生費《ようじょうひ》などの諸経費が含まれます。

施工コストは、使用する材料で大きく変わります。マツやマキなど樹の形が仕立てられた樹木は、商品になるまでの手間が単価に反映されています。珍しい樹木、あるいは同じ樹種でも全体のバランスが取れて見映えのよいものを選ぶと、材料費は高くなります。

樹木の大きさによっては、クレーン車などの大型重機の費用が必要です。運搬道が狭いと一度に材料を大量に運搬できないため、運搬費がかさむ場合もあります。

材料費以外の植込みや運搬などの施工代は材料費とほぼ同額で、合計で材料費の2倍程度を見込んでおきます。

植栽コストは、設計・施工にかかる人工費《にんくひ》をもとに算出します

[図] 植栽コストの構成

植栽コスト ＝ 植栽設計料 ＋ 植栽工事費

①植栽設計料の内訳

植栽設計料 ＝

基本設計料
基本方針の打ち合わせ、基本設計などにかかる費用

＋ **実施設計料**
植栽平面図の作成、積算などにかかる費用

＋ **工事監理料**
現場での工事監理にかかる費用

設計者の技量により技術料は変わる。

なお、人件費の基準は、国土交通省で毎年発表している「技術者単価」を参考にする場合が多い

②植栽工事費の内訳

植栽工事費 ＝

樹木材料費
植栽する樹木の費用

＋ **植込み工事費**
植え穴掘りや、樹木の運搬、植付け、整地などの費用

＋ **客土工事費**
新たに搬入した土や土壌改良などにかかる費用

＋ **支柱工事費**
支柱工事、幹巻きなどにかかる費用

＋ **諸経費**
養生や発注時の通信、燃料などにかかる費用

＋ **枯れ保障**
保障の有無は工事による

樹木材料費は流通量との関係で変動する。また、運搬費はその材料がどこにあるかで大きく異なる。

たとえばヤシなどは、九州など暖かい場所で育てられることが多いため、東京で植栽するには割高な樹木だといえる

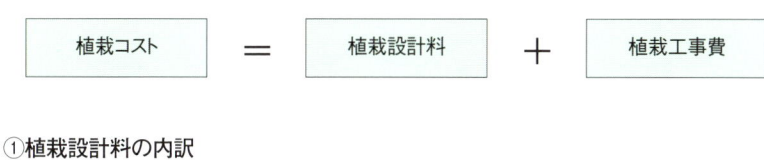

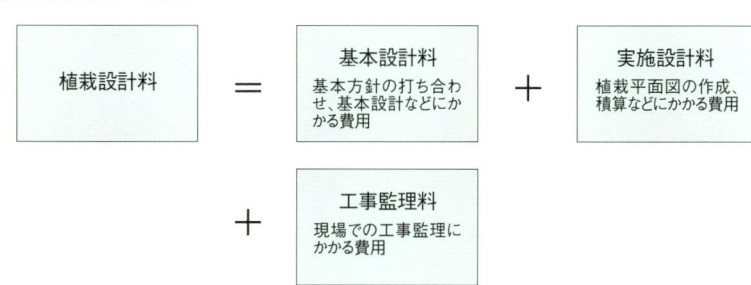

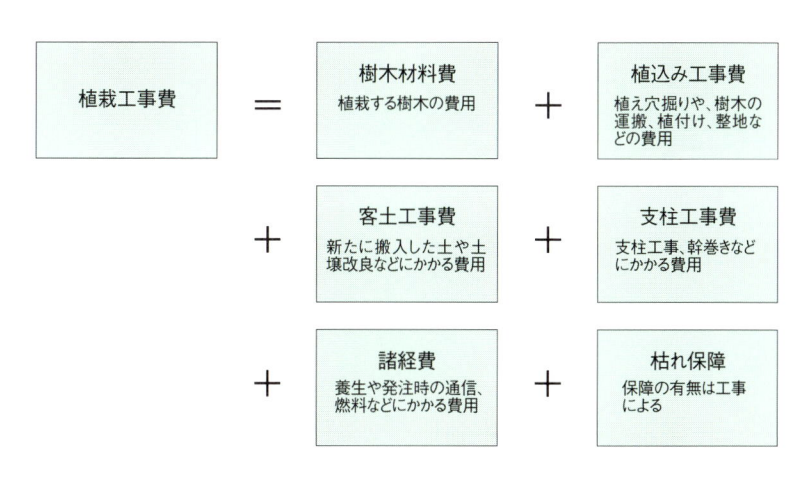

04 計画地周辺の環境を把握する

地形図を入手する

樹木の生長《せいちょう》を左右する日照、水、土、風は、計画地周辺の地形がつくり出す微気候《びきこう》［72頁参照］で決まります。植栽計画を行う際、周囲の地形の状況と、それが計画地に与える影響を把握する必要があります。

計画地のおおよその地形を知るためには、2万5千分の1程度の地形図（国土地理院のホームページでダウンロード可能。日本地図センターのオンラインショップでも購入できる）を用意します。地形図は大型書店で購入するほか、自治体によってはインターネットで閲覧《えつらん》できる場合もあるので、確認してみるとよいでしょう。

周辺環境を読み取る

地形図をもとに、次のような点を注意して周辺環境を読み取り、現地調査に備えます。

はじめに注目する情報は方位です。計画地が周囲の地形のなかでどのような方位にあるかを確認します。丘や山の北側に計画地がある場合、日照時間に制約があるため、植栽できる樹木が日陰に強いものに限られることもあります。

次に凹凸状の地形が周囲にあるかを確認します。丘や台地の頂上付近などの凸部は、日がよく当たり暖かく、植栽に適した環境であることが多いのですが、風がよく当たり乾燥しやすいので、どの程度の風が吹くかを現地で確かめる必要があります。

一方、谷や川筋などの凹部は、日照時間が限られ、寒くて湿気が溜まりやすいので、湿気に強い樹木を植えるか、排《はい》水桝《すいます》などを設置し、水はけをよくするなどの配慮が必要となります。

このほか、計画地の標高や、河川などの水路の位置や分《ぶん》水嶺《すいれい》などを把握します。計画地が山の下側にある場合は、湧《ゆう》水《すい》が出ていないかなどについてもよく調査します［図］。

さらに細かい情報を知るために、1千500分の1程度の詳細地図や、公共機関が公布している住宅地図を取り寄せるか、現地調査をします［18頁参照］。

[図] 地図で確認するポイント例

付近に山や丘がある場合

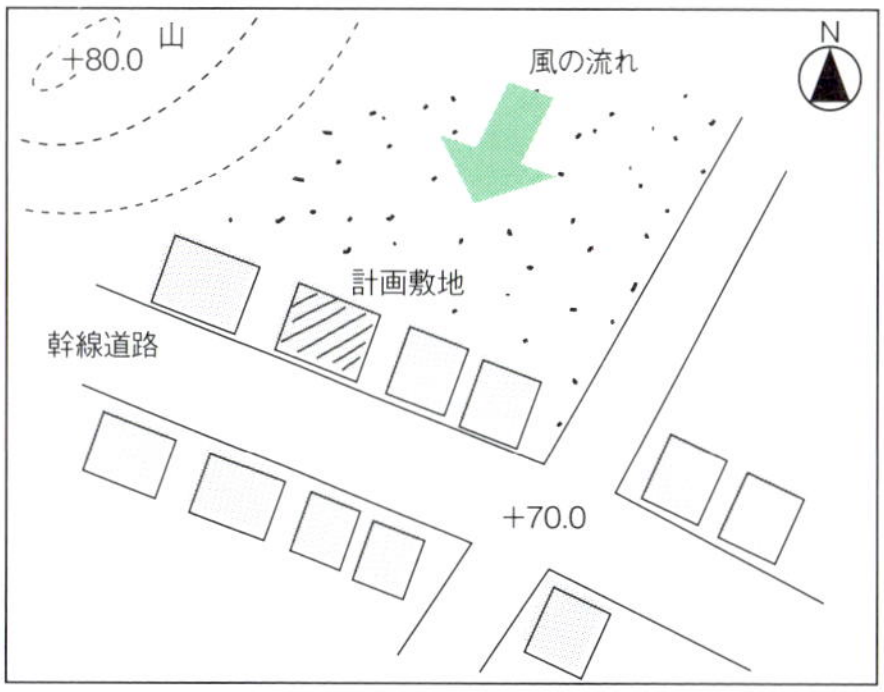

山や丘より低い場所が風の通り道になりやすいので、計画敷地の北側から北風が吹かないかをチェックする。また、敷地が幹線道路の近くなので、交通量がどの程度かも把握する必要がある

付近に河川がある場合

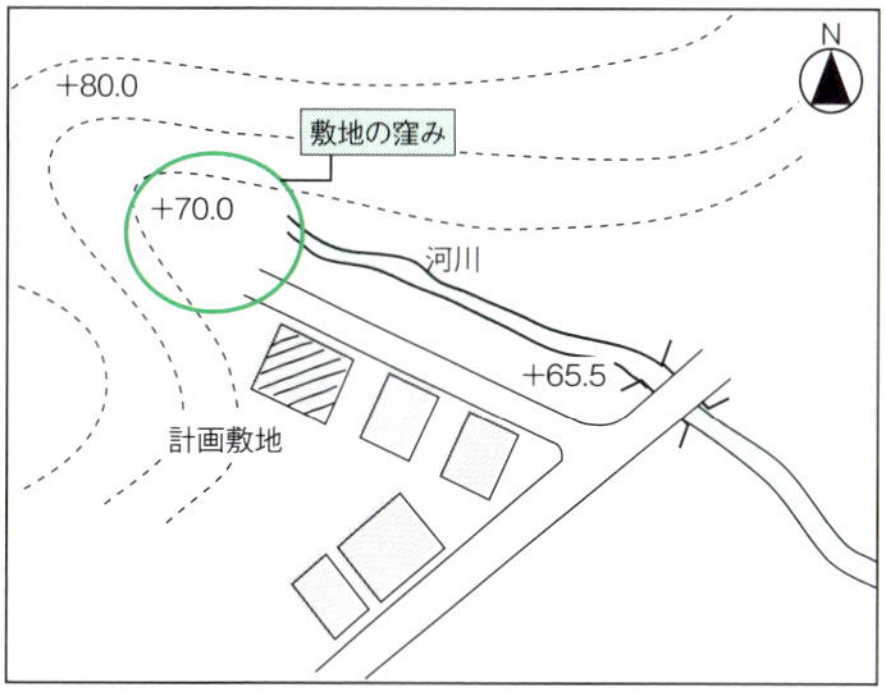

水の流れる方向や豪雨時に河川の水位がどの程度になるかを押さえる必要がある。左図のように地形の窪みに計画敷地が近い場合、雨が降ったときにどのような水の流れをするかを確認する。
また、河川は常に同じ場所を流れていないため、現在の敷地部分にかつて河川がなかったかを、古地図などを使って確認しておくとよい

付近に小山があるが窪みがない場合

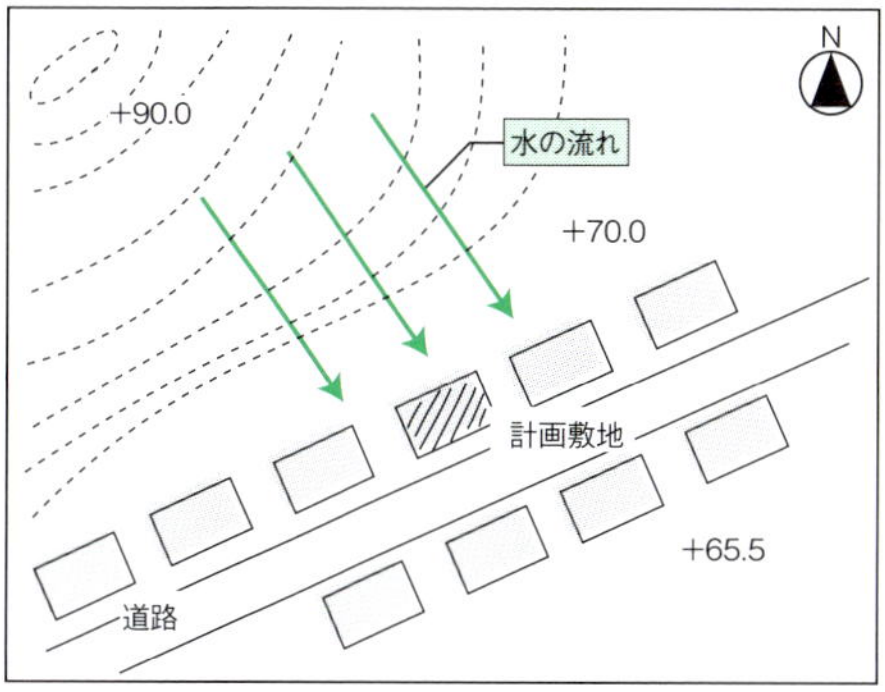

雨が降ったときどのように山からの水が流れるか、土砂崩れなどの心配がないか、土留めが必要かなども併せて確認する

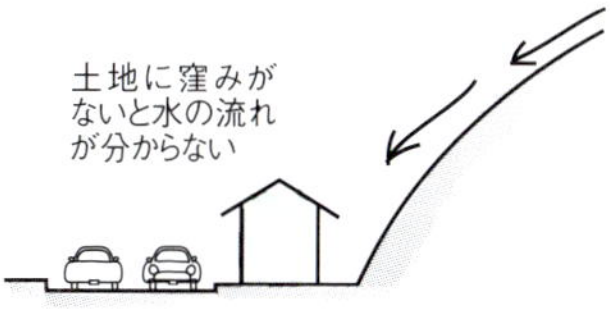

05 現地調査で敷地環境を確認する

○植物の生長《せいちょう》に欠かせない3要素

樹木の生長は、日照、水、土、風、温度などに左右されます【図】。これらの要素がどの程度確保できるかを確認します。

(1) 日照

樹木は日照の好みにより、陽樹《ようじゅ》・中庸樹《ちゅうようじゅ》・陰樹《いんじゅ》に分けられます［48～49頁参照］。朝日が当たる部分、西日が当たる部分、終日陽が当たる部分を確認しておきます。

(2) 水分

どんなに乾燥を好む樹種であっても、水分は不可欠です。土の乾湿状況、水遣《みずや》りのための水道設備の有無を調査します。

(3) 土

植物は一般に、弱酸性で有機質に富み、水はけがよい土を好みます［20～21頁参照］。これらの条件を満たさない場合は、土壌改良や客土《きゃくど》などの対策が必要です。植栽に最低限必要な土厚は樹高《じゅこう》により異なります【マメ知識】。高木《こうぼく》を植えるだけの深さがあるかどうか、土厚も確認します。このほか、地質や地下水位などがわかるボーリング資料があれば、土壌改良や植栽地の高さを決定する参考にします。

○風・温度も重要

敷地に吹く風や温湿度は、気象データを研究するだけでなく、敷地の周辺状況を調査することが重要です。

(4) 風

ある程度の強さの風は、樹木の周りに汚い空気や湿度が澱《よど》まないためにも必要ですが、常時吹いていたり、強すぎたりすると、3要素がそろっていても生長が妨げられる場合があります。季節風などの通り道やビル風の吹出し口、建物の屋上などに植栽する場合は、どの程度の風が吹くかを確認し、状況によっては風に強い樹種を選択します［60頁参照］。

(5) 温度

樹木は、それぞれ生長に適した温度が決まっています［58～59頁参照］。植栽樹が植栽地の気温に合っていなければ、弱ったり、最悪、枯れたりする場合があるので注意が必要です。

[図] 樹木の生長に必要な要素

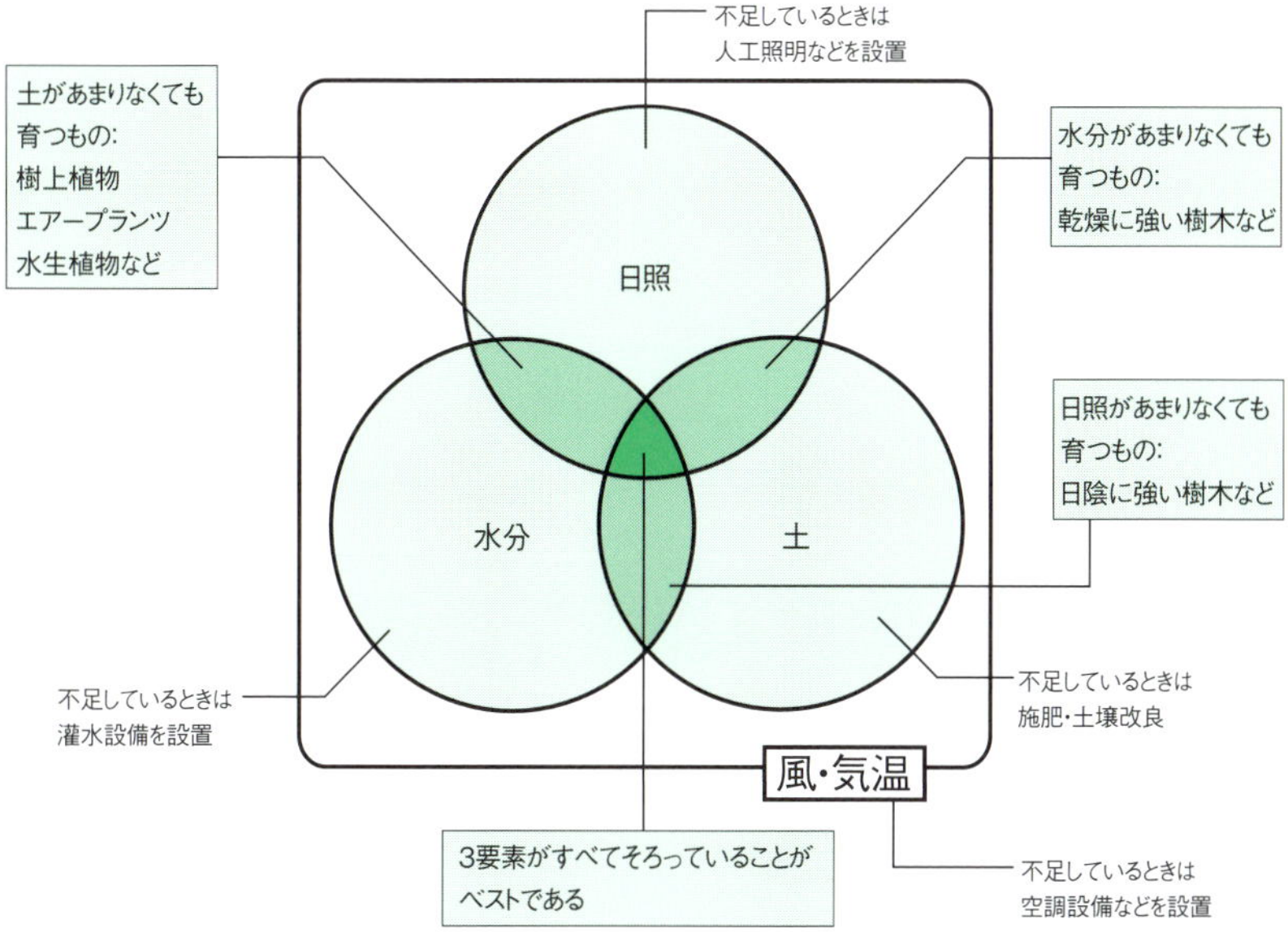
不足しているときは
人工照明などを設置
土があまりなくても
育つもの:
樹上植物
エアープランツ
水生植物など
水分があまりなくても
育つもの:
乾燥に強い樹木など
日照
日照があまりなくても
育つもの:
日陰に強い樹木など
水分
土
不足しているときは
灌水設備を設置
不足しているときは
施肥・土壌改良
風・気温
3要素がすべてそろっていることが
ベストである
不足しているときは
空調設備などを設置

樹木が健全に生長するためにはすべての条件がバランスよくあることが重要。何かが足りなかったり多かったりした場合は、生長不良になることもあるので調整する必要がある

マメ知識

植栽に必要な土の量

肥沃な土さえあれば、簡単に植栽ができると考えられがちだが、大きな間違い。樹高［44〜45頁］によって必要な土の量がだいたい決まっている。

ただし、定期的な水遣りが難しい場所では左表の数値にそれぞれ10㎝以上加えた値の土厚が必要。

屋上庭園の場合は、左表の数値に10〜20㎝の排水層を設ける必要がある。

住宅地などの土壌を掘ると、高木を植えるだけの深さがないことがよくある。現地調査の段階で、できるだけ土厚も確認する。

表　樹木に必要な土厚

樹高	土厚の目安
高木	80㎝以上
中木	60㎝以上
低木	40㎝以上
地被	20㎝以上

06 土壌環境を調査する

○良質な土の条件

樹木の良好な生育《せいちょう》を促すためには、土の量を確保するだけでなく、生長に適した土壌でなければなりません。樹木により適した土壌に若干の違いがありますが、排水性、保水性、栄養分の3要素が土壌の質を確認するバロメータです【図1】。とくに造成地では、土質についても確認しておきます【図2】。

動物同様、植物の根は、酸素を吸って二酸化炭素を排出します。締め固まった土や粘土のように、樹木が呼吸できる空間と酸素が土に十分にないと、根が枯れてしまいます。このような土質の場合、粒子の大きな土を入れたり、腐葉《ふよう》土《ど》（完熟）と呼ばれる樹木の落ち葉や茎《くき》を腐らせたものを混ぜるなどして、土壌を改良します。

根は水を求めて伸びていきます。根のすぐそばにいつも水があると根の広がりが得られないので、樹木の生長を支える丈夫な根張りが期待できません。したがって、土壌はあまり水分が多くなく、根が水を求めて広がって伸びるような状態が望ましいといえます。

ただし、土が完全に乾燥していると樹木は枯れてしまうので、ある程度の保水性は必要です。とくに砂利や小石が多い土は、ピートモスのような保水性の高いスポンジ状の物質を土に混ぜて、土壌を改良します。

○植栽工事後の土壌管理

植栽工事中はよい土質でも、長い年月を経て土壌が締め固められる場合があります。植栽工事後も適宜《てきぎ》、植栽地を耕したり、腐葉土を混ぜるなどして、空隙《くうげき》を入れるような管理が必要になります。

植栽樹の多くは、土にある程度の栄養分があれば、毎年肥料をやる必要はありません。ただし、果樹や花を大きく育てる場合は、土の栄養が必要になります。土質にもよりますが、腐葉土か土壌改良に用いるバーク堆肥《たいひ》を入れるとよいでしょう。

良質な土壌の条件は、排水性・保水性・栄養分がバランスよく備わっていることです

[図1] 植栽に適した土壌

次の3つのバランスがとれた土壌が植栽に適しているといえる

排水性
高めるためには黒曜石などの土を混ぜる

保水性
高めるためには泥炭か真珠岩か尿素系の土を混ぜる

栄養分
高めるには家畜の糞尿、塵芥し尿、化学肥料などを混ぜる

土質の調査では上記のほか、次の2点も注意する

①土のpHが適切か

日本で生育する樹木は、pH6～6.5程度の弱酸性の土壌を好むものが多い。雨が多い日本は酸性になりがちなため、これ以上酸性が強い場合は石灰などで中和する。ただし、最近はコンクリ舗装や基礎の影響で、土壌がアルカリ性に近くなる場合がある

②塩分を含んでいないか

塩分があるとほとんどの樹木は健全に生育しない

[図2] 造成地の土壌環境

①造成前の環境

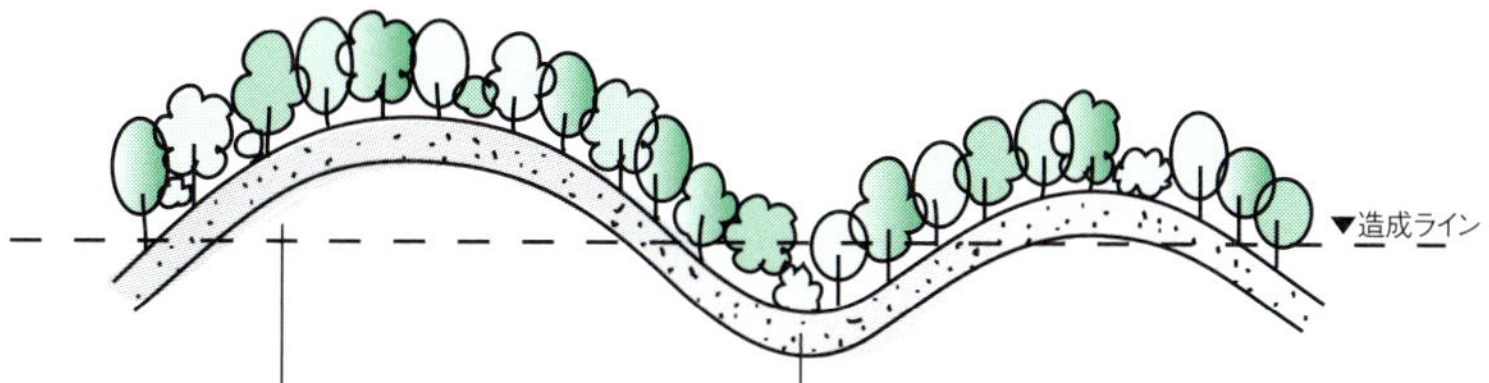
心土:
▼造成ライン
空気がほとんどなく、菌類・生物が生息しない(有機物がほとんどない)
表土:
地表から1mくらい。腐食質が多く、適度な排水・保水性を備え、有機質に富む

②造成後の環境

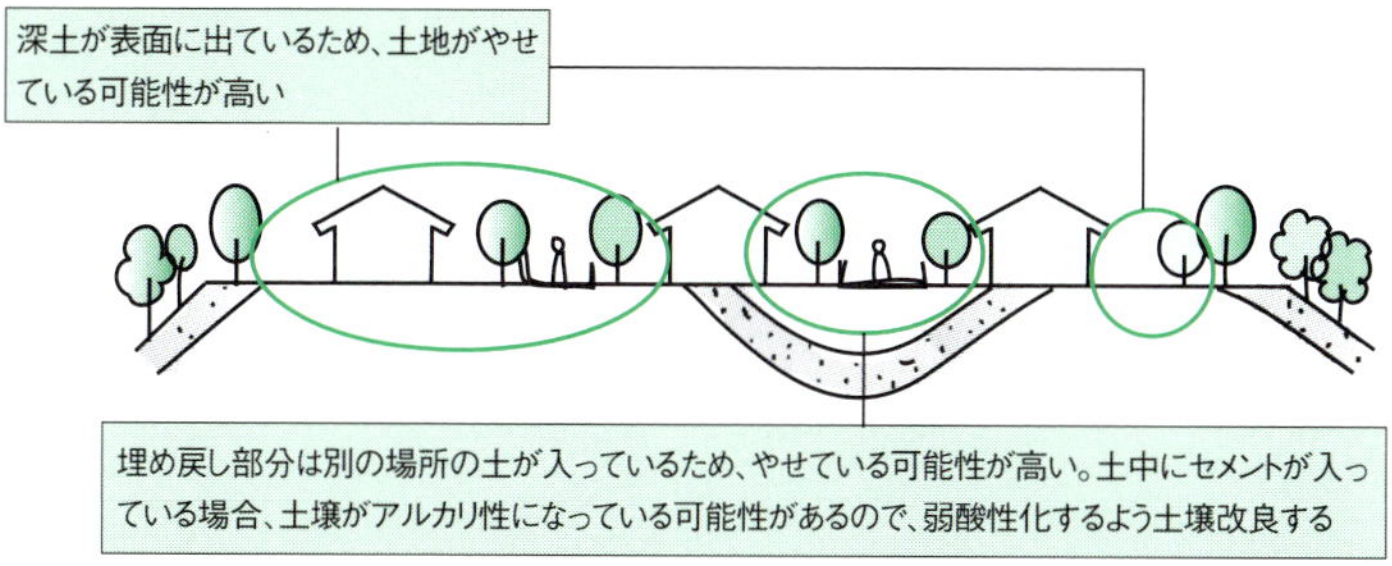

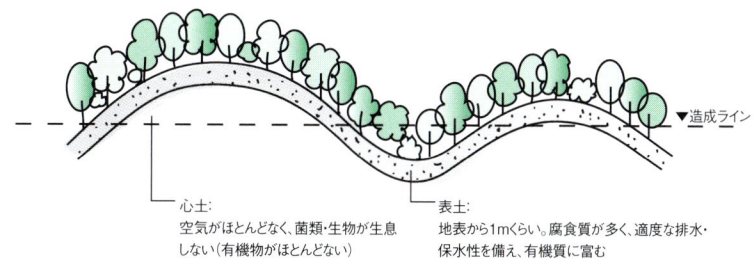

深土が表面に出ているため、土地がやせている可能性が高い
埋め戻し部分は別の場所の土が入っているため、やせている可能性が高い。土中にセメントが入っている場合、土壌がアルカリ性になっている可能性があるので、弱酸性化するよう土壌改良する

07 建物との関係を確認する

○建物の影響を知る

植栽地と建物が接する取り合い部分は、敷地のほかの部分と環境が異なることが多いので、直接現地に足を運んで状況を確認する必要があります【図】。

このとき、敷地図のほか、庭とのつながりがわかる配置図や各階平面図、屋内外の高低差が分かる断面図、立面図、さらに植栽工事とかかわる設備や配管の位置が分かる図面を用意しておきます。

○確認すべきポイント

(1) 植栽地の降雨状況

植栽を予定している場所の上部に建築や工作物の一部が重なっていないかを確認します。軒下《のきした》など、降雨が期待できない場所や水遣《みずや》りが面倒な場所は土壌が乾燥しがちになり、植栽には向きません。通常、屋根のある植栽地は枯《か》れ保証《ほしょう》[170頁参照]の対象にもなりません。

(2) 動線との取合い

人の出入りが想定される開口部近くは、植栽が動線と交差しないよう、ずらして配植《はいしょく》する必要があります。

(3) 建物や工作物などの仕上材

建築の外壁や塀《へい》、駐車場の舗装部分などは樹木との距離が近いため、仕上材の材質や色などにより植栽する樹木の印象が変わります。

(4) 設備の位置

図面で確認しづらいのが、配線や配管などの設備関係の情報です。植栽地に配管や配線がある場合、植栽できなかったり、できても、将来、配管や配線に樹木の根が入り込み破壊するおそれがあります。このような事態を避けるためにも、設備会社に植栽位置を事前に伝えましょう。また、エアコンの室外機などの屋外設備は図面に描かれてない場合が多くあります。機器から発生する熱や風が常に当たると樹木が弱り枯れてしまうので、植栽地を変更するなどの配慮が必要です。

軒下や室外機の前など、植栽に支障のある場所がないか、建物との関係を確認します

[図] 建築との取合い部分の調査項目

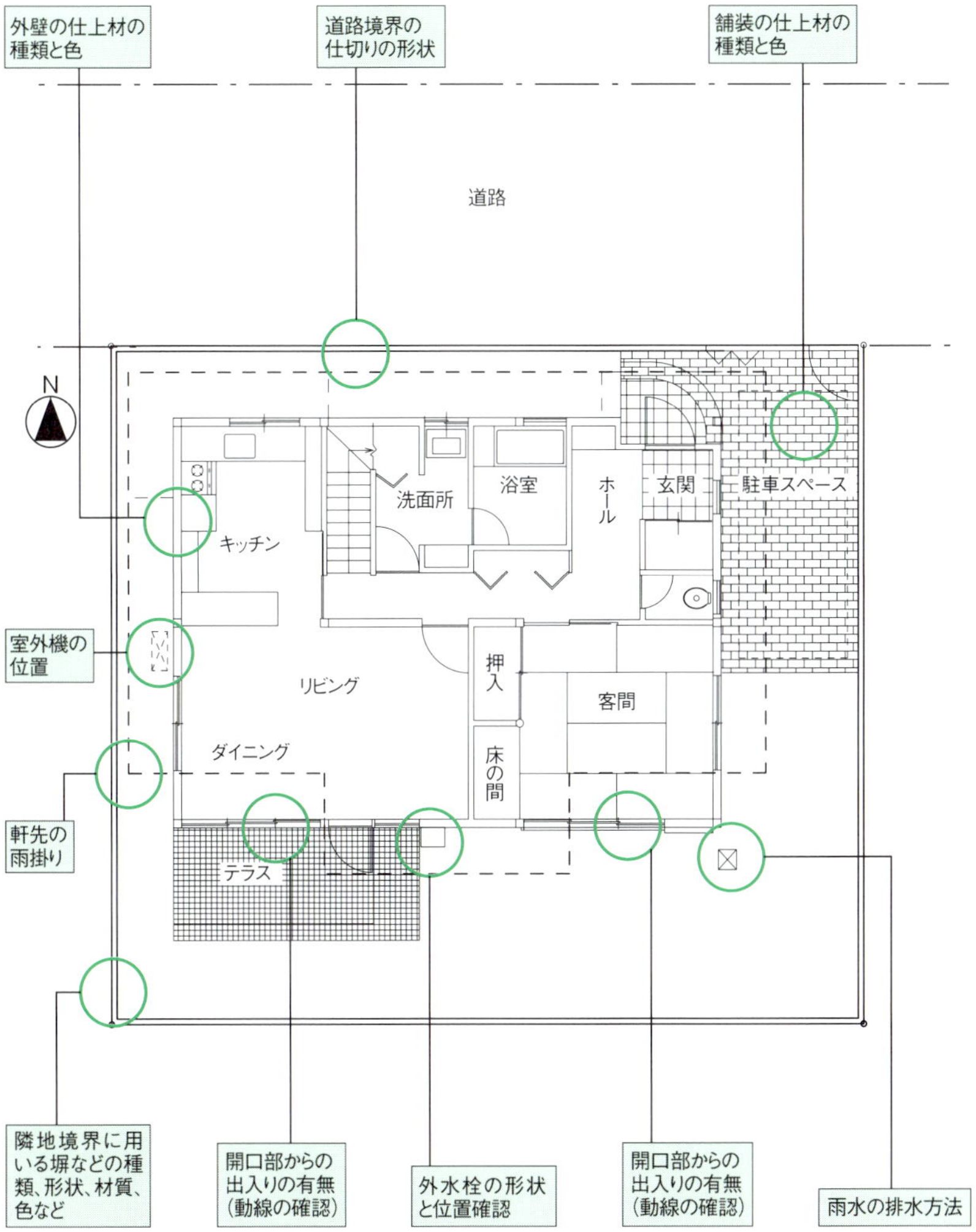

植栽設計では、建築計画との取合いをいかに調整するかが重要になる。具体的な植栽設計を始める前には最低限、上記の項目を確認すること

08 配《はい》植《しょく》計画をまとめる

ゾーニング図にはじまる配植計画

植栽設計は、建て主へのヒアリングから始まります。建て主には、どのようなイメージの庭が希望か、日常的にどのような管理が可能かなどを確認します。その後で現地調査［18〜19頁参照］をして計画地の環境を確認したら、先のヒアリング内容と合わせて、樹木の配置を配植計画としてまとめます。

配植計画では、まず全体のイメージを固め、敷地のゾーニングを行います。建物の平面図を用意し、大きな円を描きながら敷地をいくつかのゾーンに分けます。

各ゾーンには、日照条件や「リビングから四季を感じられる」など、その場所についてイメージする言葉や、どのような利用のされ方をするかなどを描き込みます。可能ならば、その場所にふさわしい樹木（シンボルツリー）の名前を描きこむと、より具体的なイメージになります［図］。

視線と動線の確認

各ゾーンの大まかな主題（テーマ）が決まったら、次は図面に視線や動線を描き入れる作業をします。

視線は、室内のどの場所から庭が見えるかを確認するためのものです。このとき、敷地外からの視線を考慮することも重要です。たとえば、エントランス廻りなど、通行人の目が留まりやすい場所にシンボルツリーを植えると、町並みに対しても楽しく豊かな庭とすることができます。

動線は、どのように人が庭を移動するか、樹木を植えても移動のじゃまにならない場所はどこか、などを確認するために描きます。

これらの作業を繰り返して、ある程度の配植イメージが固まったら、ゾーニング図をもとに建て主と打ち合わせをして、双方の意見を調整し、配植図の作成に入ります［26〜27頁参照］。

ゾーニングで各部分のテーマを固め、動線・視線をもとにイメージを具体化します

[図] ゾーニング図の作成

①植栽の適地を確認するゾーニング例

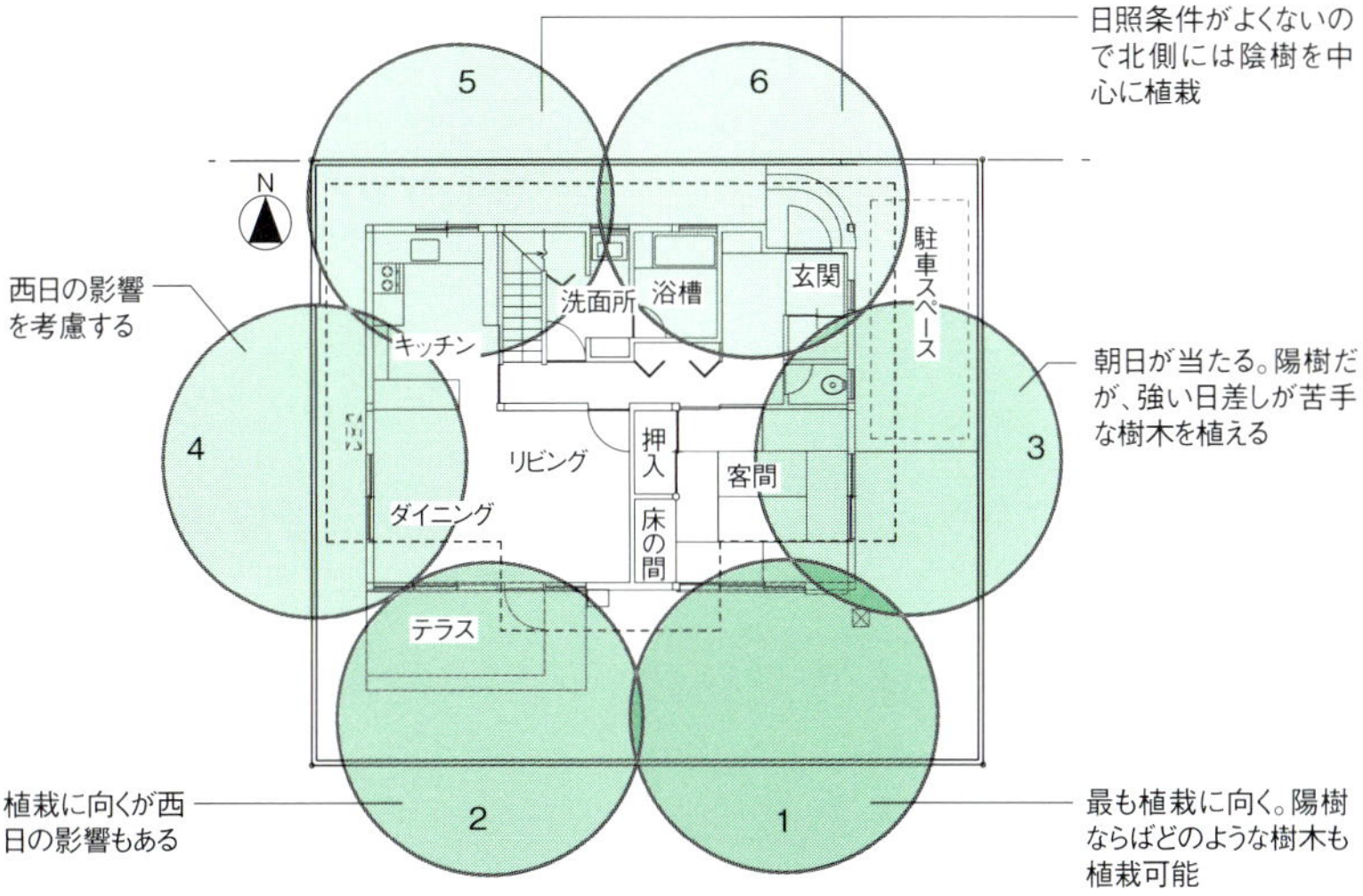
日照条件がよくないので北側には陰樹を中心に植栽
5
6
N
西日の影響を考慮する
洗面所
浴槽
玄関
駐車スペース
キッチン
朝日が当たる。陽樹だが、強い日差しが苦手な樹木を植える
4
リビング
押入
客間
3
ダイニング
床の間
テラス
植栽に向くが西日の影響もある
2
1
最も植栽に向く。陽樹ならばどのような樹木も植栽可能

数字の1から順に植栽に適するゾーンを示す

②外構空間に対する視線や用途を考慮したゾーニング例

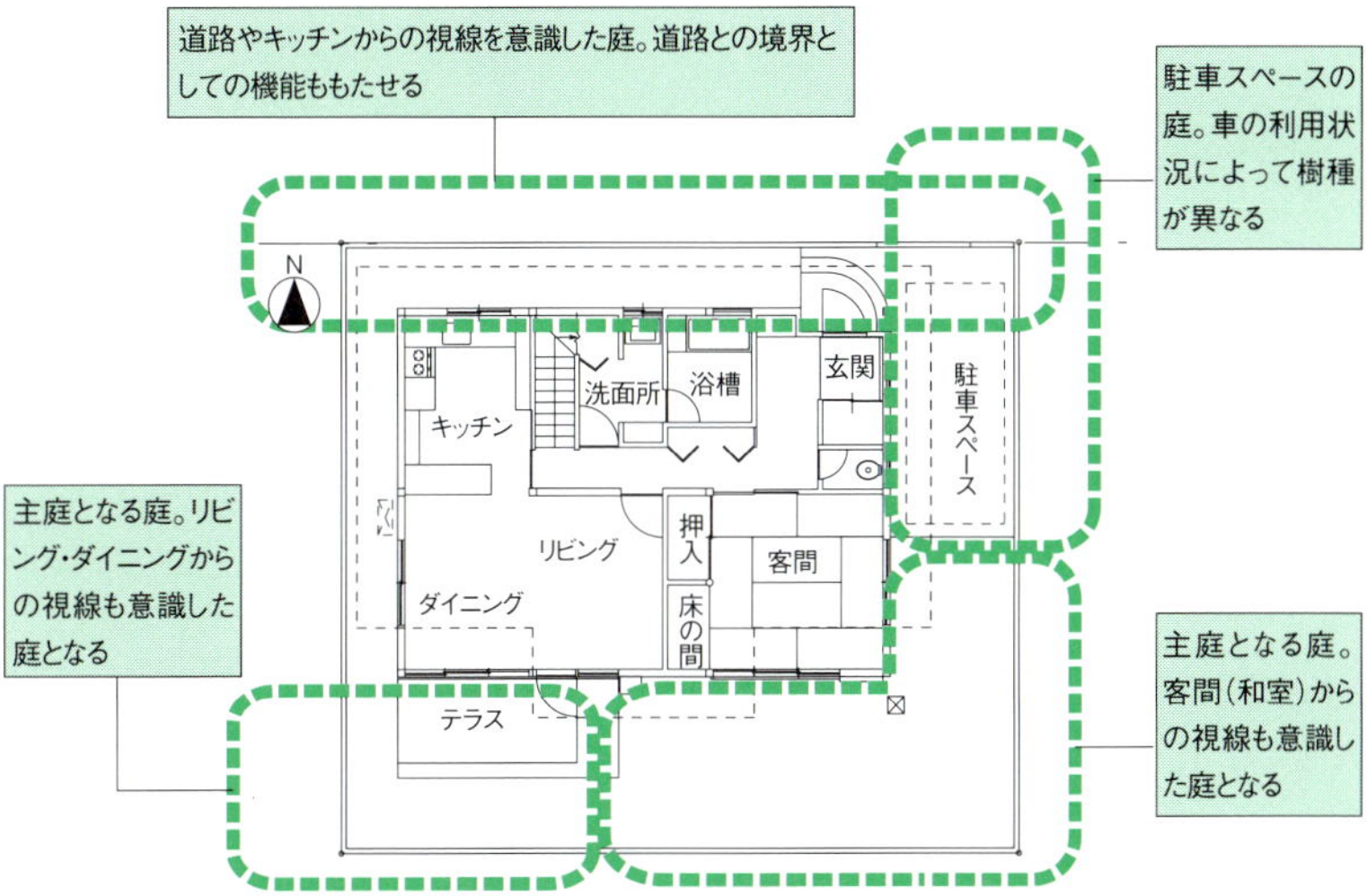
道路やキッチンからの視線を意識した庭。道路との境界としての機能ももたせる
駐車スペースの庭。車の利用状況によって樹種が異なる
N
洗面所
浴槽
玄関
キッチン
駐車スペース
主庭となる庭。リビング・ダイニングからの視線も意識した庭となる
リビング
押入
客間
ダイニング
床の間
テラス
主庭となる庭。客間(和室)からの視線も意識した庭となる

09 配《はい》植《しょく》図《ず》を描く

配植図の描き方

建築の平面図は、地面高さ（GL）や床高さ（FL）から1〜1.5mくらいの部分の断面を描いたものです。配植図の描き方は、平面図と基本的に同じですが、1〜1.5mの高さの断面を描くと、樹木の幹だけということになりかねません。そこで、配植図では、葉の広がり（樹《き》張《ば》り）を描いて、樹木の位置とボリュームが分かるようにします【図1】。

樹木の絵は樹高《じゅこう》によって変えます。高木《こうぼく》や中木《ちゅうぼく》は、幹の位置と葉の広がりを表現します。樹種によって表現を変える必要はありませんが、落葉樹《らくようじゅ》と常緑樹《じょうりょくじゅ》、針葉樹《しんようじゅ》を分けるようにします。

落葉樹ならば冬に葉を落とした姿を想定して枝を描いてもよいでしょう。常緑樹は葉のボリュームが伝わるようにしっかりとしたラインで、また、葉の濃い緑をイメージしてハッチを描いて、針葉樹は葉の尖ったイメージが伝わるように表現します。

ツツジやアジサイのような低木《ていぼく》の場合、上から見たままの広がりを描きます。1株のときは1株分の幅で、数株を寄せて植栽する場合は、植栽範囲の輪郭を描くようにするとよいでしょう。葉の細かいものは、葉《は》張《ば》りの範囲だけでなく、葉や枝の凹凸を線で表現します。

低木より低い草類の場合は、低木同様、植栽する範囲の輪郭を描きます。草木は葉が目立つものが多いので、直線ではなくギザギザとした線で描きます【図2】。

スケールで表現を変える

これまで述べてきたのは、1／200程度の図面を想定した配植図の描き方の例です。図面の縮尺によって、樹木の表現には差をつけたほうがよいでしょう。

1／200よりも縮尺が小さい場合は、上記のような細かい描き分けはしないで、ぱっと見て伝わるように、なるべく単純な線や色で描きます。

配植図にルールはない。樹種、植栽場所、植栽量を正確に伝えることが重要です！

[図1] 配植図例

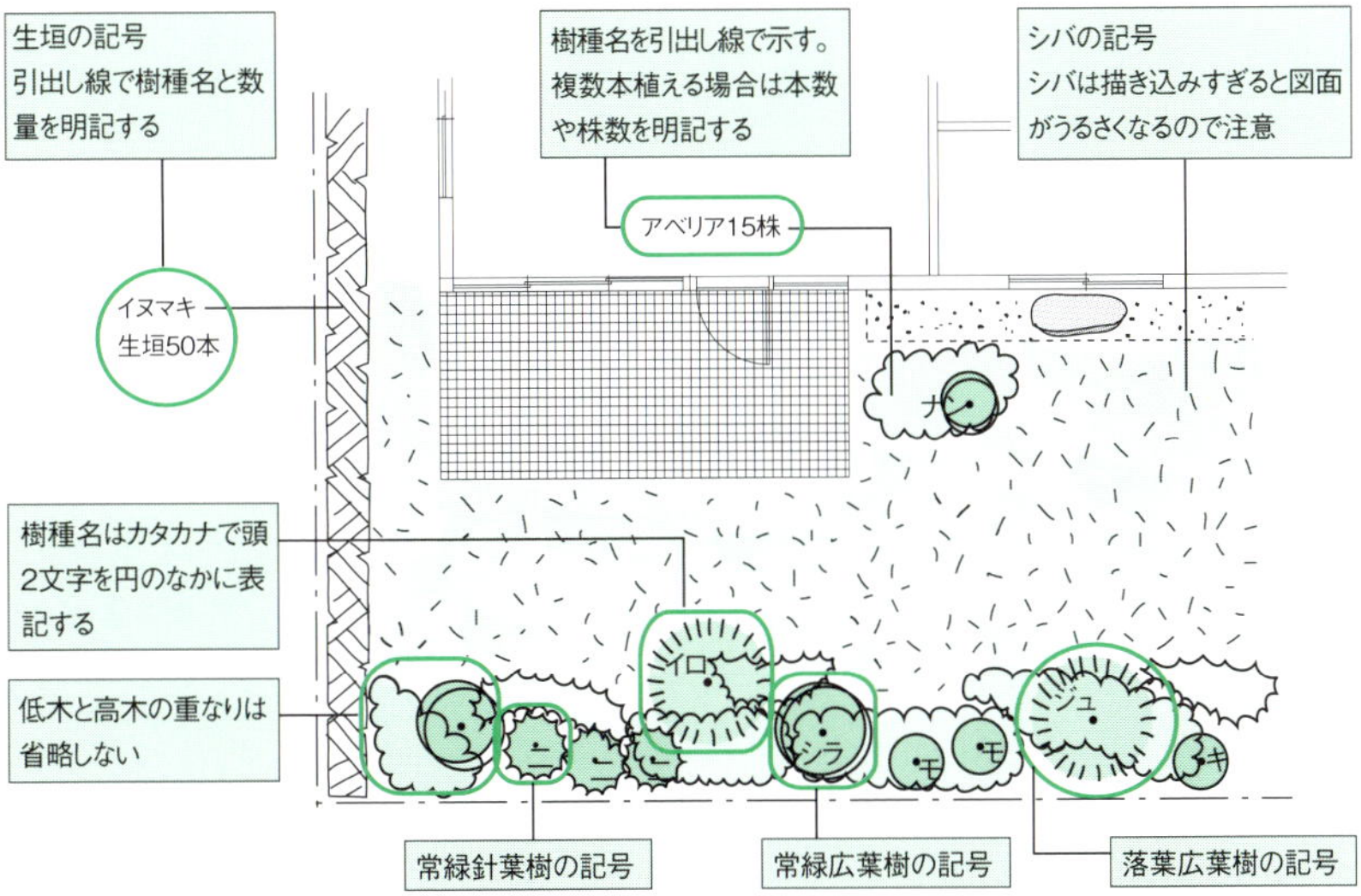
生垣の記号
引出し線で樹種名と数量を明記する
樹種名を引出し線で示す。複数本植える場合は本数や株数を明記する
シバの記号
シバは描き込みすぎると図面がうるさくなるので注意
アベリア15株
イヌマキ生垣50本
樹種名はカタカナで頭2文字を円のなかに表記する
低木と高木の重なりは省略しない
イロ
ナツ
ジュ
シラ
モ
モ
キ
常緑針葉樹の記号
常緑広葉樹の記号
落葉広葉樹の記号

[図2] 配植図の記号

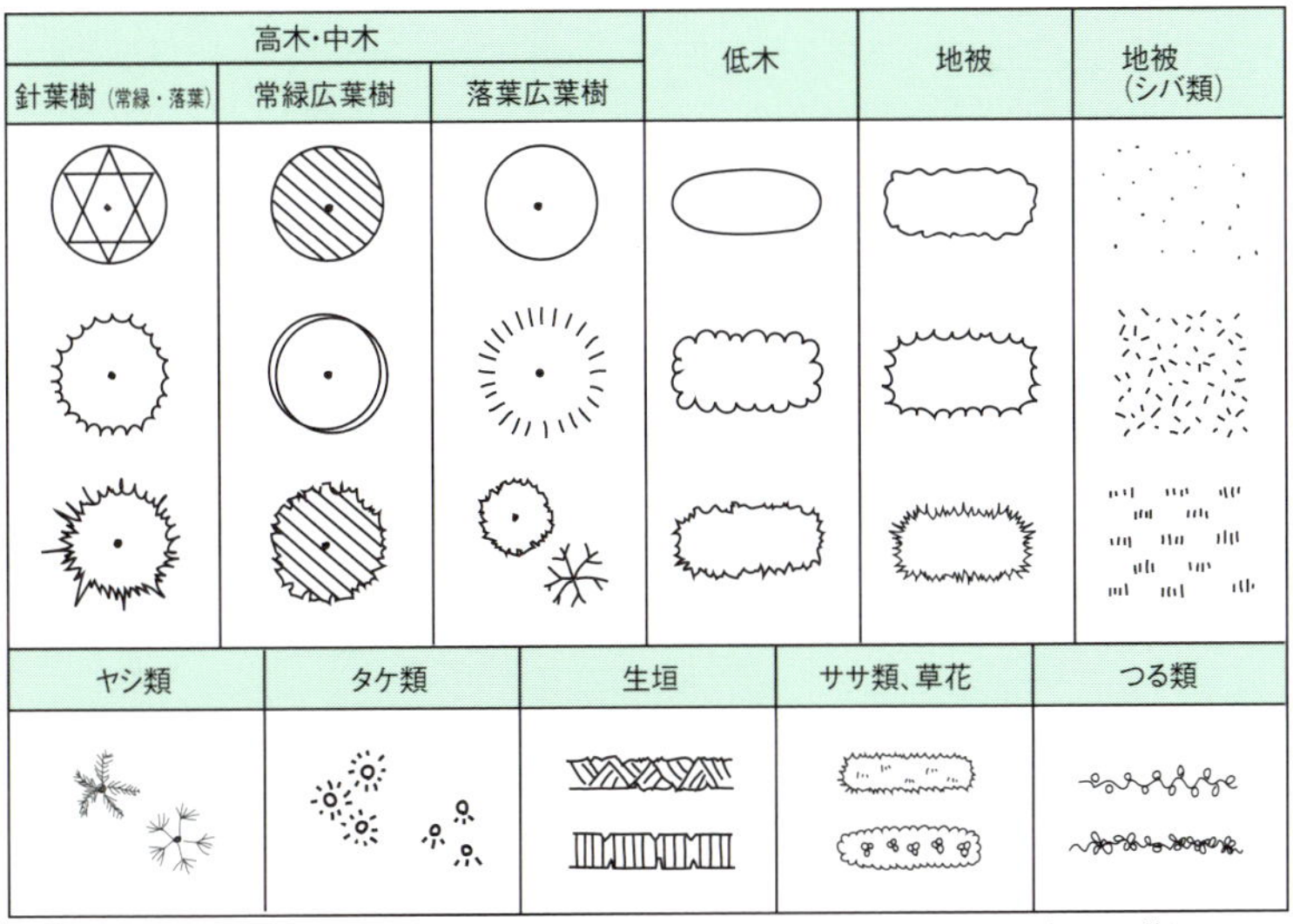
高木・中木
針葉樹（常緑・落葉）
常緑広葉樹
落葉広葉樹
低木
地被
地被（シバ類）
ヤシ類
タケ類
生垣
ササ類、草花
つる類

※　上記の記号は一例であり、どの記号を使うかは決まっていない。自分に合ったものを組み合わせて使うとよい

10 植栽にかかわる申請

緑化計画申請の作成

緑の増強や保全に力を入れている地域では、ある程度の規模の敷地で新築や増改築などを行う場合に、敷地や建物に対して一定基準以上の緑化をすることが条例で義務付けられています。このような地域では、建築の設計と同様に、植栽計画（緑化計画）を公的な機関に申請する必要があります【図1】。たとえば、東京都目黒区では、敷地面積が200㎡以上で新築や増改築などを行う場合、緑化計画書を区役所に提出しなければなりません（目黒区みどりの条例18条）。

緑化の基準は、各自治体で異なります。敷地面積に対して緑化面積が決まる場合もあれば、敷地面積から建築地面積を引いた空地面積に対して緑化面積が決まる場合もあります。緑化面積だけでなく、樹木の本数が決められていることもあります。したがって、植栽計画の際には、計画地の自治体に緑化基準があるかを事前に確認する必要があります【図2】。

敷地内にすでに植えられている樹木に対して伐採《ばっさい》を制限する自治体もあります。また「保存樹木」と書かれた看板が付いている樹木は、その樹木の保全に自治体が助成金を出している場合があります。いずれの場合も、処遇について事前に自治体に相談する必要があります。

植栽の助成制度

東京都23区内のように、生垣《いけがき》の設置を推奨している自治体があります。さらにこのような自治体のなかには、設置に対して助成制度を設けている場合があります。生垣以外では、屋上緑化を推進している自治体もあるので、植栽計画の際にはぜひ確認しておきましょう。

書式は自治体によって異なりますが、多くは建築工事前に各自治体が用意する書式に従って申請を行います。施工後に報告書をまとめて提出すると、工事費の一部を補助してくれる形式です。

設計前に緑化申請の有
無を確認。屋上緑化や
生垣の助成制度がある
かも要チェック！

[図1] 通常業務の流れと緑化申請業務のタイミング

通常の植栽業務	緑化申請業務
建築確認申請時 事前協議を行い、計画地の自治体がどのような緑化基準を定めているかを確認する	**緑化計画図作成** 現状の写真撮影、既存樹の確認、保存の有無、新しく植栽する樹木の数量、名前、位置図作成
↓	
建築工事・植栽工事時	**緑化申請のための工事** 既存樹木の保存、移植、植栽工事。生垣や屋上緑化の助成を受ける場合は施工写真の撮影
↓	
工事完了時	**緑化完了届** 完成植栽図提出(完成写真・植栽図)、生垣および屋上緑化の助成の申請書類を作成し提出。自治体によっては現地調査あり

[図2] 代表的な自治体の緑化条例[※]

自治体	条例名	概　要
東京都	東京における自然の保護と回復に関する条例14条	敷地1,000㎡(公共施設は250㎡)以上の場合の新築工事に対して適応。敷地面積に対し緑化面積や樹木の本数、屋上緑化について規定がある
東京都目黒区	目黒区みどりの条例18条	敷地面積200㎡以上で新築・新設、増改築・増設を行うときは、既存樹木の保全、接道部分の緑化、敷地面積に対する緑化面積の確保
千葉県船橋市	船橋市緑の保存と緑化の推進に関する条例	敷地面積500㎡以上で新築・新設、増改築・増設を行うときは、既存樹木の保全、接道部分の緑化、敷地面積に対する緑化面積の確保

※　ここで挙げた条例は、筆者がよく申請を行う自治体の2024年11月末現在の内容である。このほかにも各自治体によってさまざまな緑化申請の規定がある。申請の有無や最新の内容などは各自治体へ問い合わせのこと

COLUMN

神代植物公園

関東の庭木《にわき》がほとんど見られる

東京都調布市にある都立の公園。園内には約4800種類、10万本・株の植物が育っています。

春に咲くサクラは品種が豊富なため、長期間花見を楽しむことができます。また、バラの品種も多く、サンクンガーデンでは春から秋まで花が見られます。多彩なモミジ類も植栽され、とくに秋の紅葉が見事です。武蔵野の雑木林《ぞうきばやし》をそのまま残しているエリアもあり、豊富な樹木をつぶさに観察できます。

そのほか、針葉樹《しんようじゅ》のメタセコイアやラクウショウの林、芝生広場のパンパスグラスなど、庭の植栽ではあまり見ることができない、植物本来のスケールの大きさを実感することができるでしょう。

サクラの花

神代曙(サクラ)の花。約70種600本のサクラが植えられており、長い期間花を楽しめる

DATA

住所／東京都調布市深大寺元町5-31-10
電話／042-483-2300
開園時間／9：30～17：00（最終入園は16：00）
休園日／毎週月曜日（月曜日が祝日の場合はその翌日）、年末年始
入園料／一般500円（65歳以上250円）、中学生200円、小学生以下無料

第2章 樹木の基礎知識

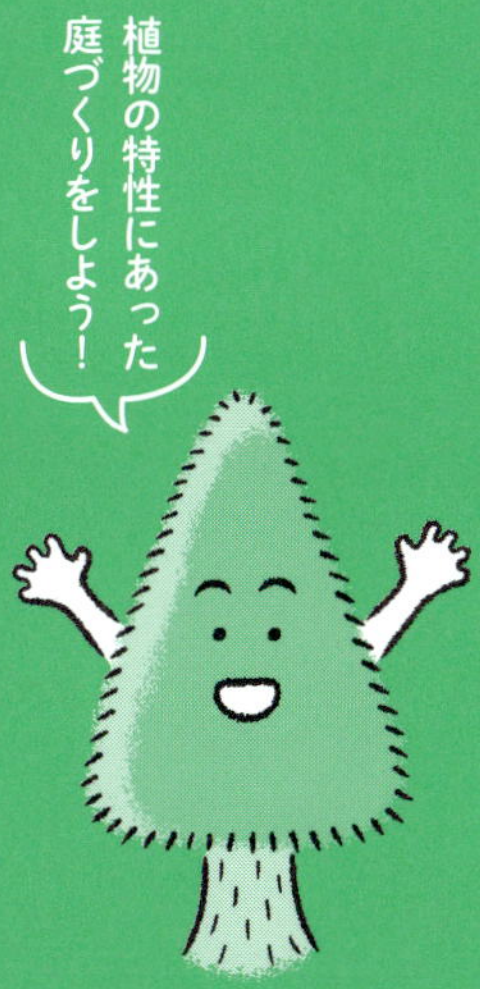
植物の特性にあった
庭づくりをしよう!

01 樹木の名前

樹木の呼び名はいくつもある

国内で発見されている植物は、すべて科《か》・属《ぞく》・種《しゅ》の3つに分類されます［図1］。科名は花や実、葉などの各部分が似た形をしているものをグループ化したものです。属は科をさらに細かく分類したもの、種名は植物図鑑の見出しに使われる普通名、その国の呼び名です。このほか、ラテン語で表記する学名（サイエンスネーム）は世界共通の名前があります。

植栽設計では通常、和名（日本での呼び名）を用いますが、外国種の造園樹木の多くは、学名をローマ字読みにします。

ほかに地方名や業界名もあります。たとえば、九州でモチノキを発注するとクロガネモチが搬入される場合もあり、注意が必要です。

樹木と草は何が違う？

植栽する主な植物には、サクラなどの樹木とヤブランなどの草（草本《そうほん》）があります。幹をもち地上部が生長《せいちょう》し続けるのが樹木、幹がなく地上部が1～2年で枯れるのが草です［図2］。

草はさらに3つに分類できます。発芽《はつが》・生長し、花を咲かせて実を付け、種ができると地中部や地上部が枯れるのが1年草（2年草）で、多くの草がこれに当たります。花壇やプランターなどを用いて植栽するのが一般的です。

ギボウシやユリのように、地上部は枯れますが、地中部の球根や株は何年もの間残り、そこから増えて生長する草を、球根植物あるいは宿根草《しゅっこんそう》といいます。リュウノヒゲやヤブランのように、1年中枯れないものは多年草《たねんそう》といいます。宿根草や多年草は、比較的長い期間で植栽することが可能なため、地表を覆う植物（グランドカバープランツ）として多く用いられています。

樹木と草の中間のような性質をしているのがタケです。種で増えるのではなく、地下茎《ちかけい》を地中に張り巡らし、そこから芽（タケノコ）を伸ばして生長します［104～105、156～157頁参照］。

[図1] 樹木の名前の構成

樹木の分類

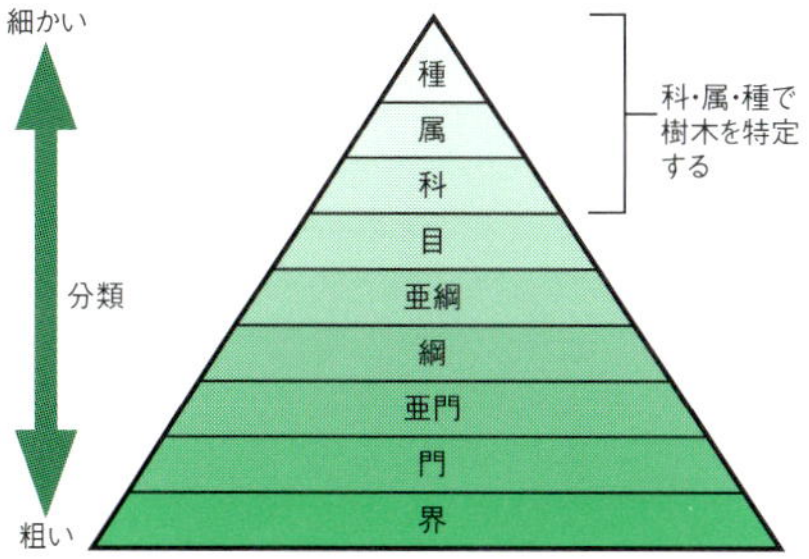
細かい
分類
粗い
種
属
科
目
亜綱
綱
亜門
門
界
科・属・種で樹木を特定する

普通名（和名）

ケヤキ[欅]

学名

（サイエンスネーム・ラテン語表記）

ULMACEAE	Zelkova	serrata
科名 ニレ科の	属名 ケヤキ属の	種名 細かい鋸歯《きょし》がある

地域名（ケヤキの場合）

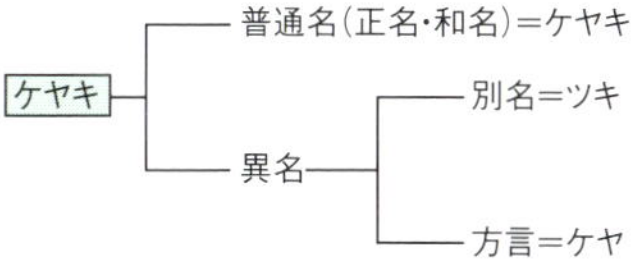
ケヤキ
普通名（正名・和名）＝ケヤキ
異名
別名＝ツキ
方言＝ケヤ

[図2] 植物の一生

樹木と草の違い

①樹木
年々
大きくなる
幹
根
②草（1年草）
春〜秋
冬
生長する
枯れる

1年草の一生（ヒマワリの場合）

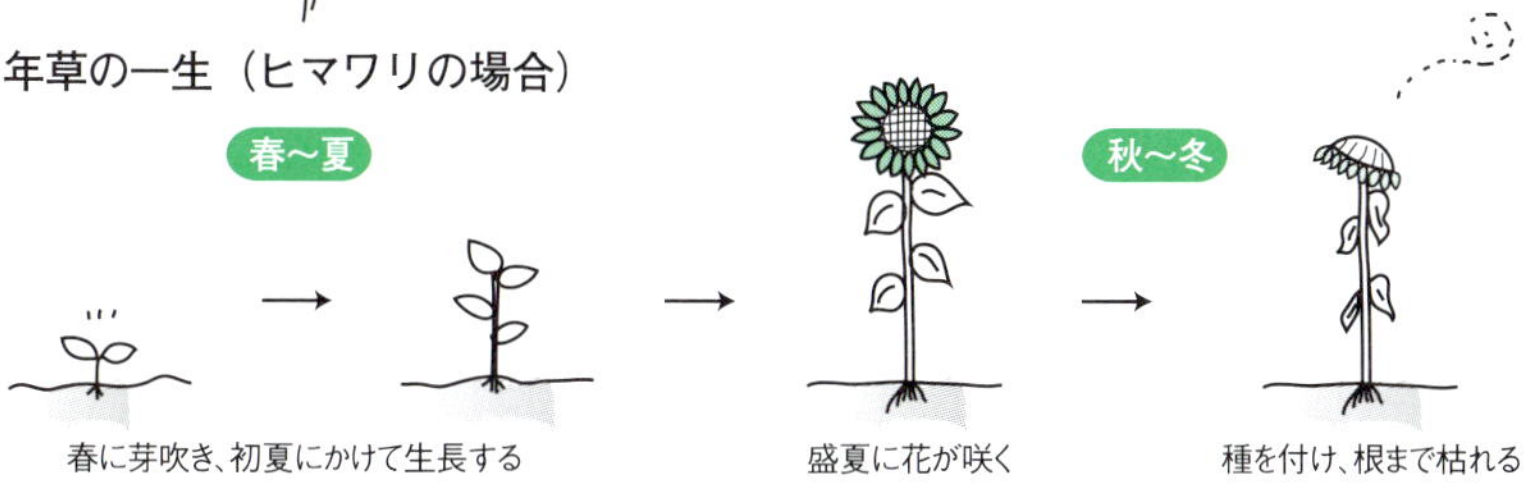
春〜夏
秋〜冬
春に芽吹き、初夏にかけて生長する
盛夏に花が咲く
種を付け、根まで枯れる

球根植物（ユリの場合）

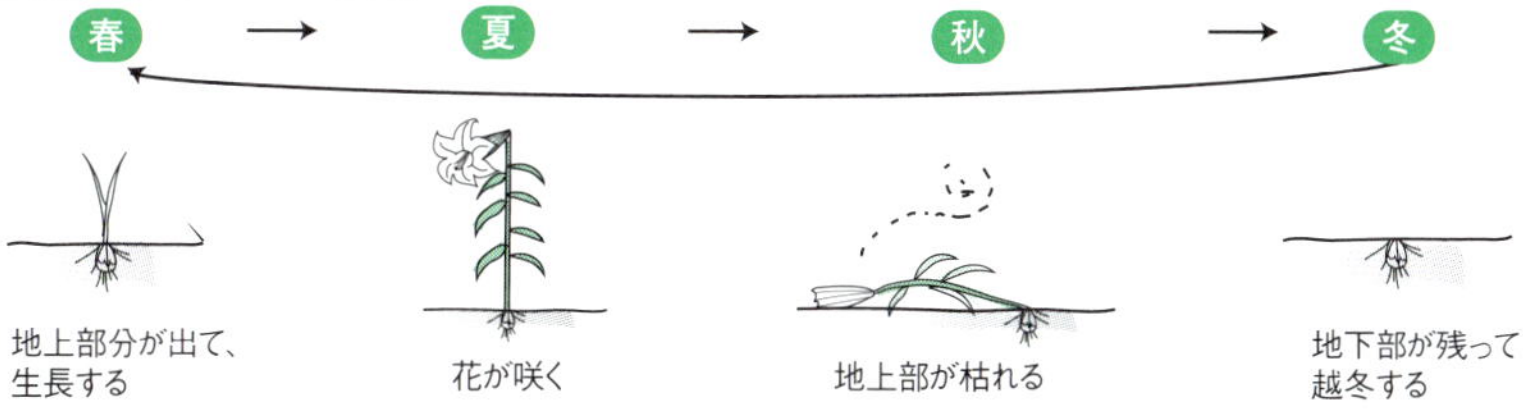
春
夏
秋
冬
地上部分が出て、
生長する
花が咲く
地上部が枯れる
地下部が残って
越冬する

02

常緑樹《じょうりょくじゅ》と落葉樹《らくようじゅ》

樹木は葉の性質から、常緑樹と落葉樹、半落葉樹の3つに分類できます。

常緑樹は、1年を通して葉が茂っている樹木で、マツなどの針葉樹《しんようじゅ》やキンモクセイ、ソヨゴなどです。常緑といっても葉がまったく落ちないわけではありません。1枚の葉に注目すれば、1年から数年で落葉します【図1】。

落葉樹は、ソメイヨシノやイロハモミジのように、秋から冬になり気温が下がると葉を落とし、春になり暖かくなると新芽を出すサイクルを繰り返します【図2】。ただし、近年の都市部では、ヒートアイランドの現象の影響で暖冬化が進み、落葉時期が遅くなる傾向にあります。

半落葉樹は、気温があまり下がらなければ、落葉せずに常緑のままでいる落葉樹のことで、代表的なものにハナゾノツクバネウツギ（通称アベリア）やヤマツツジなどがあります。

○常緑／落葉の選択ポイント

樹木を植栽する場合、最初に考えるのが落葉樹と常緑樹のどちらを選択するかです。落葉樹と常緑樹のボリュームのバランスで、庭の見え方や管理方法が大きく影響されるからです。

一般に、落葉樹は常緑樹と比べて葉が薄く、風によって葉が乾燥すると、樹木が枯れることがあります。建物と建物の間など、風が通りやすい場所に植栽することはできるだけ避けたほうがよいでしょう。

常緑樹の場合、植栽当初はさほど気になりませんが、数年経つとかなりボリュームが出てきます。建物に近いところや出入口付近への配植《はいしょく》は避け、ある程度のスペースが確保できる場所か、塀《へい》の側に植えたほうが無難です。

落葉樹は、秋にすっかり葉を落とすため、掃除の負担を考慮し、ボリューム（本数）を決めたほうがよいでしょう。

1年中、緑の葉を付けるのが常緑樹、秋〜冬に紅葉して落葉するのが落葉樹です

[図1] 常緑樹

シラカシの場合

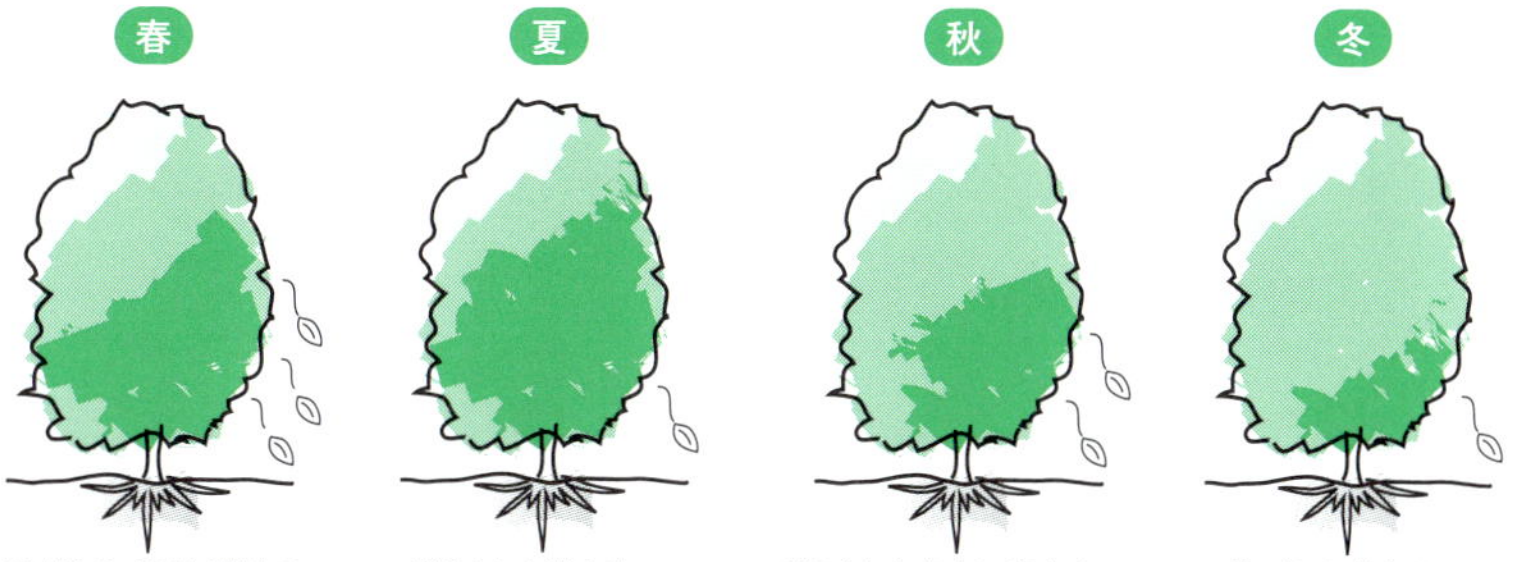

・葉がやや多めに落ちる
・花がひそかに咲いている

・葉がやや落ちる

・葉がやや多めに落ちる
・実(ドングリ)がなる

・葉がやや落ちる

代表的な樹種

	高木・中木	低木・地被
常緑樹	アカマツ、アラカシ、イヌマキ、キンモクセイ、クスノキ、クロガネモチ、サカキ、サザンカ、サンゴジュ、シラカシ、スギ、タブノキ、ニオイヒバ、ヒマラヤスギ、モチノキ、モッコク、ヤブツバキ、ヤマモモ	クルメツツジ、サツキツツジ、シャリンバイ、ジンチョウゲ、センリョウ、トベラ、ナワシログミ、ハマヒサカキ、ヒラドツツジ、フッキソウ、マンリョウ、ヤブコウジ

[図2] 落葉樹

ソメイヨシノの場合

・花が咲く
・新芽が出る

・葉が茂る
・実がなる

・紅葉して落葉する

・葉が完全に落ち、幹姿となる

代表的な樹種

	高木・中木	低木・地被
落葉樹	アキニレ、イチョウ、イヌシデ、イロハモミジ、ウメ、エノキ、カキ、ケヤキ、クヌギ、コナラ、コブシ、サルスベリ、シダレヤナギ、シラカバ、ソメイヨシノ、ハナミズキ、ヒメリンゴ、ムラサキシキブ、ヤマボウシ	アジサイ、ガクアジサイ、コデマリ、コムラサキシキブ、シモツケ、ドウダンツツジ、ニシキギ、ヒュウガミズキ、ヤマブキ、ユキヤナギ、ユスラウメ、レンギョウ

03 広葉樹《こうようじゅ》と針葉樹《しんようじゅ》

広葉樹の葉の多くは、端がとがり、なかほどが膨らんだ楕円形《だえんけい》をしています。ソメイヨシノやクスノキ、ツバキ、カキなどが代表的な樹木です。モミジやヤツデは手の形に切れ込みがありますが、広葉樹です。針葉樹は、マツやスギなど、葉が針のような形をした樹木です【図】。

広葉樹と針葉樹は、植物学的に見るともう少し厳密に分類されます。たとえば、広葉樹は被子《ひし》植物、針葉樹は裸子《らし》植物という異なるカテゴリーに属しています。イチョウは恐竜時代から続く非常に珍しい植物で、扇のような形をした葉をもちますが、植物学上は裸子植物なので針葉樹です。

広葉樹は葉の表面にはっきりとした線（主脈《しゅみゃく》）と、そこから枝分かれする線（側脈《そくみゃく》）がありますが、針葉樹は主脈しかありません。神社などで見かけるナギは、広く尖った楕円形をした葉をもちますが、側脈がないので針葉樹に分類されます【マメ知識】。

○広葉／針葉の選択ポイント

植栽する樹木の葉の形状により庭の印象は大きく変わります。したがって、どのような葉の形状の樹木を選ぶかは、植栽デザインを決める重要な要素となります【38～39頁参照】。

広葉樹の葉は、葉が丸みを帯びているものが多く、優しい印象の庭をデザインするのに向いています。

一方、針葉樹の葉は、広葉樹と比べて硬質な印象を与えます。また針葉樹には、スギのように、樹木の姿（樹形《じゅけい》）が整っているものが少なくないため、コンクリート打放《うちはな》しの建物など、硬質なイメージの建物近くに植栽することで、建物の質感をより強調する役割を果たします。ただし、コノテガシワのように樹形が丸みを帯びているものは、針葉樹でも印象が柔らかくなります。

葉の幅が広いのが広葉樹、狭いのが針葉樹。ただしイチョウは例外で、針葉樹です

[図] 広葉樹と針葉樹

広葉樹　　　　　　　　　　　　　　　　　　　針葉樹

代表的な樹種

	高木・中木		低木・地被	
	常緑	落葉	常緑	落葉
広葉樹	アラカシ、キョウチクトウ、クスノキ、クロガネモチ、ゲッケイジュ、サカキ、サザンカ、サンゴジュ、シマトネリコ、シラカシ、セイヨウシャクナゲ、ソヨゴ、タブノキ、タイサンボク、タラヨウ、ハイノキ、モチノキ、ヤブツバキ、ヤマモモ、ユズリハ	アカシデ、アキニレ、アンズ、イヌシデ、イロハモミジ、ウメ、ケヤキ、クヌギ、コナラ、コバノトネリコ、コブシ、サンシュユ、サルスベリ、シダレヤナギ、ソメイヨシノ、ナツツバキ、ハナカイドウ、ハナミズキ、ヒメシャラ、プラタナス、ヤマザクラ、ヤマボウシ	アオキ、エニシダ、オオムラサキ、キリシマツツジ、クチナシ、クルメツツジ、サカキ、サツキツツジ、シャリンバイ、センリョウ、トベラ、ヒサカキ、ハマヒサカキ、ヒイラギモクセイ、ヒメクチナシ、ヒラドツツジ、ナンテン、マンリョウ、ヤブコウジ、クマザサ、コグマザサ、ヤブラン	アジサイ、アベリア、ガクアジサイ、クサボケ、コデマリ、シモツケ、ドウダンツツジ、ヒメウツギ、ミツバツツジ、ヤマブキ、ユキヤナギ、ユスラウメ、レンギョウ
針葉樹	アカマツ、イヌマキ、カイズカイブキ、クロマツ、スギ、ニオイヒバ、ヒノキ、ヒマラヤスギ、レイランドヒノキ	イチョウ、カラマツ、メタセコイア、ラクウショウ	ハイビャクシン、フィリフェラオーレア	

マメ知識

葉の部位

葉のなかを通る筋を葉脈《ようみゃく》といい、葉の中心を走る脈を主脈《しゅみゃく》、そこから分岐している脈を側脈《そくみゃく》（支脈《しみゃく》）という。

葉そのものは葉身《ようしん》という。葉の縁は葉縁《ようえん》と呼び、ギザギザ状の葉縁を鋸歯《きょし》、粗い鋸歯の縁にさらに細かい縁があるものを重鋸歯《じゅうきょし》、鋸歯がないものを全縁《ぜんえん》、縁が波打っているものを波状、鋸歯が不ぞろいのものを欠刻《けっこく》と呼ぶ。

葉を支える軸は葉柄《ようへい》といい、樹種によって長さが異なる。バラ科のように、葉柄の基部に托葉《たくよう》と呼ばれる葉のようなものが付く樹種もある。

葉の名称

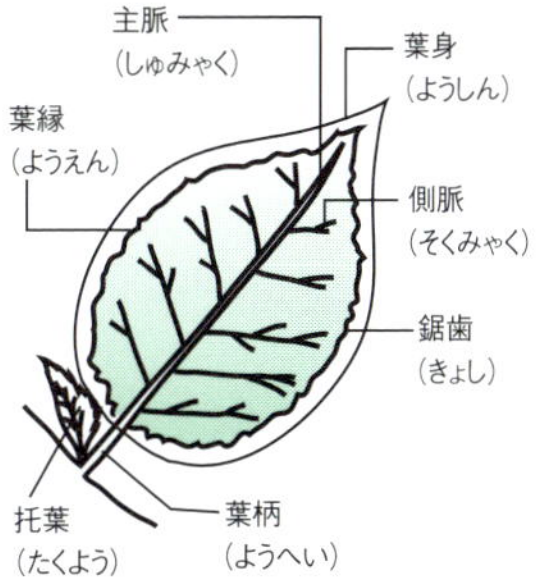

04 葉の形態

多種多様な葉の形態

葉の形状や付き方、大きさは樹種により異なります。特徴的な形態の葉をもつ樹木は、庭のデザインのアクセントになります【図】。

(1) 葉の概形

多くの樹木の葉は楕円形《だえんけい》あるいは卵形《らんけい》をしています。これ以外にも、針形《しんけい》、線形《せんけい》、披針形《ひしんけい》、倒披針形《とうひしんけい》、長楕円形《ちょうだえんけい》、倒《とう》卵形《らんけい》、へら形、円形、扁円形《へんえんけい》、腎形《じんけい》、心形《しんけい》、倒心形《とうしんけい》、菱形《ひしがた》など多種多様にあり、これらの形状の違いを植栽デザインに活用することで、庭の印象は大きく変わります。

楕円形はどのような形の葉にも合います。ハート形や円形は優しく柔らかな印象に、細長い披針形は大きいと幾何《きか》学《がく》的に、小さいとシャープで軽やかな印象になります。裂《さけ》形《がた》や掌状《てのひらじょう》になると、葉の切れ込みが顕著なものは、それだけで強い印象を与えます。

(2) 単葉《たんよう》と複葉《ふくよう》

樹木の葉は、1枚の葉で構成される単葉と、複数枚の小さな葉（小葉）で構成される複葉に分類することができます。複葉には、掌状複葉、羽状複葉などがあります。

(3) 葉の付き方

葉の付き方（葉序《ようじょ》）には、シラカシやクスノキのように葉が交互に付く互生《ごせい》、カエデ類のように左右対称に付く対《たい》生《せい》、風車のように付く輪生《りんせい》、地際から数枚葉が出る叢生《そうせい》（束《そく》生《せい》）があります。

(4) 葉の大きさ

樹高が低い樹木（低木《ていぼく》、灌木《かんぼく》）は、小さい葉をもつものが多くみられます。高さ（樹高）0.3ｍ程度で、生垣《いけがき》などに使うサツキ（サツキツツジ）は全長20㎜、幅5㎜くらいの葉を付けます。また、複葉の小葉も、小さな葉といるでしょう。

樹高が高い樹木（高木《こうぼく》）は、大きな葉をもつのが多く、樹高20ｍほどのホオノキは、長さ40㎝、幅15㎝くらいの葉を付けます。ヤシ類やゴムノキ類など、暑い地域の樹木には、1ｍほどの大きな葉を付けるものもあります。

［図］葉の形態

特徴のある葉の形と植栽のポイント

葉のタイプ	代表的な樹種		使い方
	高木・中木	低木・地被	
心形	アカメガシワ、イイギリ、カツラ、ナツボダイジュ、フユボダイジュ	カンアオイ、シュウカイドウ、トキワマンサク	逸話をもつ木が多いのでシンボルツリーに合う
円形	オオアカメガシワ、ハクウンボク、ハナズオウ	トサミズキ、ヒュウガミズキ、ツワブキ、ユキノシタ	直線的な葉をもつ下草などと合わせるとバランスがとりやすい
楕円形	オリーブ、フェイジョア、タラヨウ	トベラ、ヒラドツツジ	どのような形の葉とも相性がよい。熱帯の国では街路樹にこの形の樹木を入れることが多いため、多く植栽するとトロピカルな印象になる
倒卵形	アラカシ、オガタマノキ、コブシ、ホオノキ、ミズナラ	ドウダンツツジ	形に特徴があるので、あまりたくさん植栽しない
披針形	シダレヤナギ、シラカシ、タイサンボク、ヤマモモ	オオムラサキツツジ、ササ類、ジンチョウゲ、ビヨウヤナギ	大きい葉の樹種は幾何学的な印象、小さい葉の樹種はシャープな印象。とくに細い狭披針形で小さい葉は、コニファーに合う
裂形（3裂）	カクレミノ、キリ、トウカエデ、ミツバカエデ、ユリノキ	ブドウ、ダンコウバイ	大きい葉は、トロピカルなイメージ、小さい葉は繊細なイメージ。三角形を連想させるので幾何学的な配置が合う
掌状	カエデ類、サンザシ、トチノキ、ヤツデ	カシワバアジサイ、コゴメウツギ、グーズベリー	大きい葉はトロピカルな印象、小さい葉は、繊細で軽やかなイメージ

複葉の種類

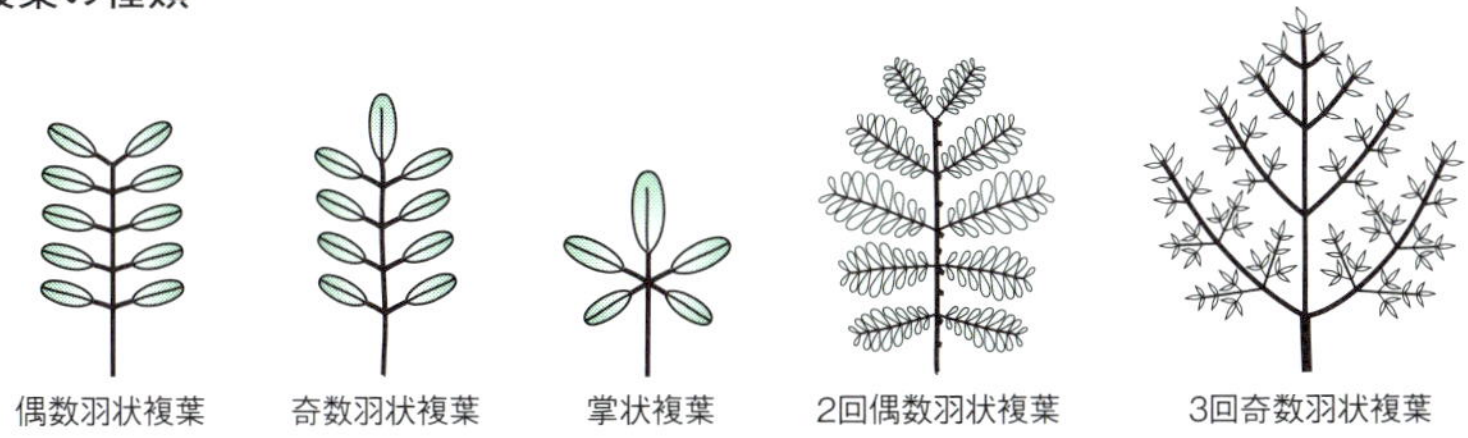
偶数羽状複葉
奇数羽状複葉
掌状複葉
2回偶数羽状複葉
3回奇数羽状複葉

葉の付き方

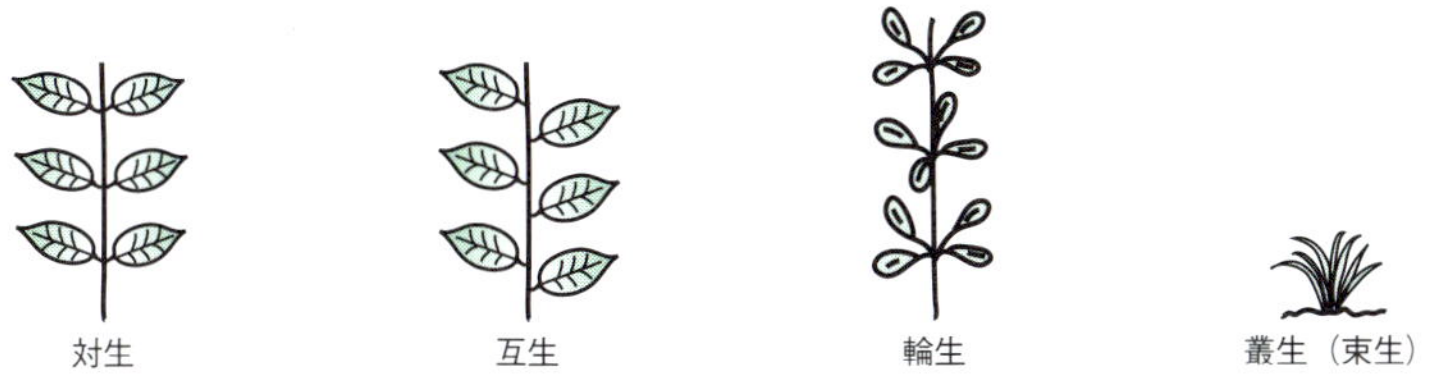
対生
互生
輪生
叢生（束生）

05 花の形態

花の形態でデザインする

古くより花を観賞するための樹木を花木《かぼく》と呼んだように、植栽デザインにおいて、花は欠かせない要素です［126～133頁参照］。

樹木の花は、花びら（花弁《かべん》）の付き方で一重《ひとえ》と八重《やえ》に分けられます。ソメイヨシノなど、一重の花は原種に近く、本来の姿といってよいでしょう。八重は、そのほとんどが突然変異や園芸種として改良されたもので、花びらが多く派手で豪華に見えます。代表的なものにヤエザクラのカンザンなどがあります。

花びらの形は樹種によってさまざまですが【マメ知識】、ウメやサクラのように丸いものと、マーガレットのように細長いものの2つに大別できます。サルスベリのように、花びらの先がフリル状になって、とても派手な印象を与える珍しいものもあります。

大きさから考えるデザイン

大きな花は一輪咲いているだけで、庭を華やかな印象に変えることができます。大きな花を付ける樹木では、バラやツバキ、熱帯ならばハイビスカスなどが庭木として植栽できます。大きな葉を付けるホオノキも25㎝くらいの大輪の花を開きます。花が大きいとそれを支える茎《くき》は折れやすくなるので、風のよく通る場所に植栽する場合は支柱などを添えたほうがよいでしょう。

小さな花でも、目立つ色の花をいっせいに咲かせる樹木は、花木として利用することができます。

また、花の付き方（花序《かじょ》）が特徴的な樹木を選ぶのもよいでしょう【図】。ユキヤナギやピラカンサは、1つの花は小さいものの群れて咲き、塊で花と感じられるため、花木として植栽デザインに生かすことができます。

花木は花の形状や大きさ、色に注目！同じ樹種なら一重より八重のほうが目立ちます

[図] 花序の種類

①総穂花序

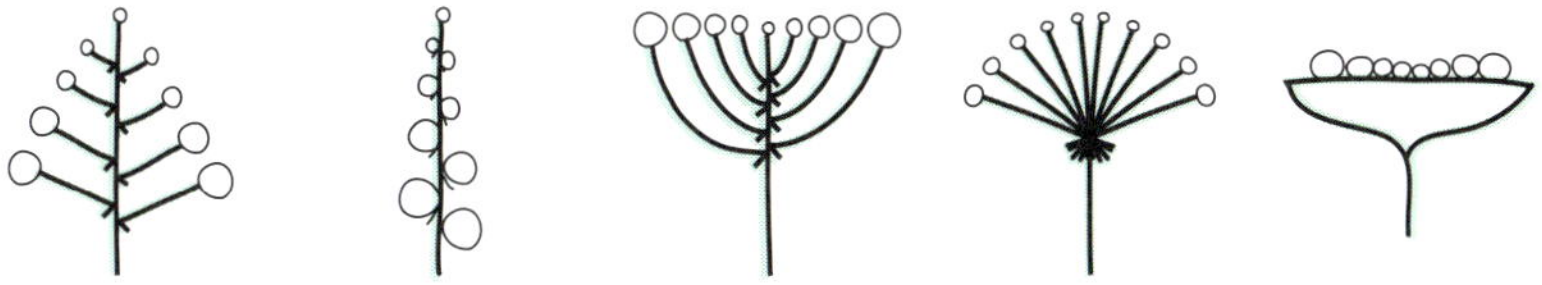

総状花序　穂状花序　散房花序　散形花序　頭状花序

②集散花序

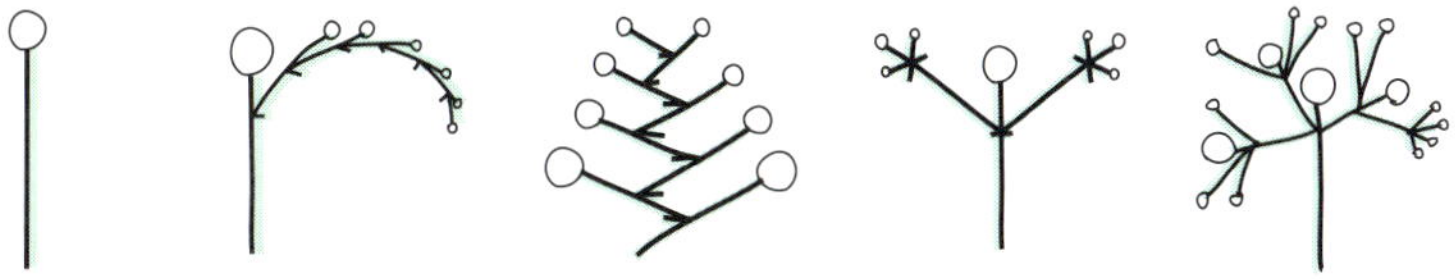

単頂花序　巻散花序　扇形花序　2出散花序　多出散花序

③複合花序

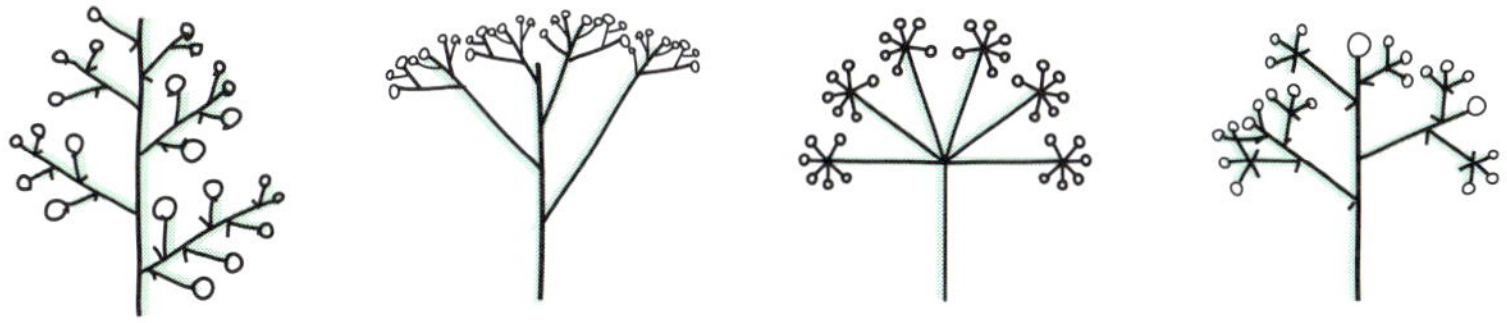

複総状花序　複散房花序　複散形花序　複集散花序

マメ知識

花の部位

花の形は科や属によってかなり違いがある。一般的には、中心に雌しべがあり、その周りに雄しべ、花弁《かべん》、その下に萼《がく》が付いている。種類によっては雄花、雌花といって雄しべか雌しべのどちらか片方しかない場合もある。また、チューリップは萼がなく、代わりに萼と花弁が一緒になった花被《かひ》をもつ。ラン類も種類によって花弁、萼、苞《ほう》葉《よう》が独特な形に発達する。

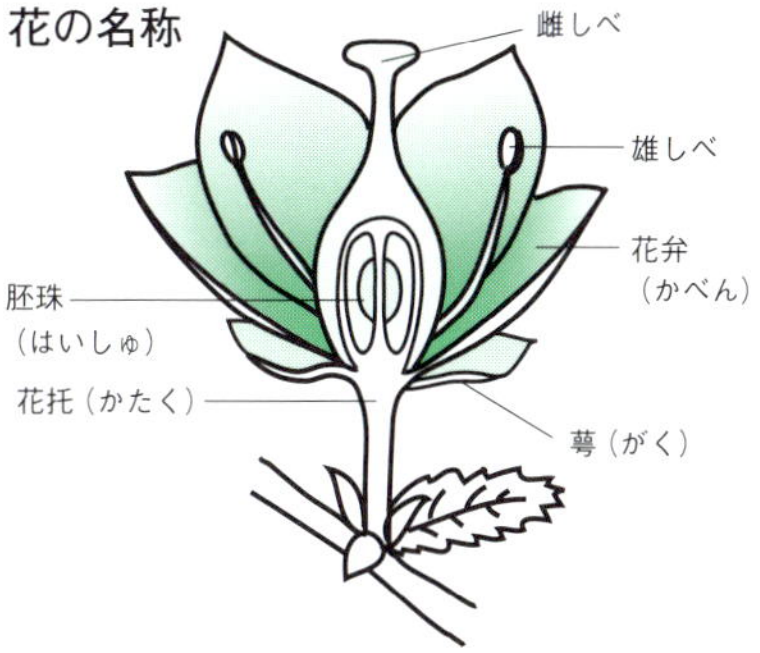

06 幹《みき》の形と樹形《じゅけい》

幹の形は直幹《ちょっかん》・株立《かぶだ》ち・曲幹《きょっかん》の3種

樹形は、1本の中心となる幹（主幹《しゅかん》）と枝張で決まります。多くの樹木は、主幹がまっすぐに生長《せいちょう》する「直幹形」ですが、エゴノキやナツツバキ、ヒメシャラ、ヤマボウシなど、主幹が複数本出る「株立ち」や、マツやサルスベリなど、主幹の生長の方向が定まらない「曲幹」もあります【図1】。

特徴的な幹の形態、あるいは幹の模様や質感［124～125頁参照］も植栽デザインに取り込むことで、個性的な庭をつくることができます。

樹形と植栽のポイント

樹木が枝葉を広げた姿（樹形）は、樹種や樹齢によって多種多様ですが、大別すると楕円《だえん》形、丸形、円錐《えんすい》形、盃《さかずき》形、乱《らん》形の5つに分かれます【図2】。

（1）楕円形…ヤマモモやモッコク、クロガネモチなどの常《じょう》緑広葉樹《りょくこうようじゅ》や、カツラ、コブシなどの落葉広葉樹《らくようこうようじゅ》に多い。枝張りがあまり広がらず、玄関周辺などスペースが限られた場所にも植栽できます。

（2）丸形…落葉広葉樹のイロハモミジやエノキ、サクラ類など。枝張りが大きくなる樹種が多く、植栽にはある程度広いスペースが必要です。ただし、ハナミズキは枝張りが広がらず、あまり高くならないので狭い場所でも植栽できます。

（3）円錐形…コウヤマキやスギなど、針葉樹《しんようじゅ》に多い。樹高が大きくなるものが多く、生長すると樹高の1／3程度の葉張りになるので、植栽場所には注意が必要です。

（4）盃形（ほうき形）…代表的な樹種はケヤキ。そのままの樹形が美しいので、あまり剪定《せんてい》せず、なるべく広い場所に植栽します。

（5）乱形…幹の成長する方向が定まらず、樹形が乱れる樹種があります。アジサイ、イヌコリヤナギ、シコンノボタンやブッドレアなどの枝が柔らかい樹種に多いのですが、ウバメガシなど、枝が硬い樹種でも見られます。常緑樹など背後に緑のキャンバスをつくると形が強調されます。

[図1] 幹の形態

直幹（シラカンバ）

主幹がまっすぐに生長する。イチョウ、カツラ、クロガネモチ、コウヤマキ、スギ、トチノキ、ハナミズキ、モッコクなど

曲幹（サルスベリ）

主幹が四方に揺れるように生長する。形状の面白さが際立つように、根元などに木を植えず、葉色の濃い常緑樹の生垣で背景をつくるとよい。アカマツ、クロマツ、イヌマキなど

株立ち（ヒメシャラ）

根際から数本に分かれて幹が出る。ボリュームがあり、1本の幹は細く軽やかで、狭い空間でもさほど圧迫感がない。エゴノキや、ナツツバキ、ヤマボウシなど

[図2] 樹形のタイプと植栽のポイント

	楕円形	丸形	円錐形	盃形	乱形
樹形	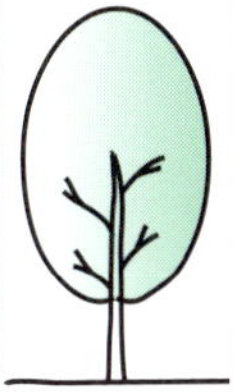	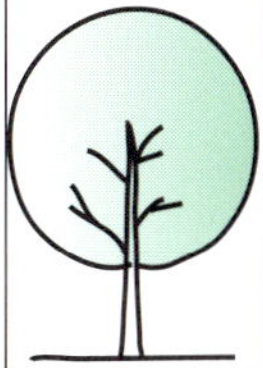			
代表的な樹種	キンモクセイ、クロガネモチ、モッコク、ヤマモモ、カツラ、コブシ、サザンカ、ポプラ、ヤブツバキ	クスノキ、シラカシ、イロハモミジ、エノキ、サクラ類、ハナミズキ	コウヤマキ、スギ、ヒマラヤスギ、ラカンマキ	アキニレ、ケヤキ	ウバメガシ、キョウチクトウ、アジサイ、イヌコリヤナギ、シコンノボタン、ブッドレア
植栽のポイント	横に広がらないので、やや狭いところに植栽できる	高さと同じくらい、あるいはそれ以上広がるので、大きな空間を確保すること。木の下は日陰になるので、耐陰性のあるもので植栽する	手入れはほとんど必要ない。この形を維持できるため、管理の回数を抑えたいときに便利。狭い空間でもすっきり見せることができる	丸型タイプより広がるので、かなり大きな空間を確保すると特徴を生かせる。緑陰空間が十分できるため、木陰の休憩スペースをつくるときに最適[74頁参照]	単独樹で植栽するとまとまらないため、一方を見るように壁際に配置するか、数本まとめて置くようにする

07 樹木の寸法と測り方

樹木の寸法の測り方

市場で流通する樹木の寸法は、高さ、枝張《えだばり》（枝幅）、幹回《みきまわ》りで表されます。高さは、根元から幹の先端（樹冠《じゅかん》）まで、枝張は、枝の左右幅を平均した寸法、幹回は、根元から1.2mの高さの位置（目通り）の幹の周長を指します。

株立《かぶだ》ちの幹回は、それぞれの幹の周長を足し、0.7を乗じた寸法とします。最も低い枝（枝下）が1.2mない低木《ていぼく》は、幹回りは測定しません。地被《ちひ》は苗で流通しているのでポットサイズ（鉢の直径）で表します【図1】。樹木の卸会社とのやりとりや植栽図の作成には、これらの方法で算出した数字を使用します。

ケヤキも低木？

植物図鑑では、実際の高さ寸法以外に、高木《こうぼく》や低木などの用語が樹木の高さ（樹高《じゅこう》）の分類に使われることがあります。これらの分類に厳密なルールはありませんが、通常、植栽設計では高木（樹高2.5m以上）、中木《ちゅうぼく》（同1.5m前後）、低木（同0.3m前後）、という区分を用います【図2】。植栽設計で用いる高さの分類は、生長《せいちょう》時ではなく植栽時の寸法を指します。生長時の樹高が20m以上のケヤキも、苗木を植栽する場合は低木として扱います。

生長した寸法をみると、ほとんどの樹木が高木か低木に分類されますが、鑑賞用の樹木の高さは中木程度がちょうどよいとされています。日本では、造園技術としての剪定《せんてい》が非常に発達しているため、樹高をある程度抑えることはできます。ただし、アジサイやムクゲなど生長の早い樹木では、頻繁に剪定しなければならず、植栽工事後の管理にどれだけの手間をかけられるかが重要になります。頻繁な管理が難しい場合は、あまり大きくならない樹木や、生長の遅い樹木を植栽するべきでしょう。

樹木の寸法は、樹高・枝張り・幹回りで計測。植栽設計には植栽時の寸法を用います

[図1] 樹木の流通寸法の測り方

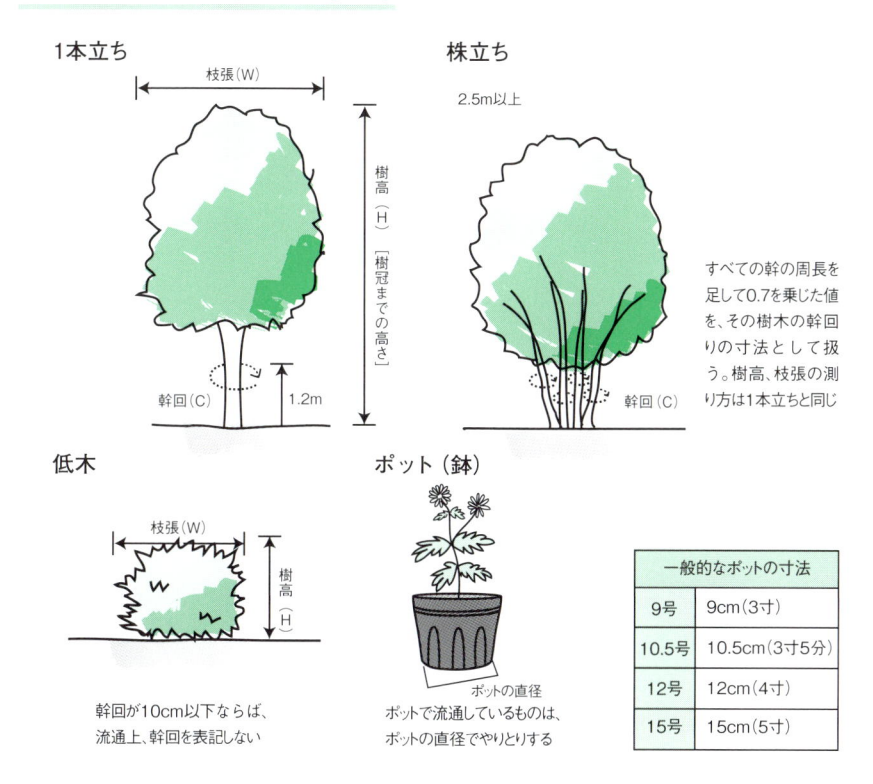

1本立ち

枝張(W)
樹高(H)［樹冠までの高さ］
幹回(C)
1.2m

株立ち

2.5m以上
幹回(C)

すべての幹の周長を足して0.7を乗じた値を、その樹木の幹回りの寸法として扱う。樹高、枝張の測り方は1本立ちと同じ

低木

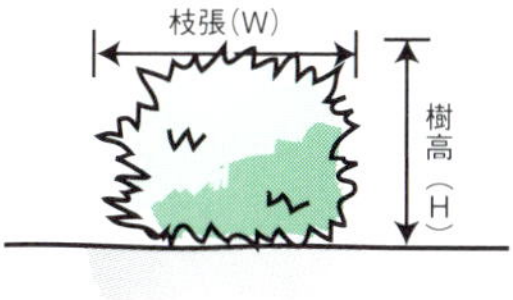
枝張(W)
樹高(H)

幹回が10cm以下ならば、流通上、幹回を表記しない

ポット(鉢)

ポットの直径

ポットで流通しているものは、ポットの直径でやりとりする

一般的なポットの寸法	
9号	9cm(3寸)
10.5号	10.5cm(3寸5分)
12号	12cm(4寸)
15号	15cm(5寸)

[図2] 樹高の分類

高木

2.5m以上

中木

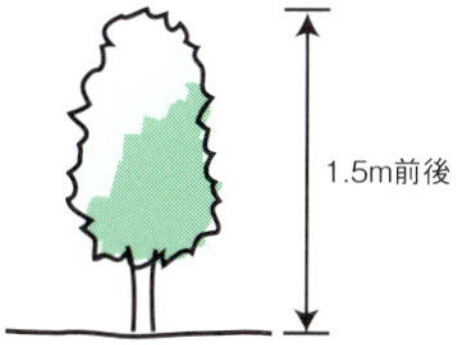
1.5m前後

低木

0.3m前後

08 樹木の生長《せいちょう》とコントロール

樹木の生長の速さは樹種によって大きく異なります【図1】。管理の方法や頻度に大きく影響しますから、樹種の選択には欠かせない要素です。

街路樹にされる樹木は生長が速いものが多く、剪定《せんてい》などの手間をかけられない場合は、庭木として選択しないほうがよいでしょう。ただし、ハナミズキは生長が遅く、高さのコントロールがしやすいので、庭木に向いています。

外国から持ち込まれた樹木（外来種）は比較的生長が速く、モリシマアカシア（ミモザ）やユーカリは1年で1mくらい伸びます。マメ科の樹木も生長が早く、生態系を乱すとして特定外来種の指定を受けているニセアカシアは、繁殖力もあり、管理が大変です。

モウソウチクやマダケなどのタケ類は、生長が非常に速く、逆に生長が遅い樹木は、アスナロやイチイなど、寒い地方に自生《じせい》する常緑針葉樹《じょうりょくしんようじゅ》の仲間です。

○剪定による庭の管理

樹木は寿命を迎えるまで生長を続けます。住宅の庭など、限られた空間に植栽する場合は、適度な大きさに保つ必要があります。樹木の生長をコントロールするには、剪定（枝や葉を切って形を整える）を行います【図2】。

造園会社に剪定を依頼する場合は、問題ないのですが、建て主自ら管理計画を立てて庭木を剪定する場合は、植栽樹の選定に注意が必要です。

生垣《いけがき》に使うカナメモチや、街路樹に用いるウバメガシなどは萌芽力《ほうがりょく》が強く、時期を間違わなければ比較的容易に剪定できます。一方、剪定を嫌う樹木は、剪定方法や時期の選択が難しくなります。樹木が剪定を嫌う理由には、ソメイヨシノ、フジなどのように剪定することで樹木が弱る場合と、ケヤキのように樹形《じゅけい》が変わりその樹木のよさが失われる場合の2つがあります。剪定を嫌う樹木は造園会社に管理を任せたほうがよいでしょう。

建て主自らが、庭木を剪定する場合は、植栽樹の選定に注意が必要なんだね

[図1] 樹木の生長の速さ

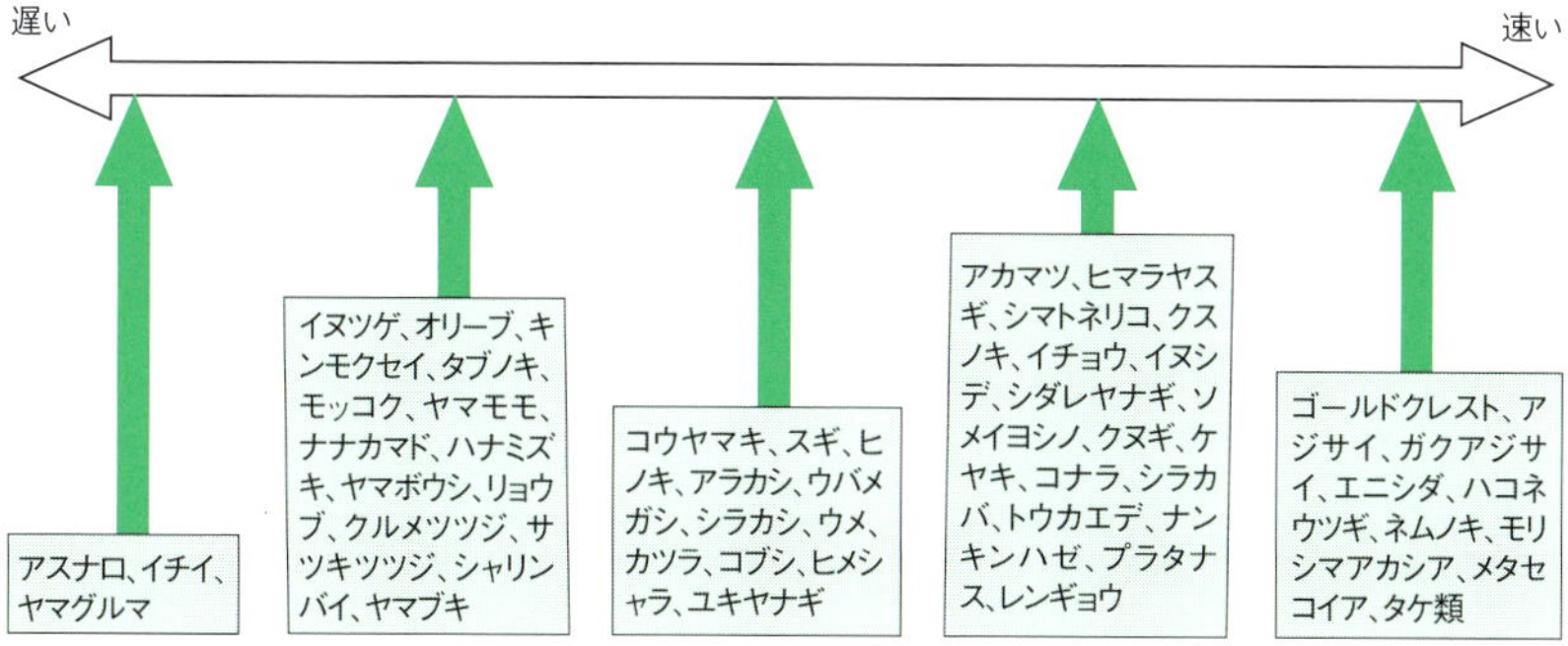
遅い
速い
アスナロ、イチイ、ヤマグルマ
イヌツゲ、オリーブ、キンモクセイ、タブノキ、モッコク、ヤマモモ、ナナカマド、ハナミズキ、ヤマボウシ、リョウブ、クルメツツジ、サツキツツジ、シャリンバイ、ヤマブキ
コウヤマキ、スギ、ヒノキ、アラカシ、ウバメガシ、シラカシ、ウメ、カツラ、コブシ、ヒメシャラ、ユキヤナギ
アカマツ、ヒマラヤスギ、シマトネリコ、クスノキ、イチョウ、イヌシデ、シダレヤナギ、ソメイヨシノ、クヌギ、ケヤキ、コナラ、シラカバ、トウカエデ、ナンキンハゼ、プラタナス、レンギョウ
ゴールドクレスト、アジサイ、ガクアジサイ、エニシダ、ハコネウツギ、ネムノキ、モリシマアカシア、メタセコイア、タケ類

[図2] 剪定による生長のコントロール

剪定すべき枝

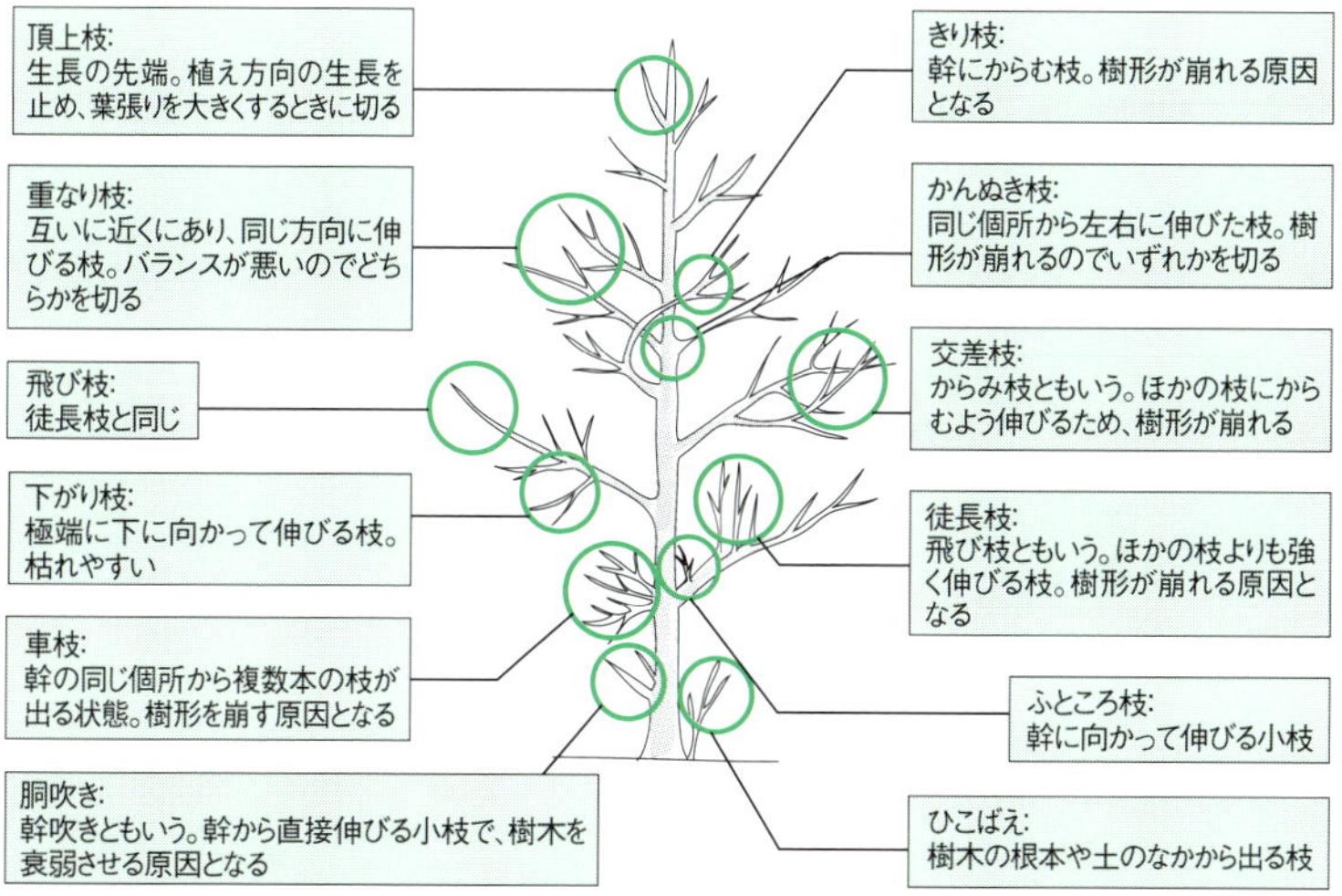
頂上枝:
生長の先端。植え方向の生長を止め、葉張りを大きくするときに切る
重なり枝:
互いに近くにあり、同じ方向に伸びる枝。バランスが悪いのでどちらかを切る
飛び枝:
徒長枝と同じ
下がり枝:
極端に下に向かって伸びる枝。枯れやすい
車枝:
幹の同じ個所から複数本の枝が出る状態。樹形を崩す原因となる
胴吹き:
幹吹きともいう。幹から直接伸びる小枝で、樹木を衰弱させる原因となる
きり枝:
幹にからむ枝。樹形が崩れる原因となる
かんぬき枝:
同じ個所から左右に伸びた枝。樹形が崩れるのでいずれかを切る
交差枝:
からみ枝ともいう。ほかの枝にからむよう伸びるため、樹形が崩れる
徒長枝:
飛び枝ともいう。ほかの枝よりも強く伸びる枝。樹形が崩れる原因となる
ふところ枝:
幹に向かって伸びる小枝
ひこばえ:
樹木の根本や土のなかから出る枝

主な剪定時期（東京周辺）

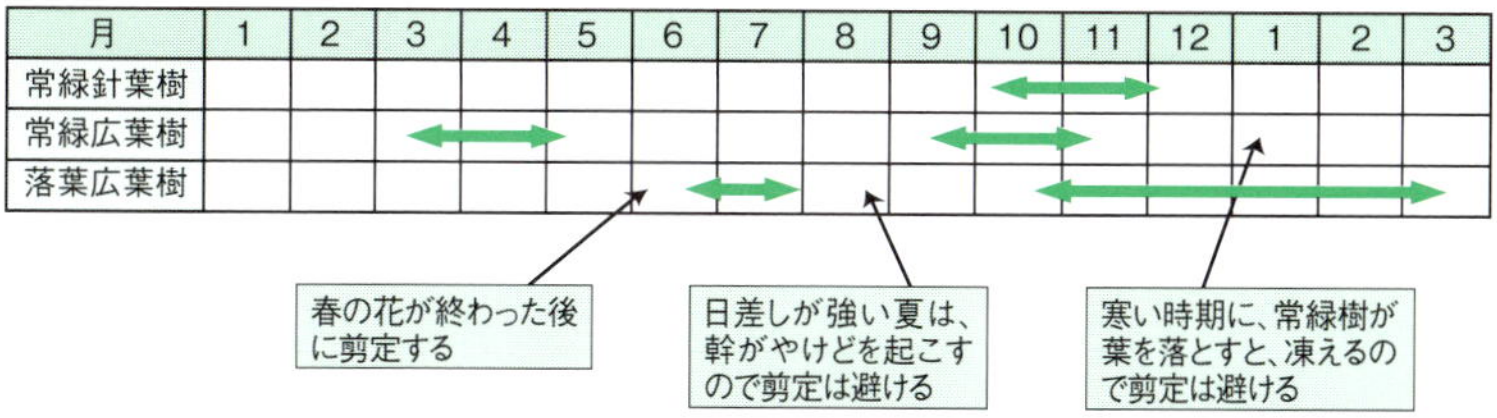
月
1
2
3
4
5
6
7
8
9
10
11
12
1
2
3
常緑針葉樹
常緑広葉樹
落葉広葉樹
春の花が終わった後に剪定する
日差しが強い夏は、幹がやけどを起こすので剪定は避ける
寒い時期に、常緑樹が葉を落とすと、凍えるので剪定は避ける

09 樹木による日照の好み

陽樹《ようじゅ》・陰樹《いんじゅ》・中庸樹《ちゅうようじゅ》

樹木は、生長《せいちょう》に必要な日照量によって分類されています。もともと日当たりがよい場所に生息し、日差しを好む樹木を陽樹、日当たりを嫌い、湿気のある暗い環境を好む樹木を陰樹といいます。また、陽樹と陰樹の中間的な性質をもち、適度の日当たりと日陰を好む樹種は中庸樹に分類されます**【図、マメ知識】**。

陽樹は、南側の庭など、日当たりのよい場所への植栽が適しています。陰樹は、日当たりの悪い北側の庭や高木《こうぼく》や中木《ちゅうぼく》の陰になる部分の下木《かぼく》として植栽するとよいでしょう。中庸樹の多くは、午前中の優しい日差しが当たる東側の庭に適しています。

ヒノキのように、陰樹でも、日当たりのよい場所で生育できる樹種はありますが、ほとんどの陽樹は日陰の環境では健全な生育が望めません。

日差しの好みの見分け方

日照条件は、樹木の生長に欠かせない要素の1つです。たいていの植物図鑑には、陽樹／陰樹／中庸樹の記載がありますから、樹木を選定する際には、植栽する場所の日照条件に適しているか確認するようにします。手元に植物図鑑がない場合は、落葉広葉樹《らくようこうようじゅ》や落葉針葉樹《らくようしんようじゅ》はほとんどが陽樹か中庸樹、常緑広葉樹《じょうりょくこうようじゅ》や常緑針葉樹《じょうりょくしんようじゅ》は中庸樹か陰樹が多いと考えておくと間違いが少ないでしょう。

サクラ類やバラなどの花木《かぼく》は、基本的に陽樹で日当たりを好みます。派手で目立つ花を付ける樹木も、おおむね陽樹か中庸樹と考えてよいでしょう。ただし例外もあり、ツバキ類やサザンカは派手な花を付け、日当たりに耐えますが、中庸樹～陰樹の性質をもち、日当たりの悪いところでも花を咲かせることができます。

樹木にも日照の好みがあるため、配植《はいしょく》場所の日照条件とのマッチングが大事！

[図] 代表的な陰樹・陽樹

	中木・高木	低木・地被
極陰樹	イチイ、イヌツゲ、クロモジ、コウヤマキ(大人になった成木は陽樹)、ヒイラギ、ヒイラギモクセイ、ヒノキ	アオキ、アセビ、ジンチョウゲ、センリョウ、マンリョウ、ヤツデ、ヤブコウジ
陰樹〜中庸樹	シラカシ、ドイツトウヒ、ヒメシャラ	アジサイ、ガクアジサイ、シロヤマブキ、ナンテン、ヒイラギナンテン、ヒカゲツツジ、ヒサカキ、ヤマブキ
中庸樹	イチジク、エゴノキ、コバノトネリコ、コブシ、サワラ、シデコブシ、スギ、ツリバナ、ナツツバキ、ビワ	アベリア、カルミア、キブシ、サンショウ、トサミズキ、バイカウツギ、ビヨウヤナギ、ホザキシモツケ、ミツバツツジ、ムラサキツツジ、ロウバイ
中庸樹〜陽樹	イロハモミジ、エノキ、カツラ、クヌギ、ゲッケイジュ、コナラ、ザイフリボク、ジューンベリー、スダジイ、セイヨウシャクナゲ、ソヨゴ、タブノキ、ツバキ類、トチノキ、ノリウツギ、ハクウンボク、ハナミズキ、ブナ、マユミ、モミ、ヤブデマリ、ヤマボウシ、ヤマモモ、ライラック、リョウブ	オオデマリ、カシワバアジサイ、ガマズミ、カンツバキ、キンシバイ、クチナシ、コクチナシ、シモツケ、チャノキ、ニシキギ、ハコネウツギ、ハマナス、ヒメウツギ、ヒラドツツジ、フジ、ボタンクサギ、ミツマタ、ユキヤナギ
陽樹	アオギリ、アカマツ、アキニレ、アメリカデイゴ、アラカシ、ウバメガシ、ウメ、オリーブ、カイズカイブキ、カナメモチ、カリン、ギョリュウ、キンモクセイ、ギンヨウアカシア、クリ、クロガネモチ、ケヤキ、サクラ類、サルスベリ、サンザシ、サンシュユ、シコンノボタン、シダレヤナギ、シマサルスベリ、シマトネリコ、シモクレン、シラカンバ、タイサンボク、トウカエデ、ナンキンハゼ、ニオイヒバ、ハナズオウ、ハナモモ、ハルニレ、フェイジョア、ブッドレア、マサキ、マテバシイ、マンサク、ムクゲ、モチノキ、モッコク、リンゴ	ウツギ、ウメモドキ、エニシダ、オウバイ、オオムラサキツツジ、キョウチクトウ、キリシマツツジ、ギンバイカ、キンメツゲ、クサツゲ、コデマリ、コノテガシワ、サツキツツジ、シャリンバイ、ドウダンツツジ、トキワマンサク、トベラ、ナワシログミ、ニワウメ、ノウゼンカズラ、ハイビャクシン、ハギ類、ハクロニシキ、ハマヒサカキ、バラ類、ヒュウガミズキ、ピラカンサ、フヨウ、プリペット、ブルーベリー、ボケ、ボックスウッド、マメツゲ、メギ、ユスラウメ、レンギョウ、ローズマリー

マメ知識

好みが変わる樹木たち

樹木は陽樹・陰樹と区別されるが、陽樹でも出芽したとき、あるいは種や苗木のときは日陰を好むものが多い。まだ葉や根が発達していないため、水分を蓄える力がなく、日のよく当たるところや乾燥した場所が苦手。ただし、イネ科の草本類やアカマツ、シラカバ、ヤナギ類などは、種や苗のころから比較的日を好む樹種だといえる。

逆に、コウヤマキのように幼木《ようぼく》のときは日陰を好む陰樹だが、成木《せいぼく》になると陽樹になるものもある。樹木は意外と移り気である。

コウヤマキ。コウヤマキ科コウヤマキ属の常緑針葉樹

10 日照と樹木の選択

日照条件から樹木を選ぶ

陽樹《ようじゅ》・陰樹《いんじゅ》の項［48〜49頁参照］で述べたように、樹木には、それぞれ好みとなる日照条件があります。したがって、植栽する場所の日照条件は樹木選択の重要なポイントになります。

日中の日照条件の推移を、敷地の方位で考えてみると、午前中は、柔らかい朝日が敷地の東側に差し込みます。昼前から昼過ぎになると、強く明るい日が敷地の南側に降り注ぐようになります。昼過ぎから夕方になると、さらに強い日差し（いわゆる西日）が、敷地の西側を照らします。一方、敷地の北側は、終日陽が当たらない、というのが一般的な日照条件といえるでしょう［図1］。

これらの日照条件と陽樹・陰樹・中庸樹《ちゅうようじゅ》を併せて考えてみると、敷地の東側につくる庭は中庸樹、南側と西側は陽樹、北側は陰樹に適した環境であるということになります。

現地調査と日影《にちえい》図《ず》も活用

敷地やその周囲の建物の高さや隣接地の環境なども日照条件を左右します。敷地の建物が庭にどのような影を落とすかは、日影図を作成して検討します［図2］。

周辺環境が敷地の日照にどのような影響を与えるかは、敷地を現地調査する際に確認するとよいでしょう。南側の敷地でも、隣地の地盤面が高い位置にあると、隣地の建物の影が大きくかかり、陽樹の植栽には向きません。一方、敷地の北側であっても、道路や公園など開けた空間に面していると比較的明るくなるため、中庸樹の植栽が可能になります。

地域差も日照条件を決める要因となります。東北以北は、もともと日差しがあまり強くないため、南側でも中庸樹の植栽ができます。それに対し近畿南部〜沖縄では、日差しが強くなるため、南側の庭への中庸樹の植栽は避ける必要があります。

日照条件は方位だけでなく、周辺環境や地域差も考慮して検討します

[図1] 検討すべき日照条件

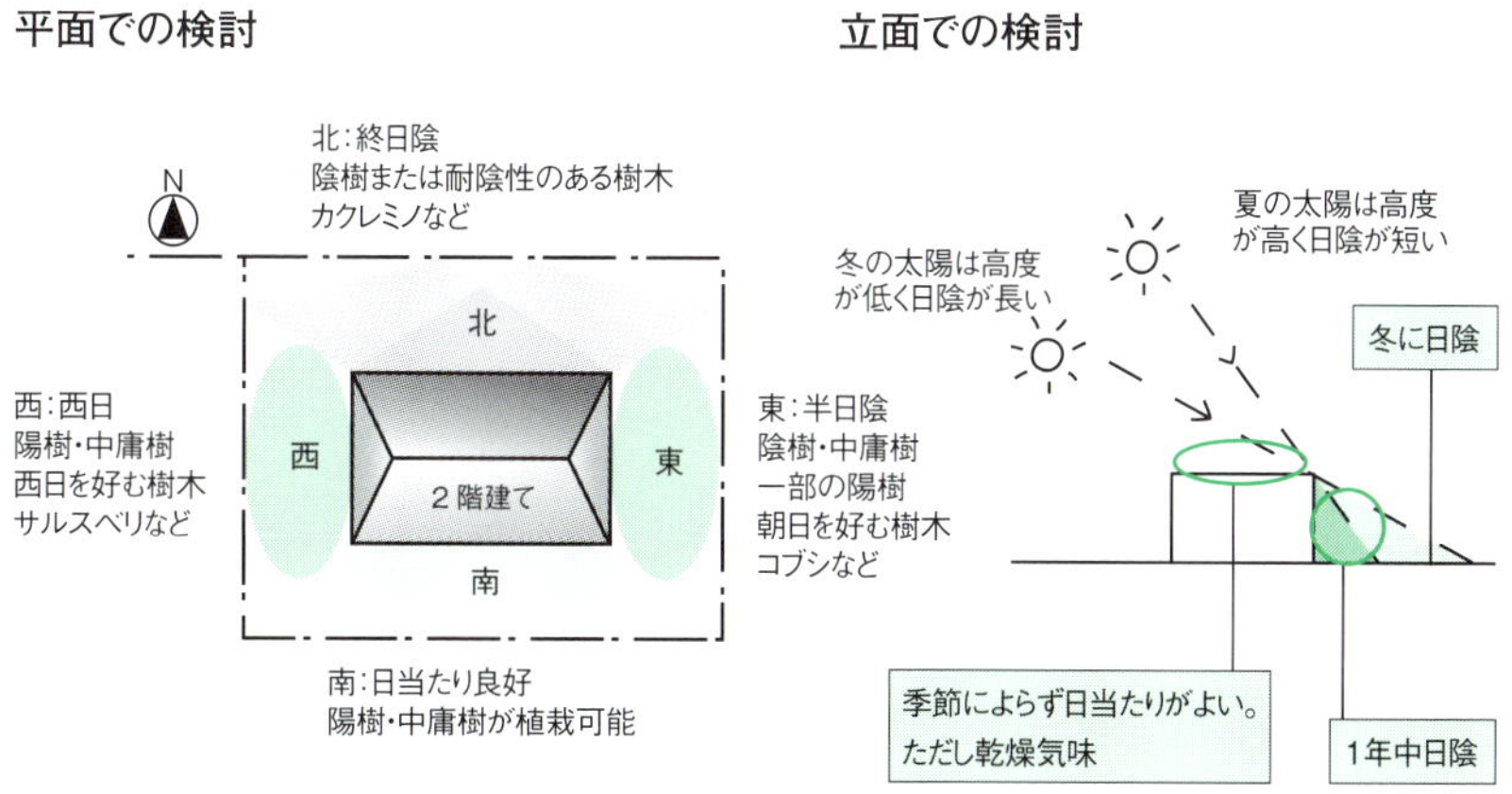
平面での検討
立面での検討
北:終日陰
陰樹または耐陰性のある樹木
カクレミノなど
N
北
西
東
2階建て
南
西:西日
陽樹・中庸樹
西日を好む樹木
サルスベリなど
東:半日陰
陰樹・中庸樹
一部の陽樹
朝日を好む樹木
コブシなど
南:日当たり良好
陽樹・中庸樹が植栽可能
夏の太陽は高度
が高く日陰が短い
冬の太陽は高度
が低く日陰が長い
冬に日陰
季節によらず日当たりがよい。
ただし乾燥気味
1年中日陰

[図2] 日影図による確認

夏至の日陰

測定面の高さ=1m、緯度=36度
測定時間8〜16時

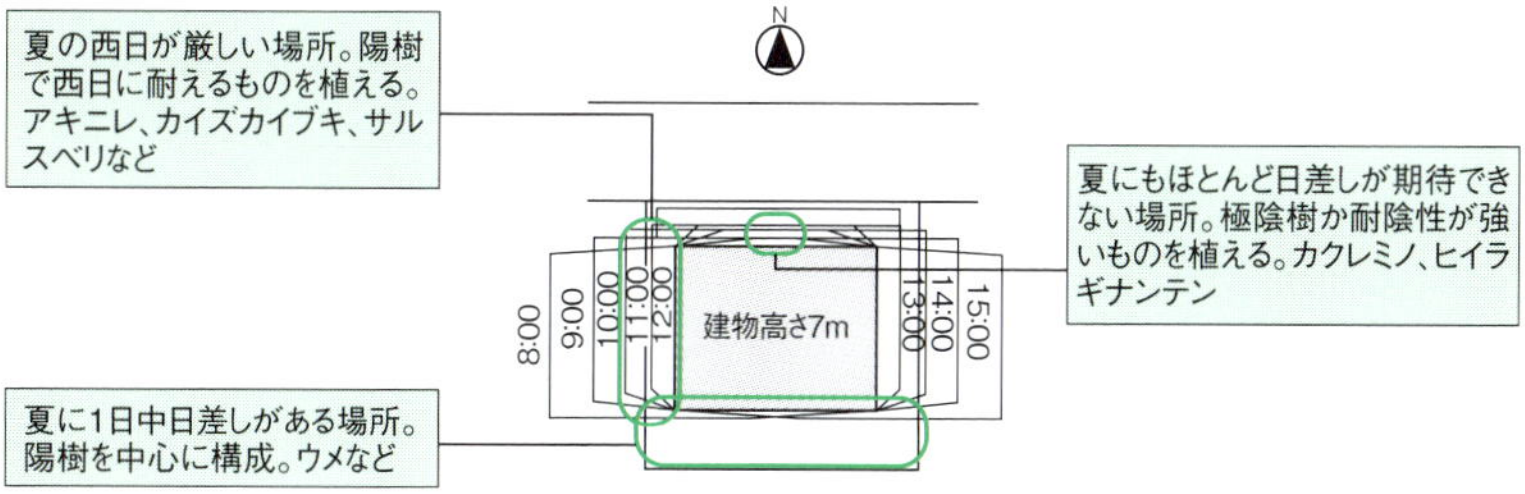
夏の西日が厳しい場所。陽樹で西日に耐えるものを植える。アキニレ、カイズカイブキ、サルスベリなど
N
夏にもほとんど日差しが期待できない場所。極陰樹か耐陰性が強いものを植える。カクレミノ、ヒイラギナンテン
8:00
9:00
10:00
11:00
12:00
建物高さ7m
13:00
14:00
15:00
夏に1日中日差しがある場所。陽樹を中心に構成。ウメなど

冬至の日陰

測定面の高さ=1m、緯度=36度
測定時間8〜16時

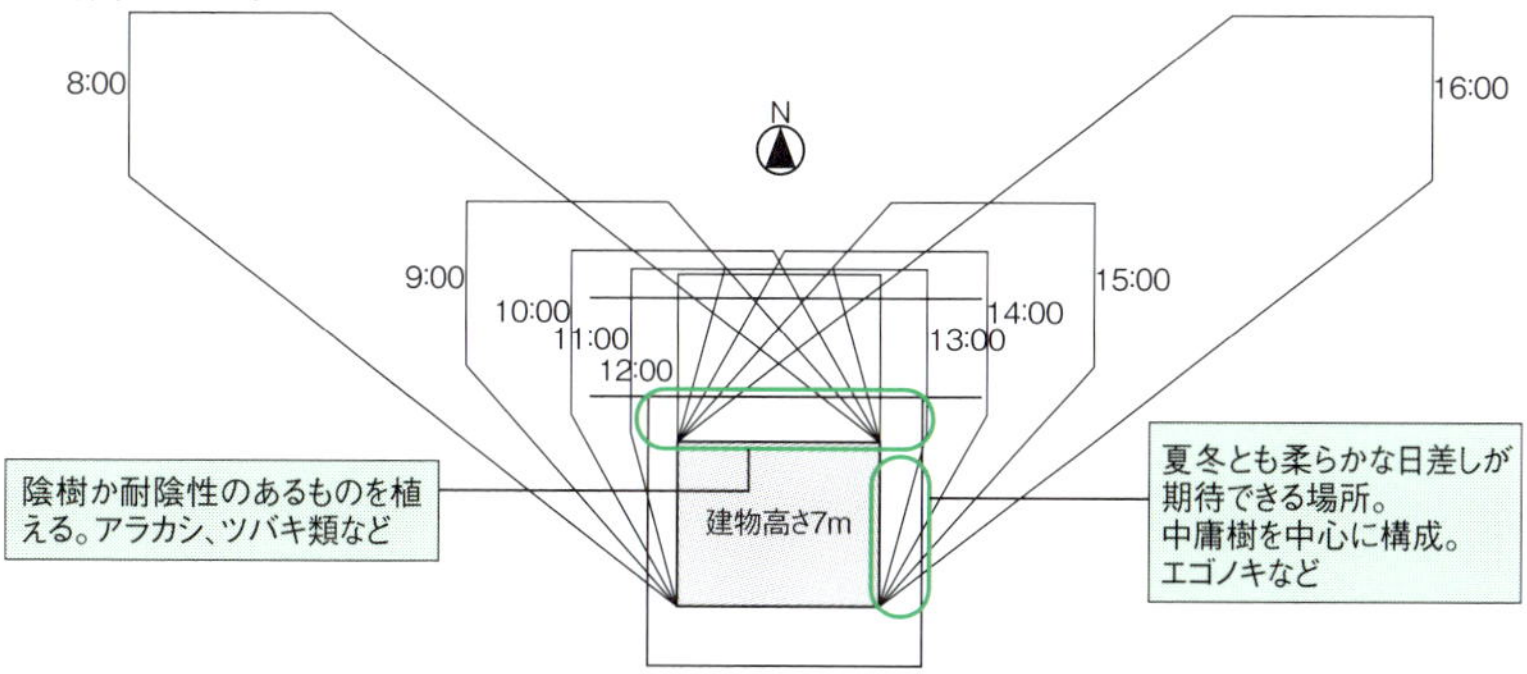
8:00
16:00
N
9:00
15:00
10:00
11:00
12:00
14:00
13:00
陰樹か耐陰性のあるものを植える。アラカシ、ツバキ類など
建物高さ7m
夏冬とも柔らかな日差しが期待できる場所。
中庸樹を中心に構成。
エゴノキなど

11 南・北の庭の樹木

陽樹《ようじゅ》が好む南の庭

1日を通して明るい陽が差し込む南側の庭は、植栽に適した環境といえます。ほとんどの樹木が植栽可能ですが、なかでも日当たりを好む陽樹を中心に植栽樹を選ぶとよいでしょう【図1】。

サルスベリやムクゲ、フヨウなど、夏に花を咲かせる樹木や花が目立つ花木《かぼく》などは、ほとんどが陽樹です。また、早春に花を咲かせるウメやソメイヨシノ、5月に咲きはじめるバラなど、バラ科の樹木もだいたい陽樹となります。

南側からの日差しが強すぎる場合、高木《こうぼく》を植栽して日陰をつくれば、その下にヤマブキやアジサイなどの中庸樹《ちゅうようじゅ》の低木《ていぼく》を植栽することができます。このような日陰をつくる樹木のことをシェイドツリーと呼びます。シェイドツリーには、落葉樹《らくようじゅ》で日差しを好むアキニレ、エノキ、ネムノキなど、横に広がる樹形をもつ高木を入れるとよいでしょう。

陰樹《いんじゅ》しか育たない北の庭

一方、北側の庭は、終日、陽が当たらないため、選択する植栽樹は、日照が乏しくても生長《せいちょう》できる、陰樹を選ぶことが基本となります【図2】。

代表的な陰樹は、高木ではカクレミノ、ヒメユズリハ、中《ちゅう》木《ぼく》ではアオキ、ナンテン、低木ではセンリョウ、マンリョウなどの常緑広葉樹《じょうりょくこうようじゅ》です。ただし北海道のように、冬の気温が非常に低い地域では、常緑広葉樹で寒さに耐えられるものが少ないため、針葉樹《しんようじゅ》を植えたほうがよいでしょう。常緑針葉樹の陰樹にはイチイやアスナロなどがあります。

地被《ちひ》類（グランドカバー）ではリュウノヒゲ、フッキソウ、コグマザサ、ツル植物のヘデラなどがよく使われます。

また、建物の北側に植えた樹木は、植栽後の生長があまり期待できません。そのため、なるべく完成形に近い樹形の樹木を選ぶようにします。

明るい陽が差し込む南の庭は陽樹、終日日陰の北の庭は陰樹を植えます

[図1] 南の庭の配植例

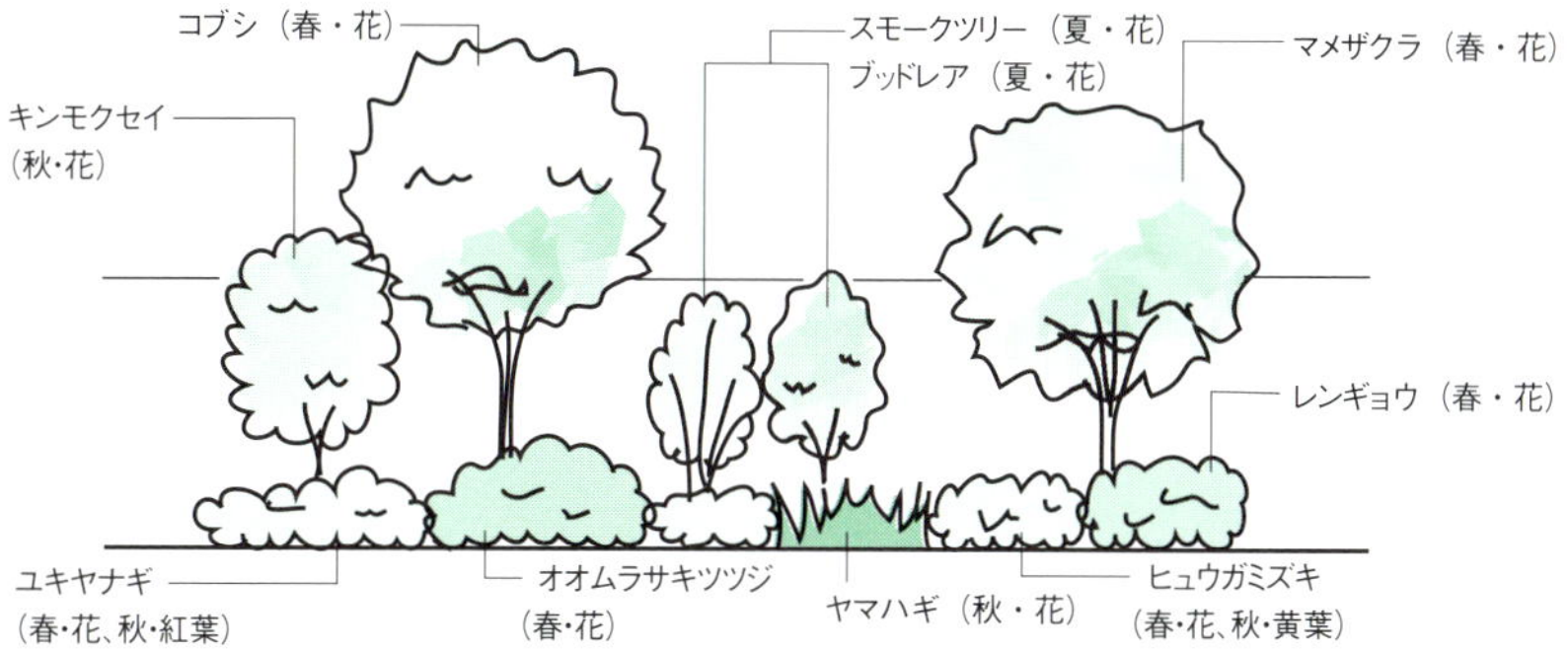
コブシ（春・花）
スモークツリー（夏・花）
ブッドレア（夏・花）
マメザクラ（春・花）
キンモクセイ（秋・花）
レンギョウ（春・花）
ユキヤナギ（春・花、秋・紅葉）
オオムラサキツツジ（春・花）
ヤマハギ（秋・花）
ヒュウガミズキ（春・花、秋・黄葉）

花や紅葉など、季節の変化を取り込んだ配植とする

[図2] 北の庭の配植

配植例

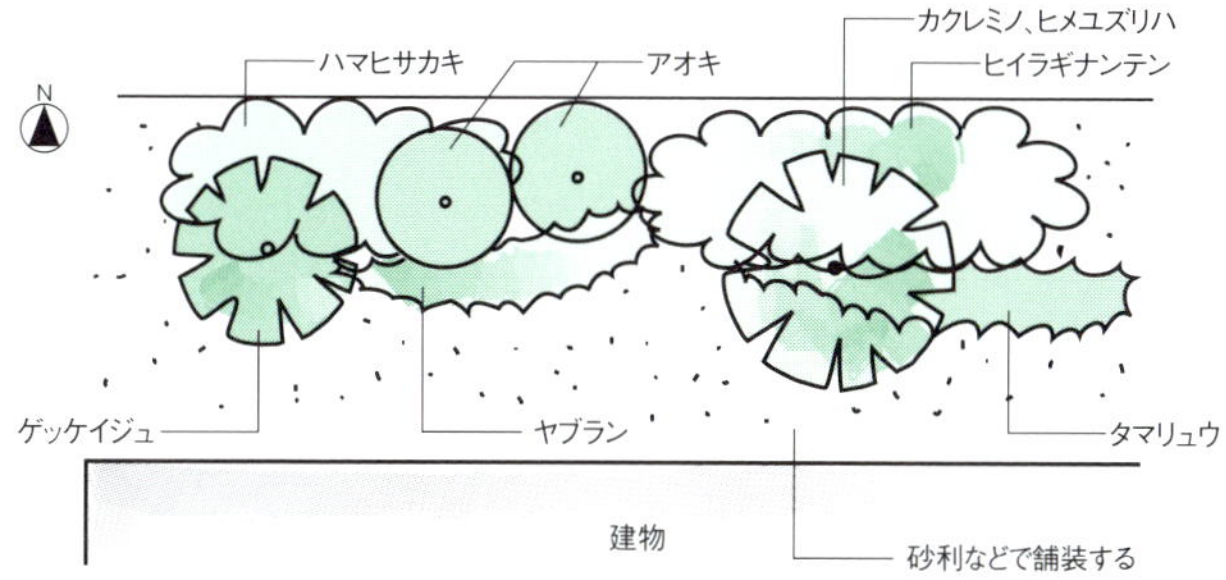
N
ハマヒサカキ
アオキ
カクレミノ、ヒメユズリハ
ヒイラギナンテン
ゲッケイジュ
ヤブラン
タマリュウ
建物
砂利などで舗装する

北の庭の植栽のポイント

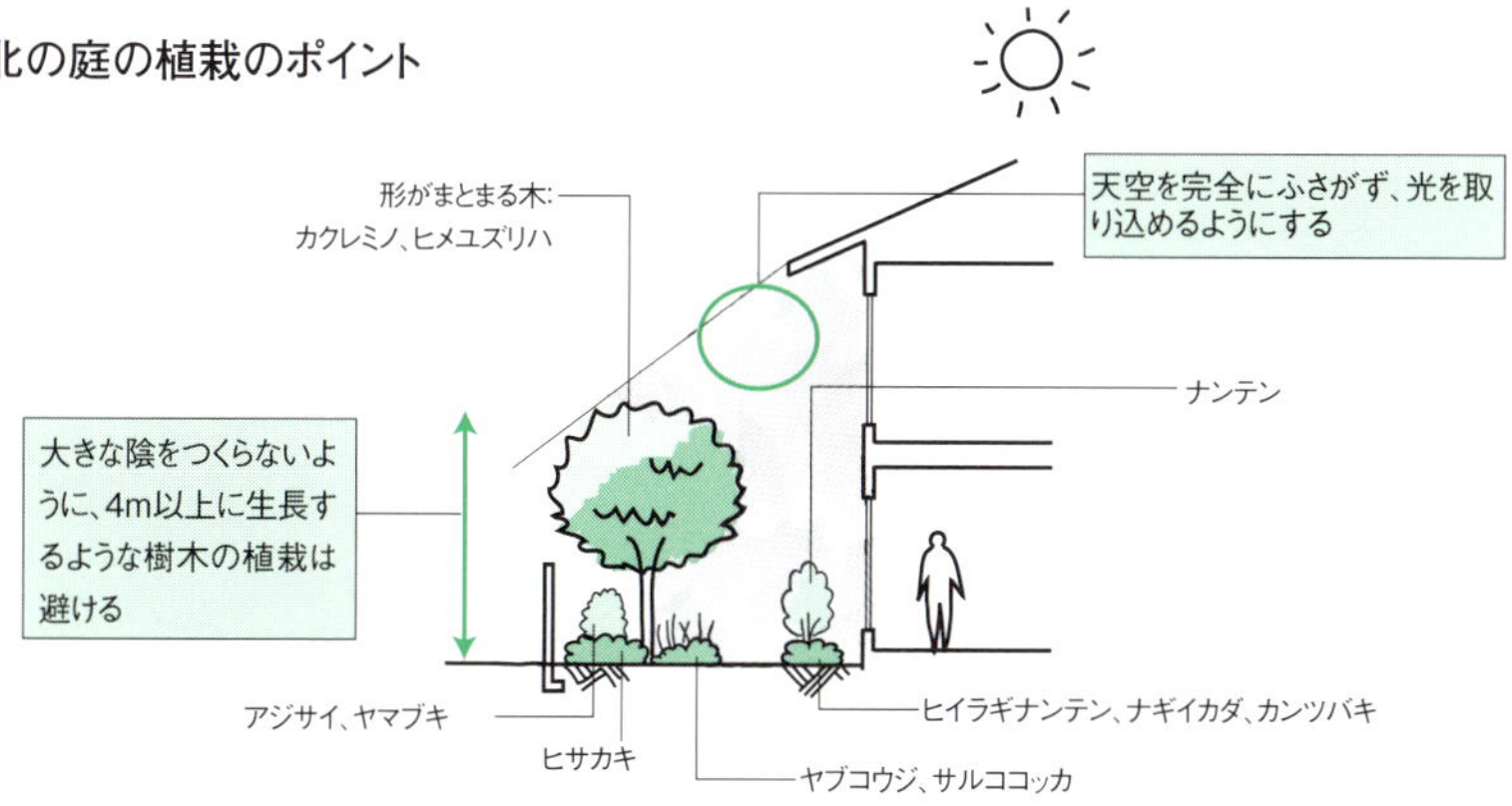
形がまとまる木：
カクレミノ、ヒメユズリハ
天空を完全にふさがず、光を取り込めるようにする
ナンテン
大きな陰をつくらないように、4m以上に生長するような樹木の植栽は避ける
アジサイ、ヤマブキ
ヒサカキ
ヤブコウジ、サルココッカ
ヒイラギナンテン、ナギイカダ、カンツバキ

12 東・西の庭の樹木

中庸樹《ちゅうようじゅ》が向く東の庭

東側の庭は、午前は明るく優しい朝日が差し込みますが、午後になると建物の陰に入るため、日照が不足気味になります。したがって、適度の日差しを好む中庸樹を選ぶとよいでしょう【図1】。

高木《こうぼく》ではエゴノキ、ナツツバキ、ヒメシャラ、中木《ちゅうぼく》ではオトコヨウゾメやムラサキシキブ、低木《ていぼく》ではウツギ、ヤマブキなどが適しています。また、日差しがさほど強くないので、ほとんどの陰樹《いんじゅ》も植栽可能です。逆に、強い日差しを好む陽樹《ようじゅ》は、十分な日差しを得られず、生長《せいちょう》不良になる場合もあります。下草《したくさ》では、ギボウシやユキノシタなどが、東側の庭の日照条件を好みます。

タケ類も東側の庭の植栽に適しています。タケは、稈《かん》に日が当たりすぎると枯れてしまうため、東側の庭のように、適度の日照と日陰が得られる環境を好むからです。

陽樹が向く西の庭

西側の庭は、午前・午後の日差しの当たる順番が東の庭と逆になります。そのため、植栽樹は中庸樹が適していると思われがちですが、実はそうではないのです。午後からの日差しは、午前中の日差しと比べて格段に強く、中庸樹や陰樹では、葉焼《はや》け・葉枯《はが》れを起こすなど、適切な生長が望めません。西側の庭には、シマサルスベリやシマトネリコなど、強い日差しを好む陽樹を植栽するべきでしょう【図2】。

植栽樹は、南側の庭で挙げたような、夏に花を咲かせる暖かい地方に自生《じせい》する樹木が向いています。ヤマモモなどの常緑広葉樹《じょうりょくこうようじゅ》のほか、ミカンのような柑橘類《かんきつるい》やオリーブ、ヤシ類、ローズマリーなどを植えるとよいでしょう。

また、南側の庭同様、高木を入れて日陰をつくることで、その下に中庸樹を植栽することができます。

朝日が差し込む東の庭は中庸樹〜陰樹、強い西日が差し込む西の庭は陽樹を植えます

[図1] 東の庭の配植例

イヌシデ
ナツツバキ
ソヨゴ
ムラサキシキブ
サツキツツジ
ギボウシ
アベリア
クチナシ
ビヨウヤナギ
フイリヤブラン

高木は明るい葉色の落葉樹を、中木・低木は常緑樹を主体とすることで、1年中緑が楽しめる庭となる

[図2] 西の庭の配植例

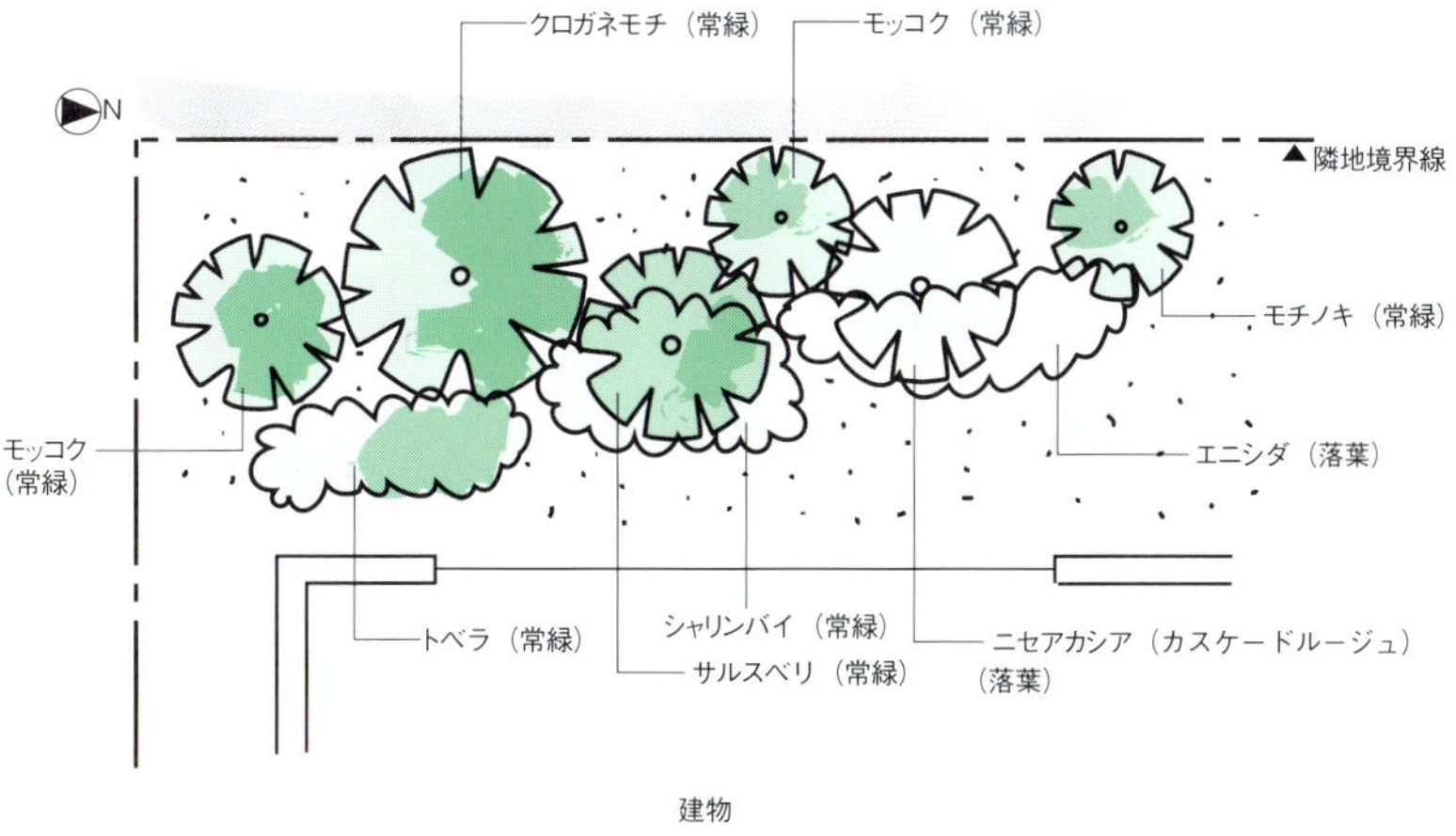
クロガネモチ（常緑）
モッコク（常緑）
N
隣地境界線
モチノキ（常緑）
モッコク
（常緑）
エニシダ（落葉）
トベラ（常緑）
シャリンバイ（常緑）
サルスベリ（常緑）
ニセアカシア（カスケードルージュ）
（落葉）
建物

西側の庭は、常緑樹を主体に夏の西日を抑えるように配植する

13 樹木選びの3原則

○植栽樹の3要素

自然に生えている樹木のすべてが植栽に向いているわけではありません。植栽樹を選択する際には、次の3要素を兼ね備えているかを確認するとよいでしょう。

（1）観賞価値のあるもの

花や紅葉、果実が楽しめる、樹形《じゅけい》が美しいなど、観賞的な魅力があることは植栽樹として最も重要な要素です。またそのものに魅力がなくても、ほかの樹木を引き立てる樹木も、観賞用価値があるものとみなすことができます。

（2）管理・移植がしやすい

住宅用植栽では、施肥《せひ》や剪定《せんてい》にあまり手間がかからないものを選ぶことが重要です。生長《せいちょう》が非常に早いものや、病・虫害に弱いものも植栽樹に向きません。

移植《いしょく》しやすいことも大切です。また、移植に耐える樹種でも老木は移植が難しいので、植栽樹にはなるべく若木を選ぶようにします。

（3）市場性がある

コストと流通量が安定していることも植栽樹に求められる要件です。樹木を種から育てると（実生《みしょう》という）、ある程度の大きさになるのに数年かかります。そのため造園会社は、挿木《さしき》や接木《つぎき》などで樹木の数を増やしています。

現在、植栽樹としてよく用いられるもののほとんどがこの方法で生産されているため、価格や流通量が安定しています【図】。

一方、大木などの珍しい樹木は、山に自生《じせい》するものを掘り出して（山取りという）、市場に流通させたものがほとんどです。このような樹木は価格や納期が安定していないため、予算や工期に余裕がなければ、植栽樹に採用することは避けたほうが無難です。

また、植栽樹には流行があるため、ある時期に大量に市場に流れていても、流行が終わると急に市場から消えることもあるので注意が必要です。

「観賞価値がある」
「管理・移植しやすい」
「市場性がある」ことが
植栽樹の条件です

[図] 植栽樹の代表選手

シラカシ
ブナ科コナラ属
常緑広葉樹

高木から中木までさまざまな大きさで使われる。花木ではないが、やや明るい緑の葉が付き、軽やかなイメージの庭に合う。高い垣根などをつくるときにもよく用いられる。日差しの強い場所や、やや日陰の場所など比較的場所を選ばずに植栽可能

ハナミズキ
ミズキ科ミズキ属
落葉広葉樹

春は花、夏は葉、秋は紅葉と実が楽しめる。花木として非常によく使われる。生長しても6m以上にならないので、狭い庭でも広い庭でも庭木として扱いやすい。病・虫害もソメイヨシのほど発生しない。剪定にも耐える。近年の植栽樹の定番で、生産も安定しているため手に入りやすい

セイヨウベニカナメモチ（レッドロビン）
バラ科カナメモチ属
常緑広葉樹

生垣に非常によく使われる。新芽が赤くなるため、常緑の生垣のなかでも色の変化が楽しめる。病・虫害も少なく、生長が早い。市場性があり比較的安価

サツキツツジ
ツツジ科ツツジ属
常緑広葉樹

春の花として代表的な低木の花木。古くから庭木として利用され、盆栽や街路樹、公園樹としても欠かせない。剪定しやすく、病・虫害も比較的少ない。日本原産で生産地は和歌山が有名。品種も多数で花色も代表的な濃いピンクから白、薄いピンクなどある

14 植栽可能な地域

敷地周辺の植生《しょくせい》を調べる

樹木にはそれぞれ生長《せいちょう》に適した環境があります。せっかく樹木を植えても、環境になじめなければ弱ったり、枯れたりしてしまいます。

計画敷地でどのような樹木が生長可能かを調べる簡単な方法は、現地に出向き、敷地周辺の庭や公園にどのような樹種が植えられているかを確認することです。長い間、生長してきたということは、それらの樹木が環境に合っていると考えられるからです。

自然分布と植栽分布

現地調査をしなくても、樹木の「自然分布」を調べることで、計画地での植栽が可能かどうかのあたりをつけることができます。自然分布とは、樹木が自生《じせい》・繁殖をしている地域の広がりをいいます。

また、自然分布と並んで参考になるのが「植栽分布」です【図】。公園樹や街路樹に用いられることの多いクスノキは、自然分布では九州から本州南部までですが、実際は本州の東北南部でも植栽されています。このように、ある樹木にとって本来の自生地ではなくとも、移植《いしょく》後も生長が確認できたエリアが植栽分布です。

植栽分布は、植物図鑑に記載されているので、簡単に確認できます。ただし、温暖化の影響で、植栽分布は年々変化しているため、最新の図鑑を用いるようにします。

園芸種・外来種の分布図

園芸用に改良された品種は、そもそも自然分布をもちません。どの地域で植栽可能かを確認するには、改良された元の品種の自然分布を参考にするとよいでしょう。外来種の場合、自生地の環境を調べ、植栽の現場がそれに近い環境かどうかから判断することになります。

植生を知るのは現地調査が基本。自然分布や植栽分布でもあたりはつけられるんだ！

[図] 樹木の生育地の目安

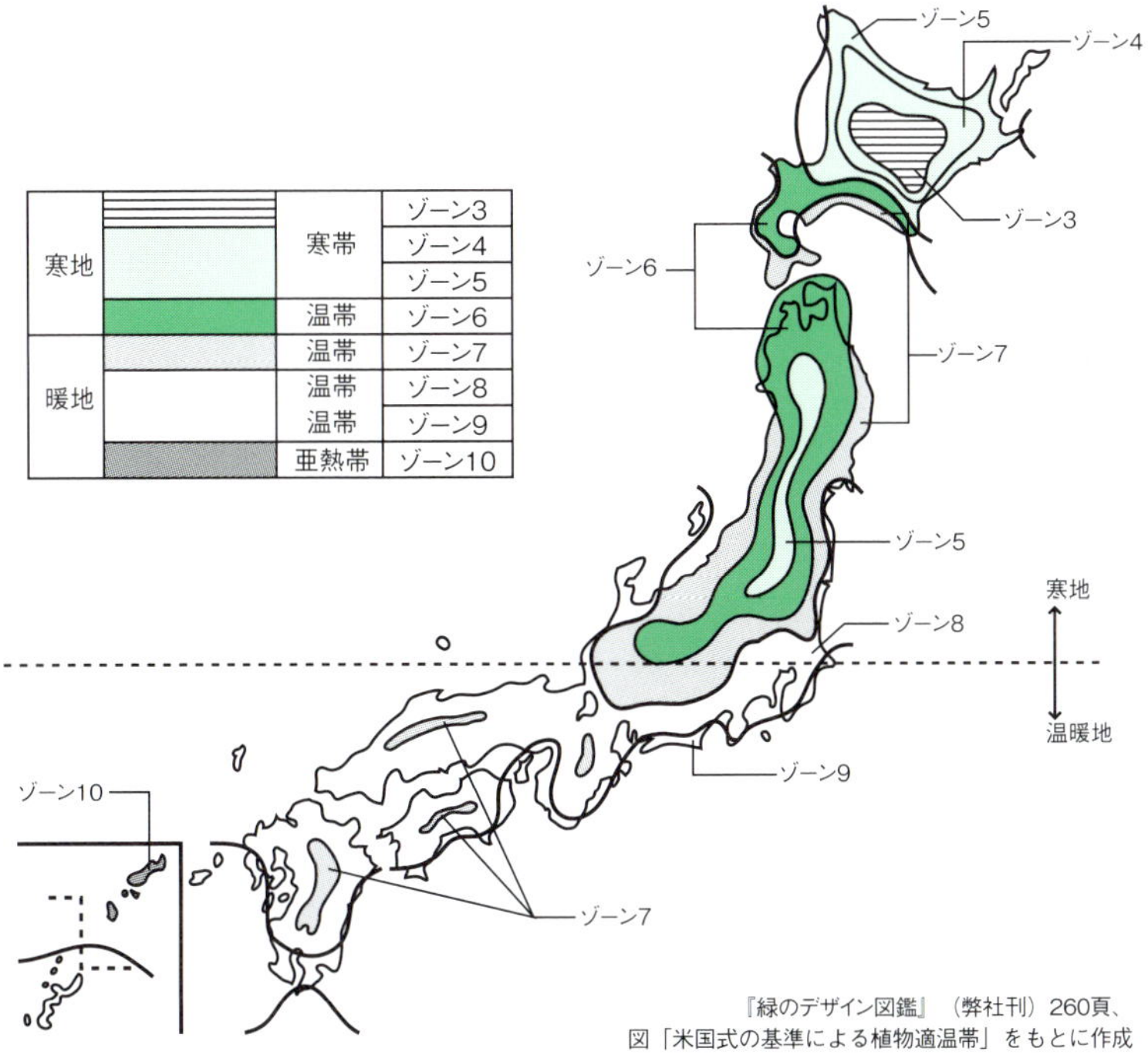

『緑のデザイン図鑑』（弊社刊）260頁、
図「米国式の基準による植物適温帯」をもとに作成

気候区分		ゾーン	平均最低気温	種別	越冬可能な主な樹種
寒地	寒帯	ゾーン4	-34.5〜-28.9℃	針葉樹	ハイマツ、グイマツ
				広葉樹	ナナカマド、ハナミズキ、ヤチダモ
		ゾーン5	-28.9〜-23.3℃	針葉樹	イチイ、カラマツ、コウヤマキ、ゴヨウマツ、ドイツトウヒ、ニオイヒバ
				広葉樹	アカシデ、イロハモミジ、ウメ、エンジュ、カツラ、コブシ、サンシュユ、ハナミズキ、ブナ、ムクゲ、ライラック
	温帯	ゾーン6	-23.3〜-17.8℃	針葉樹	アカマツ、アスナロ、カイズカイブキ、サワラ、スギ、チャボヒバ、ヒノキ、ヒムロ、モミ
				広葉樹	アキニレ、イヌシデ、エゴノキ、カキノキ、カリン、コナラ、サルスベリ、シダレザクラ、ナツツバキ、メグスリノキ、ヤマボウシ、リョウブ
暖帯	温帯	ゾーン7	-17.8〜-12.3℃	針葉樹	ダイオウショウ、ヒマラヤスギ、ヒヨクヒバ
				広葉樹	キンモクセイ、ゲッケイジュ、サザンカ、ザクロ、シラカシ、ソヨゴ、ネムノキ、ハゼノキ、ヒイラギモクセイ、ヒメシャラ、ブルーベリー
	温帯	ゾーン8	-12.3〜-6.6℃	針葉樹	イヌマキ、ラカンマキ
				広葉樹	アラカシ、オリーブ、カクレミノ、クロガネモチ、サンゴジュ、スダジイ、ネズミモチ、フェイジョア、モッコク、ヤマモモ、ローズマリー
				特殊樹	ニオイシュロラン
		ゾーン9	-6.6〜-1.1℃	特殊樹	シュロチク、カナリーヤシ、シマトネリコ
	亜熱帯	ゾーン10	-1.1〜4.4℃	特殊樹	オウギバショウ

15 風に強い樹木・潮風に耐える樹木

風に強い樹木の選び方

風の強い敷地では、枝葉のつくりがしっかりとした樹木を選びます。防風林に用いられるスギやクロマツ、イヌマキなどの常緑針葉樹《じょうりょくしんようじゅ》がその代表です。常緑広葉樹《じょうりょくこうようじゅ》ではシラカシやアラカシなどのカシ類、強い風を受け流すことができるヤシ類などがあげられます【図1】。

逆に、カエデ類のように、新芽が柔らかく葉が薄い樹木や、枝が細い樹木は、風の影響を受けやすく、風の強い場所での植栽は注意が必要です。ただし、枝がよくしなり、風を効果的に受け渡すことができるヤナギ類は例外です。

葉の周りの空気を循環させ光合成《こうごうせい》を効率よく行ったり、花粉を飛ばしたり、樹木の生長《せいちょう》に風はなくてはならない要素。しかし、枝の先端にある生長点が常に強風で刺激を受けると、生長は鈍くなります。常時強い風が吹く場所では、フェンスや壁などで緩衝帯《かんしょうたい》を設けるなど、対処が必要です。

潮風に強い樹木

潮風に耐えうる樹木はほとんど存在しません。海岸に自《じ》生《せい》するヤシ類、クロマツなどのマツ類やイヌマキなどのマキ類など、硬い葉をもつ常緑針葉樹なら比較的潮風に強く、海岸線から少し離れた場所での植栽が可能です。海岸からもう少し離れると、比較的厚い葉と丈夫で太い枝・幹をもつヤブツバキやスダジイ、ヤマモモ、タブノキ、ウバメガシなどの常緑広葉樹、エノキやアキニレなどの落葉広葉樹《らくようこうようじゅ》の植栽が可能になります【図2】。

ただし、それらの樹木も、葉に塩が付着したまま放置すると生長が阻害されます。塩分が雨で自然に流される場所に配植《はいしょく》することがポイントとなります。

海岸近くの土壌は塩分を多く含む場合があります。その場合は、土中に塩分が留まらないように、腐葉土《ふようど》やバーク肥などで土壌改良をして水はけをよくするか、植栽する部分の土をすべて入れ替えるなどして対処します。

常に風の強い場所は、樹木だけに頼らず工作物などで緩衝帯をつくります

[図1] 風に強い樹種と植生

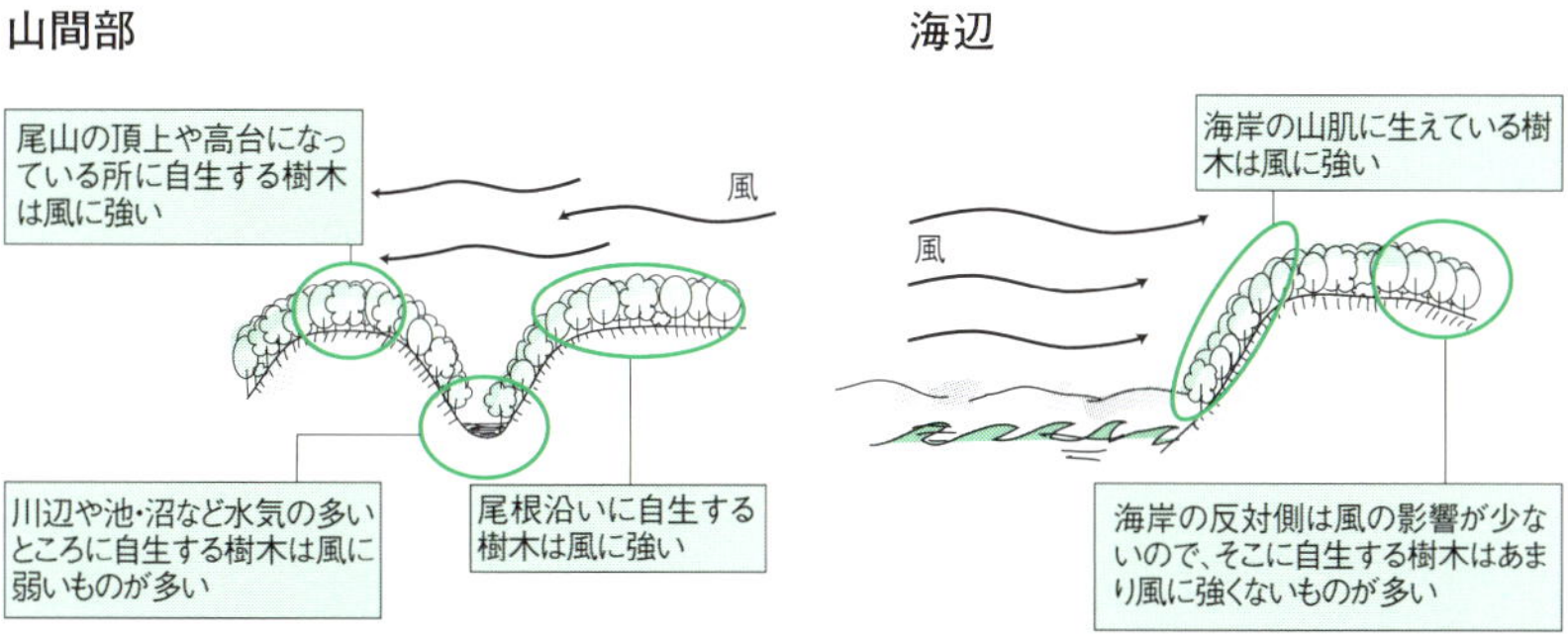
山間部
尾山の頂上や高台になっている所に自生する樹木は風に強い
風
川辺や池・沼など水気の多いところに自生する樹木は風に弱いものが多い
尾根沿いに自生する樹木は風に強い
海辺
海岸の山肌に生えている樹木は風に強い
風
海岸の反対側は風の影響が少ないので、そこに自生する樹木はあまり風に強くないものが多い

風に強い代表的な樹種

	高木中木	低木地被	特殊樹
常緑樹	アカマツ、イヌマキ、クロマツ、スギ、アラカシ、クスノキ、サザンカ、シマトネリコ、シラカシ、スダジイ、タブノキ、マテバシイ、マサキ、ヤブツバキ、ヤマモモ	カンツバキ、シャリンバイ、トベラ、ナワシログミ、ネズミモチ、ハマヒサカキ、ニオイシュロラン	カナリーヤシ、シュロ、ソテツ、トウジュロ、ワシントンヤシ
落葉樹	アキニレ、イチョウ、エノキ、ムクノキ	アキグミ	

[図2] 海からの距離と植栽可能な植物

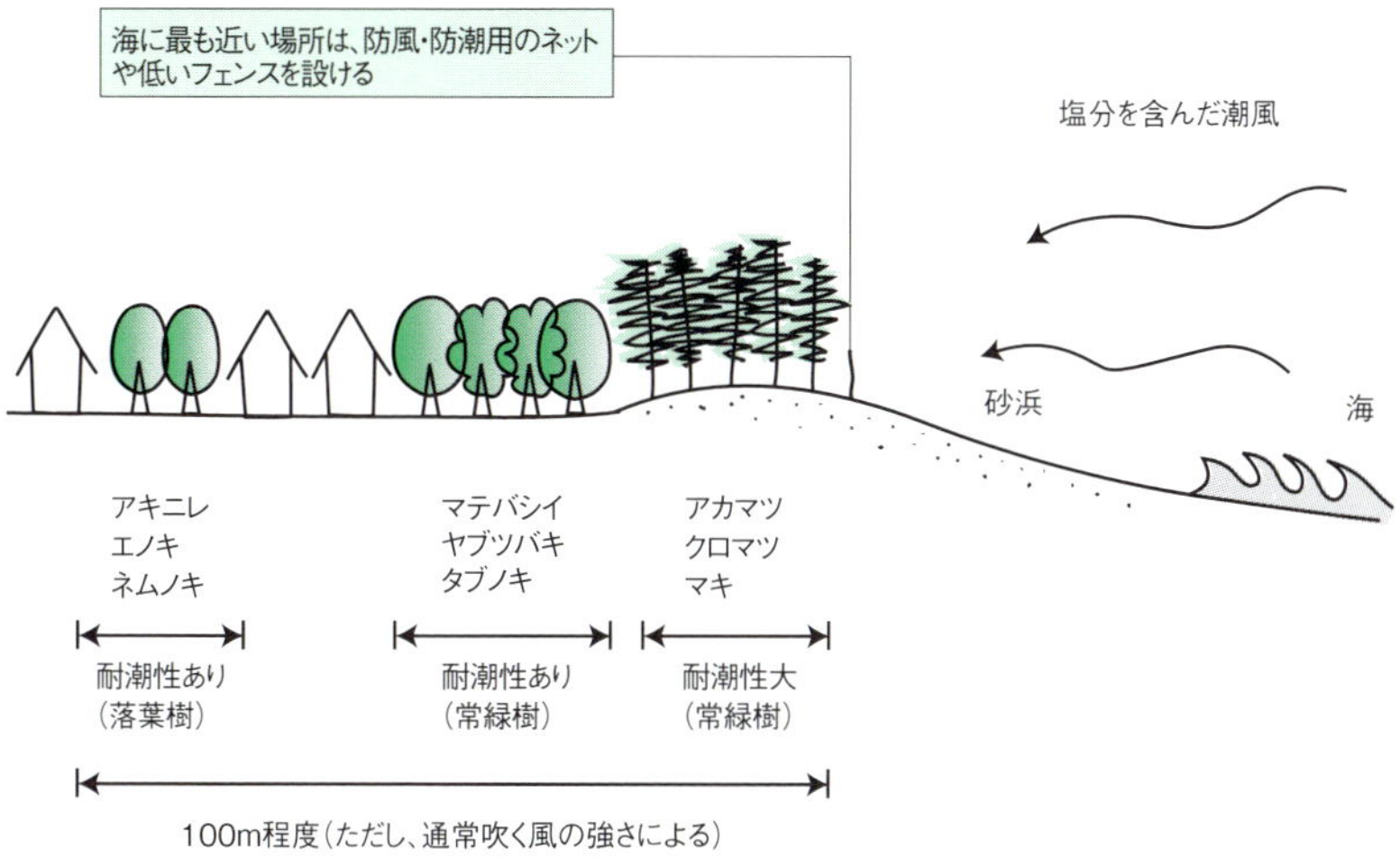
海に最も近い場所は、防風・防潮用のネットや低いフェンスを設ける
塩分を含んだ潮風
砂浜
海
アキニレ
エノキ
ネムノキ
耐潮性あり
(落葉樹)
マテバシイ
ヤブツバキ
タブノキ
耐潮性あり
(常緑樹)
アカマツ
クロマツ
マキ
耐潮性大
(常緑樹)
100m程度(ただし、通常吹く風の強さによる)

16 乾燥や暑さに強い樹木

都市部は土中が乾燥気味

　舗装された道が多い都市部では、雨水を地中に蓄えることができず、土壌は渇き気味です。しかし、自動灌水《かんすい》設備【図1】に頼るにはそれなりのコストがかかるため、植栽後の管理をするうえで、乾燥に強い樹種を植栽樹として選定することが重要なポイントとなります【図2】。

　乾燥に強い樹木を見分けるポイントは、葉が厚く硬くしっかりとしていることです。常緑広葉樹《じょうりょくこうようじゅ》や常緑針葉樹《じょうりょくしんようじゅ》には、乾燥した土壌に強いものが多く、落葉樹《らくようじゅ》では、シラカンバ（但し、冷涼地域）やヤナギ類が乾燥に強い性質をもちます。街路樹に選ばれるものは乾燥に強いものが多いのですが、ケヤキやサツキは乾燥気味な敷地には向きません。

　山の尾根や、海岸線近くに自生《じせい》する樹木も比較的乾燥に強いものが多く、高木《こうぼく》ではアカマツやクロマツ、地被《ちひ》ではハイビャクシンなどが代表的な樹種です。特殊樹のソテツやユッカ類も乾燥に強いといえます。

　また、温暖化の影響で都市部の気温はかなり上昇しています。近年の東京23区内の平均気温は沖縄とほとんど変わらず、都市部では、暑さに強い樹木を植栽しなければならなくなっています。

　暑さに強い樹木は、沖縄や南九州、南四国、南紀など、暑い地域に自生するものが基本です。クスノキなどの常緑広葉樹をはじめ、夏に長期間花を咲かせるサルスベリ、外来種ではオリーブなど、特殊樹ではタケ類やヤシ類、ソテツなどです。カナリーヤシやワシントンヤシなども東京近郊での植栽が可能です【図3】。

　一方、都市部の冬はそれなりに気温が下がります。暑さに強い樹木の多くは寒さを苦手としますから、冬の寒さへも配慮が必要です。夏は日が当たり、冬になると日が当たらない場所は、暑さに強い樹木の植栽には向きません。ほとんどの樹木は有効な耐寒策《たいかんさく》がなく、寒さが厳しい場所では植栽を避けたほうがよいでしょう。

都市部では乾燥に弱い樹木の植栽はNG！葉が厚く硬い常緑樹は乾燥に強いのね

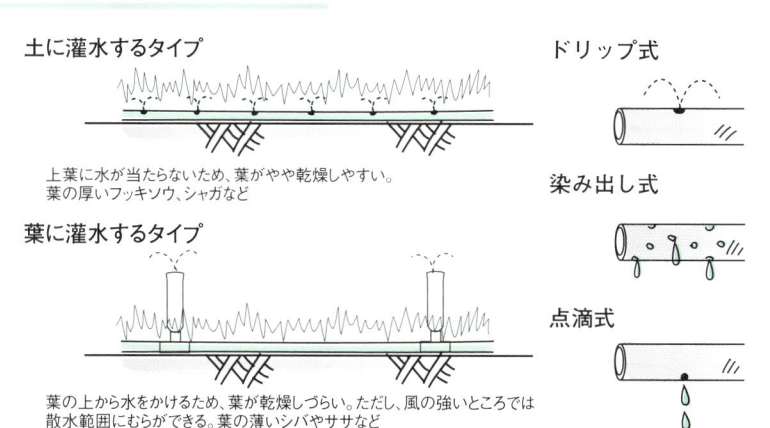

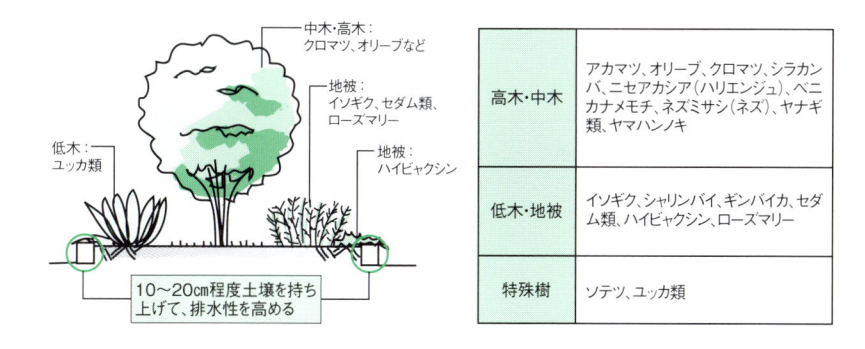

[図1] 一般的な灌水システム

土に灌水するタイプ

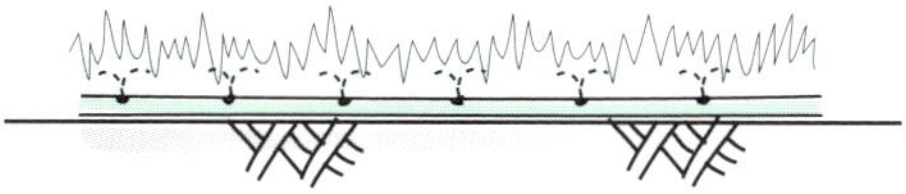

上葉に水が当たらないため、葉がやや乾燥しやすい。
葉の厚いフッキソウ、シャガなど

葉に灌水するタイプ

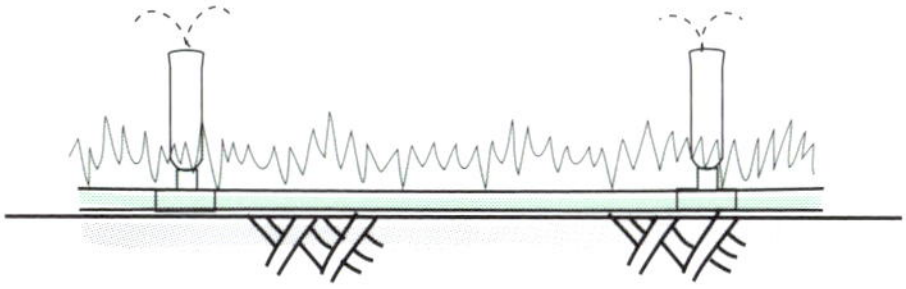

葉の上から水をかけるため、葉が乾燥しづらい。ただし、風の強いところでは散水範囲にむらができる。葉の薄いシバやササなど

ドリップ式

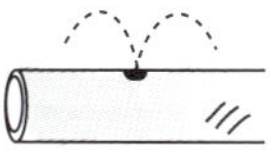

染み出し式

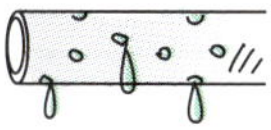

点滴式

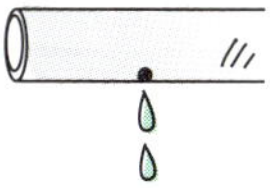

[図2] 乾燥に強い樹種と配植列

乾燥した庭の配植例

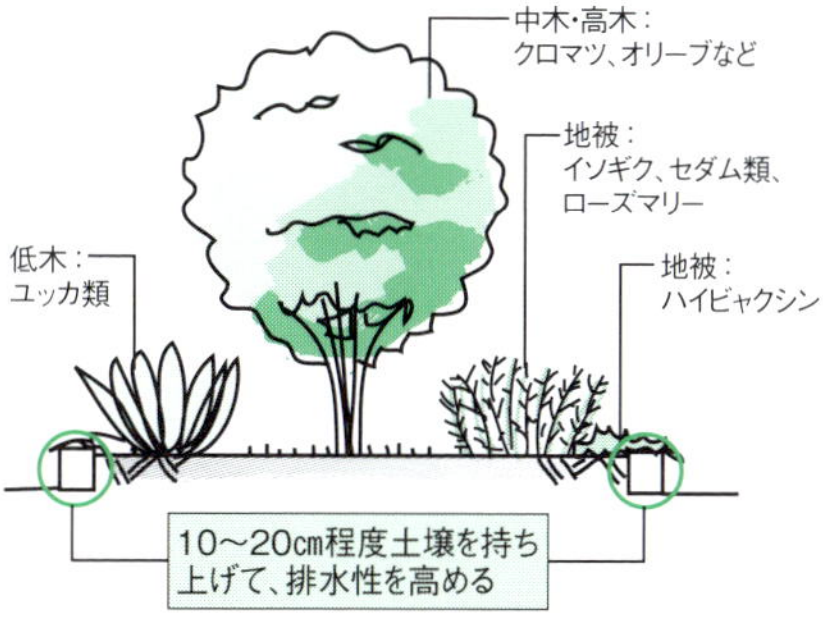
中木・高木：
クロマツ、オリーブなど
地被：
イソギク、セダム類、
ローズマリー
低木：
ユッカ類
地被：
ハイビャクシン
10～20㎝程度土壌を持ち上げて、排水性を高める

乾燥に強い代表的な樹種

高木・中木	アカマツ、オリーブ、クロマツ、シラカンバ、ニセアカシア（ハリエンジュ）、ベニカナメモチ、ネズミサシ（ネズ）、ヤナギ類、ヤマハンノキ
低木・地被	イソギク、シャリンバイ、ギンバイカ、セダム類、ハイビャクシン、ローズマリー
特殊樹	ソテツ、ユッカ類

[図3] 暑さに強い代表的な樹種

	常緑樹	落葉樹
高木 中木	イヌマキ、ウバメガシ、オリーブ、シマナンヨウスギ、柑橘類、キダチチョウセンアサガオ、キョウチクトウ、クスノキ、クロガネモチ、クロマツ、ゲッケイジュ、サンゴジュ、シマトネリコ、タブノキ、ビワ、フクギ、ホルトノキ、ヤマモモ	アメリカデイゴ、オオシマザクラ、シマサルスベリ、ナンキンハゼ、フヨウ、プラタナス、ムクゲ
低木 地被	ギンバイカ、シャリンバイ、トベラ、ハイビャクシン、ハマヒサカキ、ヒイラギナンテン、ローズマリー	ナツヅタ
特殊樹	カナリーヤシ、ソテツ、バショウ、ハマユウ、ヤタイヤシ、ワシントンヤシ	シュロ、トウジュロ

17 病・虫害を防ぐ

病・虫害が発生する環境

植栽樹として流通している樹木は、比較的病・虫害の被害を受けにくいものが選ばれています。しかし、近年の気候の変動により、以前では見られなかった虫や菌が発生するケースが増えています。

農薬の規制が厳しい日本では、それらを予防するためにあらかじめ薬を撒《ま》くという措置がとりづらいので、なるべく虫や菌が発生しにくい環境をつくることが重要になります。とくに、樹木の生長《せいちょう》に欠かせない日照や水、土、風、気温の5つの条件に問題があると、樹木は病・虫害を受けやすくなります【図1】。

また、樹木のなかには、特定の虫に被害を受けるものがあります【図2】。ツバキ類につく、チャドクガ、サンゴジュにつくサンゴジュハムシ、イヌツゲやマメツゲなどのツゲ類につくツゲノメイガなどが代表的な例です。これらの虫は高温多湿な環境を好むので通風を十分に確保する必要があります。5月末から7月にかけて発生するので、見つけしだい取り除くようにします。

病・虫害を防ぐ工夫

敷地に余裕がない場合、先に挙げた5つの条件をすべて満たすことは困難です。そこで最低限以下の点に注意して配植《はいしょく》や樹種選択を行えば、病・虫害が発生する確率を抑えることができます。

まず、アラカシやシキミなど、病・虫害に強い樹木の植栽が大前提です。改良品種や外国種は、病・虫害を受けやすいので、生育環境が厳しい場所では植栽は避けましょう。

樹木を密に植えること（密植）も避けます。密植すると生長に欠かせないわずかな栄養資源を複数の樹木で取り合うことになり、樹木の抵抗力が落ち、病・虫害に侵されやすくなります。

隣り合う樹木の間隔は、高木《こうぼく》2m以上、中木《ちゅうぼく》1m以上、低木《ていぼく》0.5m以上はとりたいものです。

病・虫害の被害を抑えるには、樹木の生育環境のバランスに注意します

[図1] 病・虫害にかかりやすい環境

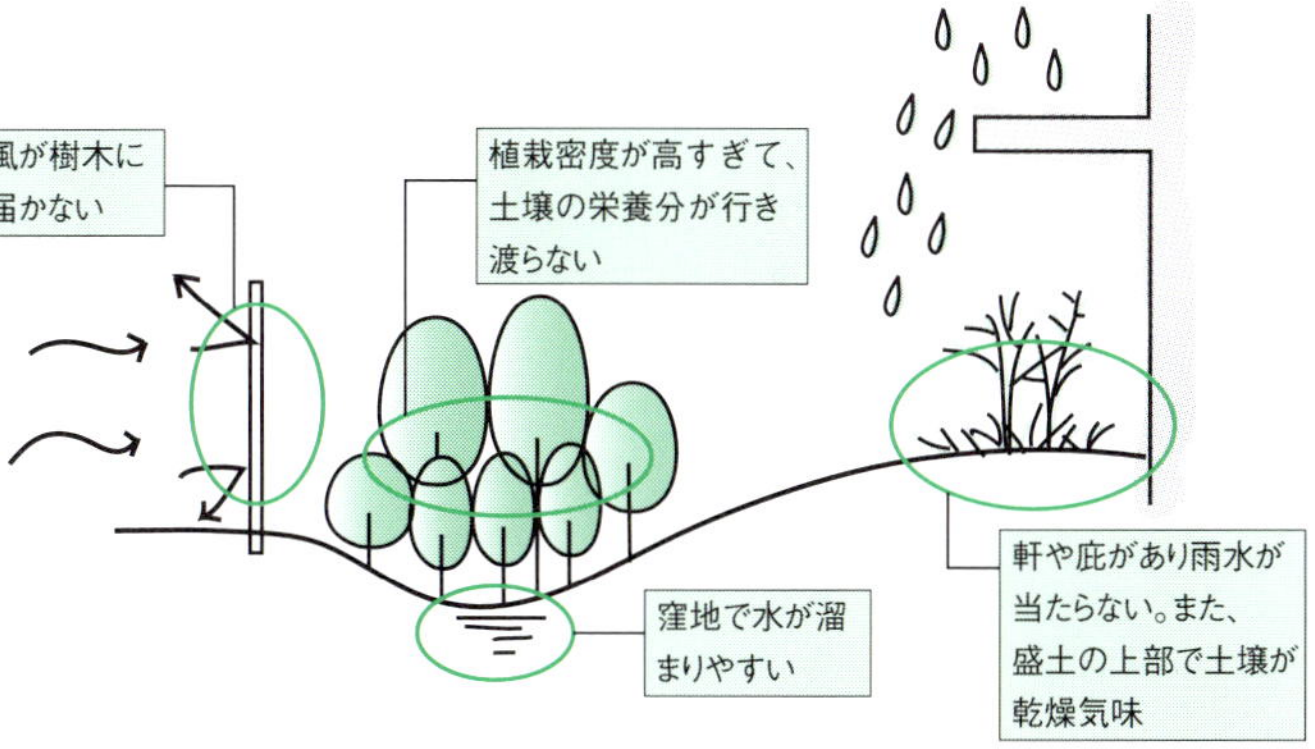
風が樹木に
届かない
植栽密度が高すぎて、
土壌の栄養分が行き
渡らない
窪地で水が溜
まりやすい
軒や庇があり雨水が
当たらない。また、
盛土の上部で土壌が
乾燥気味

[図2] 主な病・虫害と被害樹木

	病・虫害名	特　徴	被害を受けやすい樹木
病害	ウドン粉病	新芽や花にウドン粉が吹いたような白い粉が付く。症状が進むと樹木の生長が阻害される	ウメ、ケヤキ、サルスベリ、ハナミズキ、バラ類、マサキ、リンゴ
病害	黒点病	濡れた葉の表面で広がり、葉面が乾くと赤黒い斑点が現れ、後に黒くなる	柑橘類、バラ類、リンゴ
病害	すす病	葉や枝、幹などの表面が黒いすす状のもので覆われる。葉が覆われると光合成が妨げられ、樹木の生長が阻害される	ゲッケイジュ、ザクロ、サルスベリ、ツバキ類、ハナミズキ、ヤマモモ
病害	白絹病	全体的に萎えてくる(酸性土壌で夏季高温時期や排水不良地に出やすい)	ジンチョウゲ、スギ、ニセアカシア、マキ
虫害	アゲハ類の幼虫による食害	相当量の葉を食べるため、すべての葉がなくなることもある。幼虫を刺激すると嫌な臭いを放つ	柑橘類、サンショウ
虫害	アブラムシによる吸汁害	アブラムシが樹液を吸い、樹木の生長が阻害される	イロハモミジ、ウメ、バラ類
虫害	カイガラムシによる吸汁害	白い塊が枝や葉に点々と付き、木が弱る。虫のフンですす病を誘発する	柑橘類、シャリンバイ、ブルーベリー、マサキ
虫害	オオスカシバの幼虫による食害	スズメガの一種で若葉を中心にほとんどの葉がなくなる	クチナシ、コクチナシ
虫害	コスカシバによる食害	ハチに似たガで幹の傷などに成虫が産卵。樹皮内側で幼虫が成長し食害が起き、樹木は枯れる。幹からゼリー状の塊が出て固まる	ウメ、サクラ類、モモ
虫害	サンゴジュハムシによる食害	甲虫の一種で幼虫・成虫とも葉を食す。とくに幼虫は新芽を穴だらけにする	サンゴジュ
虫害	チャドクガによる食害	年に2回発生。葉を食べる。チャドクガの毛に人が触れると発疹したり、かぶれたりする	サザンカ、ツバキ類
虫害	ツゲノメイガによる食害	幼虫が枝先に群れ、糸を張って営巣。食害を起こす	ツゲ類

18 手のかからない樹木

○管理が楽な植物

ほとんど手のかからない庭といえば、石や砂利で構成された枯山水《かれさんすい》でしょう。樹木が排除されているため管理が楽な庭といえます。

樹木をしっかり育てるには日照、土、水、温度、風が必要で、それが不足した場合は、人が手を貸さなくてはなりません。樹木も生き物なので、それなりに手のかかることをあらかじめ覚悟しておくことが必要です。

しかし、忙しい生活で庭の手入れがほとんどできない場合は、次のポイントで植栽を選ぶとよいでしょう【図】。

（1）生長《せいちょう》速度が遅いもの
（2）肥料を必要としないもの
（3）病・虫害の発生が少ないもの

この3つを満たしている植物をおすすめします。

手のかからない庭の代表が、コニファーガーデン［160～161頁参照］です。アスナロやイチイ、アカエゾマツなどは非常に生長が遅いコニファー。コノテガシワやレイランドヒノキはやせ地に耐えるタイプが多く、逆に肥沃《ひよく》な土壌に植栽すると生長力がアップするので注意が必要です。

○手間を省くポイント

落葉樹《らくようじゅ》は葉が落ちるため清掃が大変だと思われがちですが、常緑樹《じょうりょくじゅ》も年中葉を落としますから、それなりに日々清掃が必要になります。また、花を鑑賞するタイプの樹木は、花後の花殻《はながら》を摘んでおかないと、見映えが悪くなるだけでなく、花付きも悪くなりますから、手間がかかるといえるでしょう。果樹も実を収穫するためには肥料や消毒が必要なので避けたほうがよいでしょう。

シバは春から秋まで雑草との戦いとなり、手入れの楽な庭を望むのであれば舗装仕上げにするべきです。

日が当たる表土には必ず雑草が生えるので、常緑の地被《ちひ》でカバーすると雑草の発生を抑制し、雑草取りの手間が少なくなります。

手のかからない条件は
3つ。「生長が遅い」
「肥料がいらない」
「病・虫害に強い」

[図] 手のかからない樹種と配植例

手のかからない庭の配植例

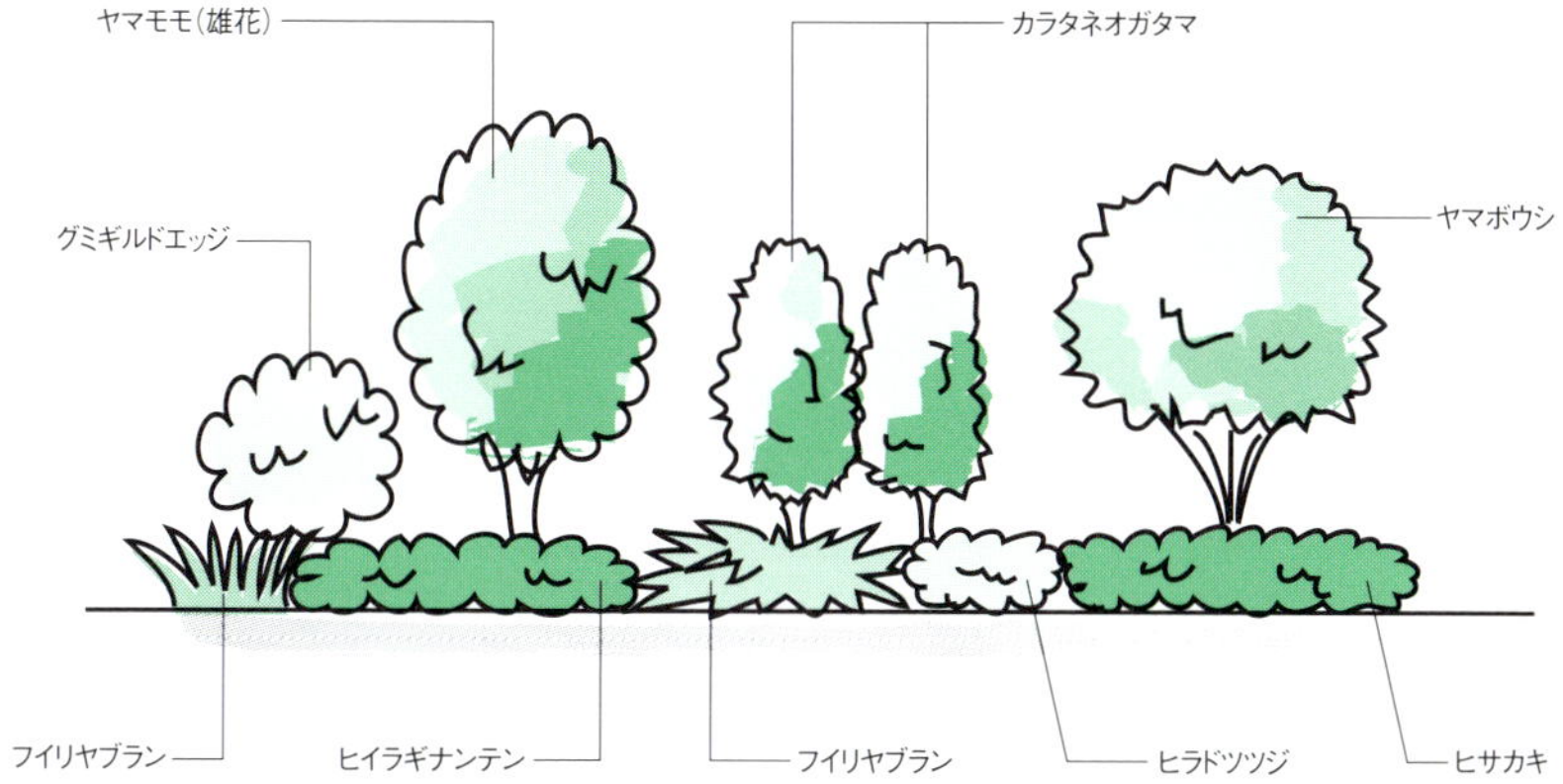
ヤマモモ(雄花)
カラタネオガタマ
グミギルドエッジ
ヤマボウシ
フイリヤブラン
ヒイラギナンテン
フイリヤブラン
ヒラドツツジ
ヒサカキ

常緑樹が中心。葉の色が濃いものが多いので、斑入りのものや落葉樹のヤマボウシ(比較的手がかからない) を入れると庭が明るい印象になる。また、コニファーガーデン[160〜161頁参照]も比較的手のかからない庭だといえる

手のかからない代表的な樹種

	高木・中木	低木・地被
①生長が遅い樹種	アラカシ、イチイ、イヌツゲ、ウバメガシ、エゴノキ、ソヨゴ、タギョウショウ、ハナミズキ、ヒメユズリハ、モチノキ、モッコク、ヤマグルマ、ヤマボウシ	キチジョウソウ、サルココッカ、シャガ、シャリンバイ、センリョウ、ハイビャクシン、フッキソウ、ヤブコウジ、ヤブラン
②肥料が必要ない樹種	アラカシ、イチイ、イヌツゲ、イヌマキ、ウバメガシ、シラカシ、ソヨゴ、ニオイヒバ、ヒメユズリハ、マユミ、ムラサキシキブ、モチノキ、モッコク、ヤマボウシ、ヤマモモ、レイランドヒノキ	アオキ、アガパンサス、アカンサス、アベリア、キチジョウソウ、キンシバイ、クマザサ、コグマザサ、コムラサキシキブ、サルココッカ、シャガ、シャリンバイ、セイヨウイワナンテン、センリョウ、ツワブキ、ナンテン、ハイビャクシン、ハマヒサカキ、フッキソウ、マンリョウ、ヤブコウジ、ヤブラン
③病・虫害に強い樹種	アラカシ、イチイ、イヌツゲ、イヌマキ、ウバメガシ、クスノキ、シラカシ、ソヨゴ、ニオイヒバ、ヒメユズリハ、マユミ、ムラサキシキブ、モチノキ、モッコク、ヤマボウシ、ヤマモモ、レイランドヒノキ	アオキ、アガパンサス、アベリア、キチジョウソウ、キンシバイ、コムラサキシキブ、サルココッカ、シャガ、シャリンバイ、セイヨウイワナンテン、センリョウ、ナンテン、ハイビャクシン、ハマヒサカキ、フッキソウ、マンリョウ、ヤブコウジ、ヤブラン、ローズマリー

19 物語のある樹木

家や建物のシンボルとなる樹木をシンボルツリーといいます。シンボルツリーは、樹姿《じゅし》や花や紅葉などの季節の移り変わりの様子などを手がかりに選ぶことが多いのですが、物語やいわれのある樹木などを選ぶのもよいでしょう【図】。

物語やいわれをもつ樹木

ほとんどの樹木は、名前に由来をもちます。普段、何気なく使っている樹木でも、実は変わった名前の由来をもっている場合があります。

たとえば、春に白い花を咲かせるコブシは、花の形が拳《こぶし》に似ていることに由来するといわれています。夏にピンク色の花を咲かせるサルスベリは、サルも滑って登れないほど幹肌《みきはだ》がつるつるしている、という特徴からきた名前です。秋に美しい紅葉を見せるナナカマドは、燃えにくく竈《かまど》に7回くべても焼け残ることから名前がつけられたといわれています。

縁起物《えんぎもの》の樹木

名前の由来や樹木の性質から、樹木そのものが縁起物として扱われているものもあります。

たとえばトベラは、葉や茎《くき》に臭気があり、かつて厄除《やくよ》けとして枝を扉に挿《さ》したことが名前の由来（トビラノキ）ですが、これにあやかり玄関廻りなどに植栽するのもよいでしょう。ユズリハは新芽が出るまで古い葉が残るので、この木を植えると家督《かとく》の継承がうまくいき子孫が繁栄するといわれています。

名前から縁起を担《かつ》ぐものには、正月の飾りに使うセンリョウやマンリョウなどがあります。共に名前に「リョウ」が付きお金の「両」を連想させることから、転じてお金が入ってくる縁起のよいものと考えられてきました。ナンテンも「難を転じる」と読むことができるため、縁起物の1つとして庭木によく用いられています。

物語やいわれのある樹木をシンボルツリーにすると、庭にテーマができます

[図] 物語やいわれのある樹木

名前の由来でシンボルツリーを選ぶ

センリョウ
「百両金」の名をもつヤブコウジ科のカラタチバナに分布が近く、大型であるため「千両」と名づけられた。正月の花としてもなじみが深い

ユズリハ
若葉が伸びてから古い葉が散るため、あたかも葉を譲るように見えるためこの名がつけられた。親が成長した子に跡を譲るのにたとえた縁起木

ナナカマド
生の材は燃えにくく、竈に7回くべても焼け残ることから名づけられたといわれる。家が「火に負けない」と意味で植栽するのもよいだろう

ナンテン
中国大陸の中部以南の地に自生することからその名がつけられたとされる。「難を転ずる」という言葉の連想から縁起がよいとされている

コブシ
つぼみの形状が“拳（こぶし）”に似ていることからこの名がついた。幸福や幸運をつかむことを連想させ、縁起木とされている

トベラ
葉や茎に臭気があり、かつては厄除けとして除夜に枝を扉に挿した。「トビラノキ」「トビラギ」と呼ばれたことが名前の由来

そのほかに面白い物語のある樹種

樹種名	物語
ヒイラギ	トゲがあることから悪気を祓うと考えられている
カラタチバナ（百両） ヤブコウジ（十両）	センリョウ（千両）やマンリョウ（万両）と同じヤブコウジ科で、お金を連想させる縁起物の木として寄せ植えなどがなされてきた
アリドオシ	センリョウやマンリョウなどと一緒に植えて、「千両、万両がいつもある（ありどおし）」と縁起を担ぐのに用いられる

COLUMN

真鍋庭園

日本一広大なコニファーガーデン

北海道帯広市に位置する日本初のコニファーガーデンです。造園会社・真鍋庭園苗畑が経営する庭園で、鑑賞ももちろん、扱い方や育て方も学ぶことができます。コニファーガーデンはさまざまな植物園や緑化センターに設けられていますが、コニファーをメインとしたガーデンとしては日本一の面積を誇ります。

庭園内は日本庭園、ヨーロッパガーデン、風景式庭園など、コニファーの特色を生かしたさまざまな風景が広がっています。

北ヨーロッパ、カナダなどから輸入された北方系外来種以外にも、さまざまな園芸樹種が数百種設置されており、生産・販売も行っています。

プンゲンストウヒとプンゲンストウヒ「グロボーサ」(手前)

カナダトウヒ「コニカ」

DATA

住所／北海道帯広市稲田町東2-6
電話／0155-48-2120
開園時間／8：30〜17：30
休園日／期間中（4月下旬〜11月下旬）は無休
入園料／大人1000円、小中学生200円

第3章

緑の効果を生かす

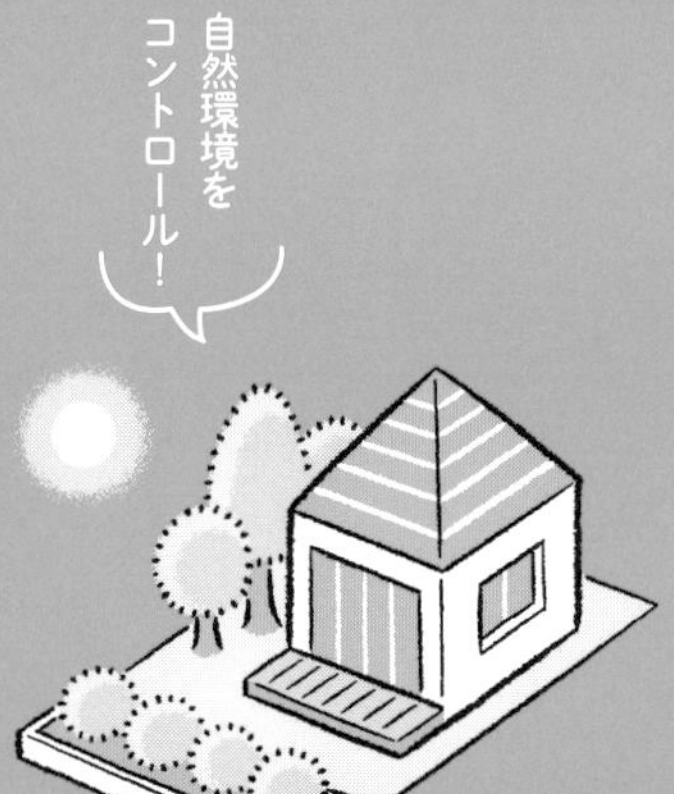
自然環境を
コントロール！

01 微《び》気《き》候《こう》のコントロール

立地による気候の違い

微気候とは、温度、湿度、日照、風など、ある限られたエリアにおける気象の条件のことをいいます。たとえば、東京都23区といった広範囲な地域の気候データは、標準値が発表されます。しかし23区内でも、一部の地域では、微妙に異なる場合があります。これが微気候です。

微気候は、地形や立地環境、周囲の建物などによってつくり出されます。アスファルトで舗装された日当たりのよい駐車場では、夏の晴天時に高温になり周囲の気温を上げることになります。逆に、池や川が近くにあると、日が当たっていてもアスファルトのように水温は上がらないため、やや涼しくなります。

また、高層ビルが建ち並ぶ都会では、風がほとんどないという予報でも、ビルの隙間に強い風が吹いていることがたびたびあります【図】。

微気候を把握する

気温や風などの外部環境を機械でコントロールするのは難しいことです。しかし、たとえばアスファルト舗装でも、ところどころ芝生の空間を設けたり、高木《こうぼく》を植栽して日陰をつくったりすれば、暑さが和らぐように、植栽によって環境を調節することは可能です。

古く、電気やガスがない時代から、日本人は植物を使って外気や日照をコントロールし、1年を快適に過ごしてきました。屋上緑化［114～115頁参照］や壁面緑化［116～117頁参照］も、適材適所を間違えなければ微気候を十分コントロールできるものです。そのためにも、気象データを研究するだけでなく、微気候がどの程度か、計画地に出向いて住宅の周囲を調査することが重要となります。その際、周辺にどのような植栽がなされ、どのような樹木が良好に育っているかも微気候に合う樹種を知るうえで参考になります。

樹木の選定は、その地域の気象条件だけでなく敷地周辺の微気候も参考にします

[図] 微気候がつくられる条件

地形による影響

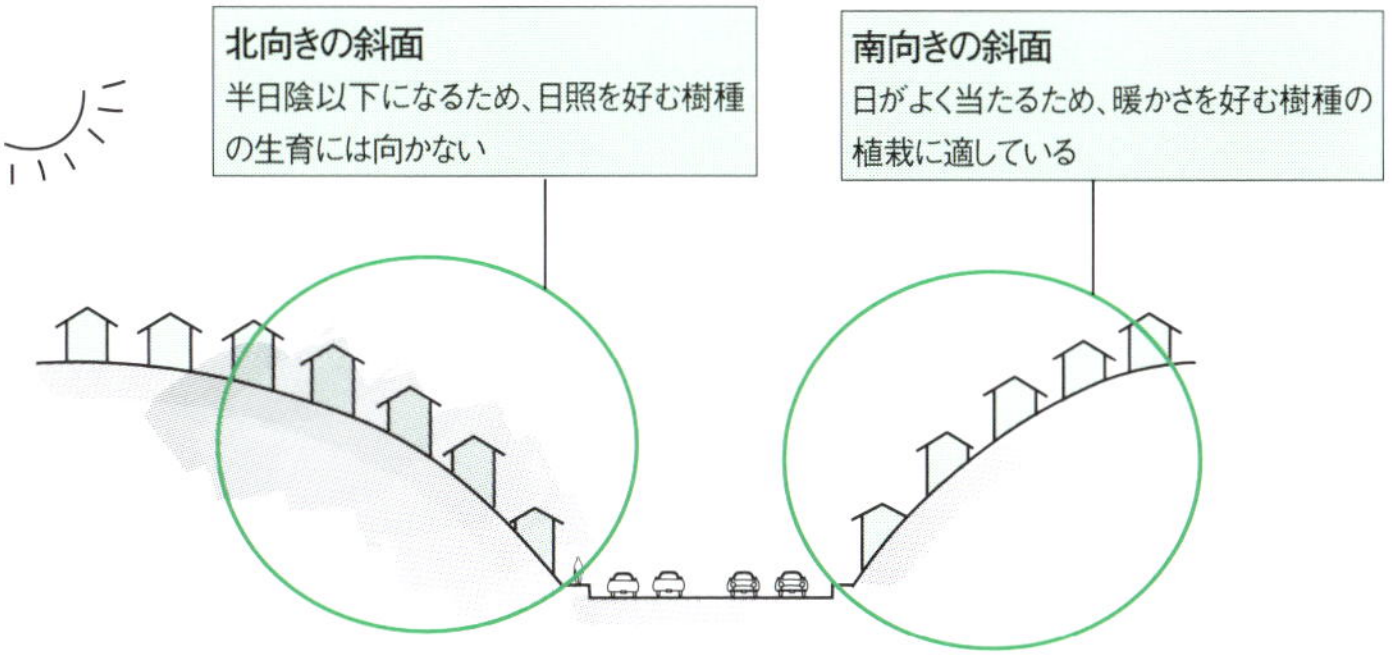
北向きの斜面
半日陰以下になるため、日照を好む樹種の生育には向かない
南向きの斜面
日がよく当たるため、暖かさを好む樹種の植栽に適している

周囲の建物による影響

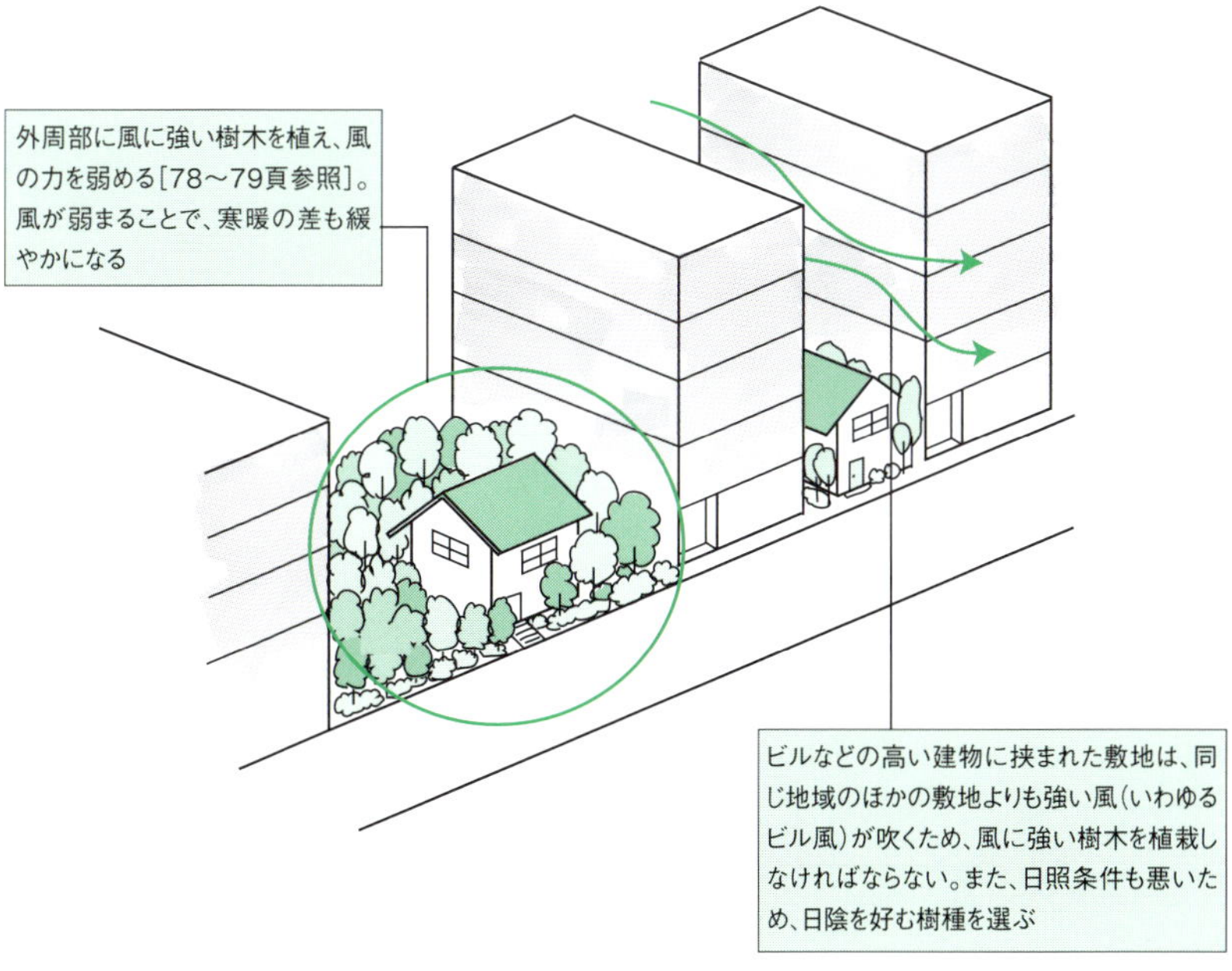
外周部に風に強い樹木を植え、風の力を弱める[78～79頁参照]。風が弱まることで、寒暖の差も緩やかになる
ビルなどの高い建物に挟まれた敷地は、同じ地域のほかの敷地よりも強い風(いわゆるビル風)が吹くため、風に強い樹木を植栽しなければならない。また、日照条件も悪いため、日陰を好む樹種を選ぶ

微気候とは、限られたエリアにおける気象条件のこと。地形や立地環境、周囲の建物などによってつくりだされる

02 日差しのコントロール

植栽で強い日差しを遮《さえぎ》る

日当りのよい部屋をつくることは、良好な住環境をつくるうえで重要な要素の1つです。

しかし、日当りがよすぎると、夏には室温が上昇しすぎることになります。エアコンで温度をコントロールすることは簡単ですが、省エネルギーが叫ばれている現在では、なるべく資源エネルギーを使わないように工夫することが求められています。このようなときは、植栽を利用して、室内に入る日差しをコントロールするのもひとつの方法です。日差しの強すぎる部分に樹木（シェイドツリーという）を取り入れることで日差しは和らぎ、室温を下げる効果が期待できます【図1】。

ただし夏は厄介《やっかい》な日差しも、冬は逆に必要になります。したがって樹木は冬季には落葉して、日当たりをよくする落《らく》葉樹《ようじゅ》を選ぶことが基本となります。

樹木と建物の距離

建物に対して日差しをカバーする目的で植栽する場合、どの程度建物から離して植えればよいかが問題になります。開口部の方角を確認し、時間や季節による日の入り方をしっかり把握しておかなければなりません。

また、植物は年々生長《せいちょう》していくことも考慮しておきます。植えた当初は建物と樹木に距離があったとしても、ケヤキのように生長の早い樹種ではすぐに建物と接してしまうことがあります。

樹種によって違いはありますが、一般に樹木は、枝が広がるぶん、土中の根も広がるといわれています。樹冠《じゅかん》（枝葉の広がり）直径の50〜100％の範囲で根が張っていると考えておけばよいでしょう。樹木の高さと樹冠の広がりの関係は高さを1とすると樹冠は0.5〜1.0になり、高さ6mの樹木を導入する場合は、建物から最低でも3mは離して植えます【図2】。

シェイドツリーは夏の日差しを防ぎ、冬の日差しを迎え入れる落葉樹が基本です

[図1] 落葉樹による日差しのコントロール

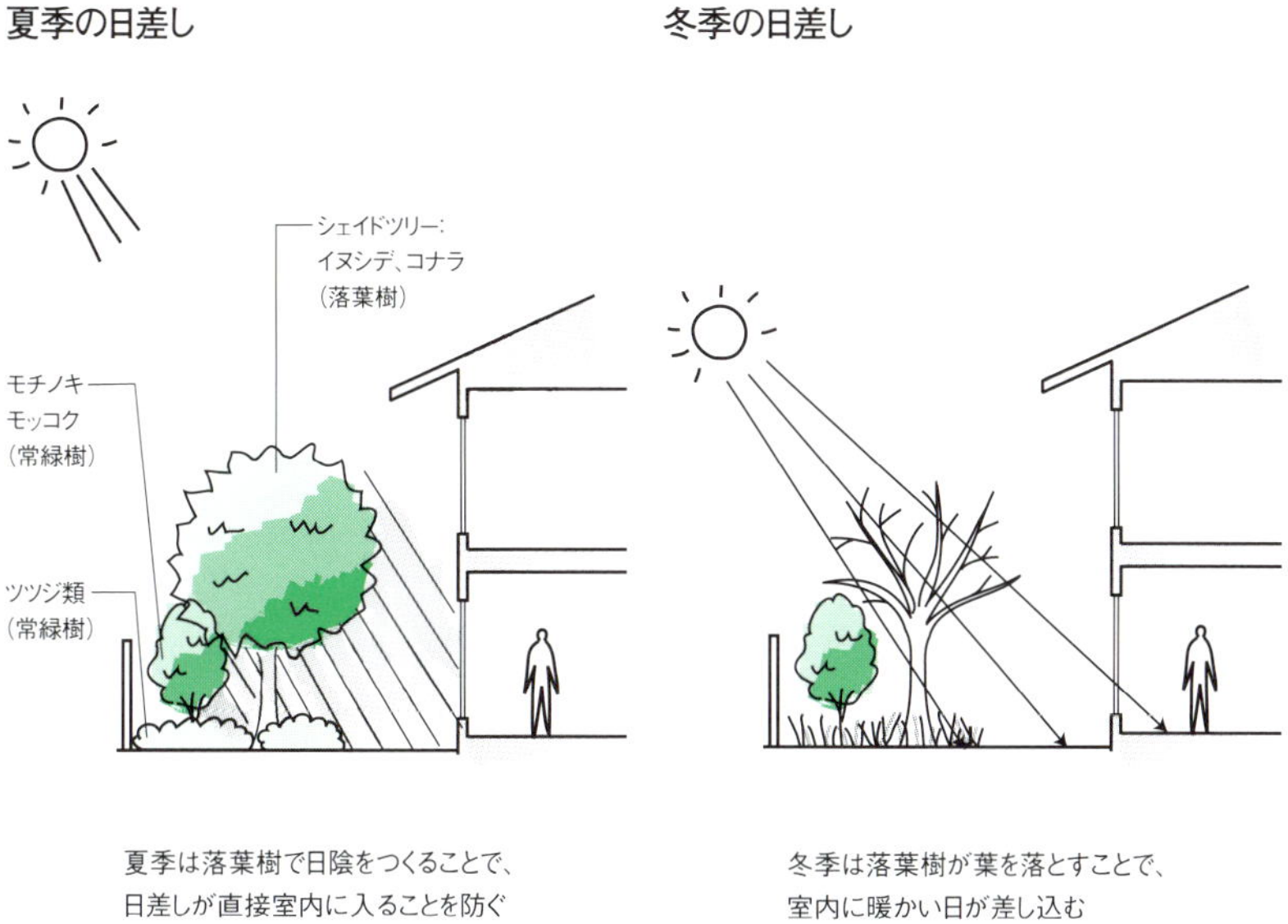
夏季の日差し
冬季の日差し
シェイドツリー:
イヌシデ、コナラ
(落葉樹)
モチノキ
モッコク
(常緑樹)
ツツジ類
(常緑樹)
夏季は落葉樹で日陰をつくることで、
日差しが直接室内に入ることを防ぐ
冬季は落葉樹が葉を落とすことで、
室内に暖かい日が差し込む

[図2] 樹木と建物の位置

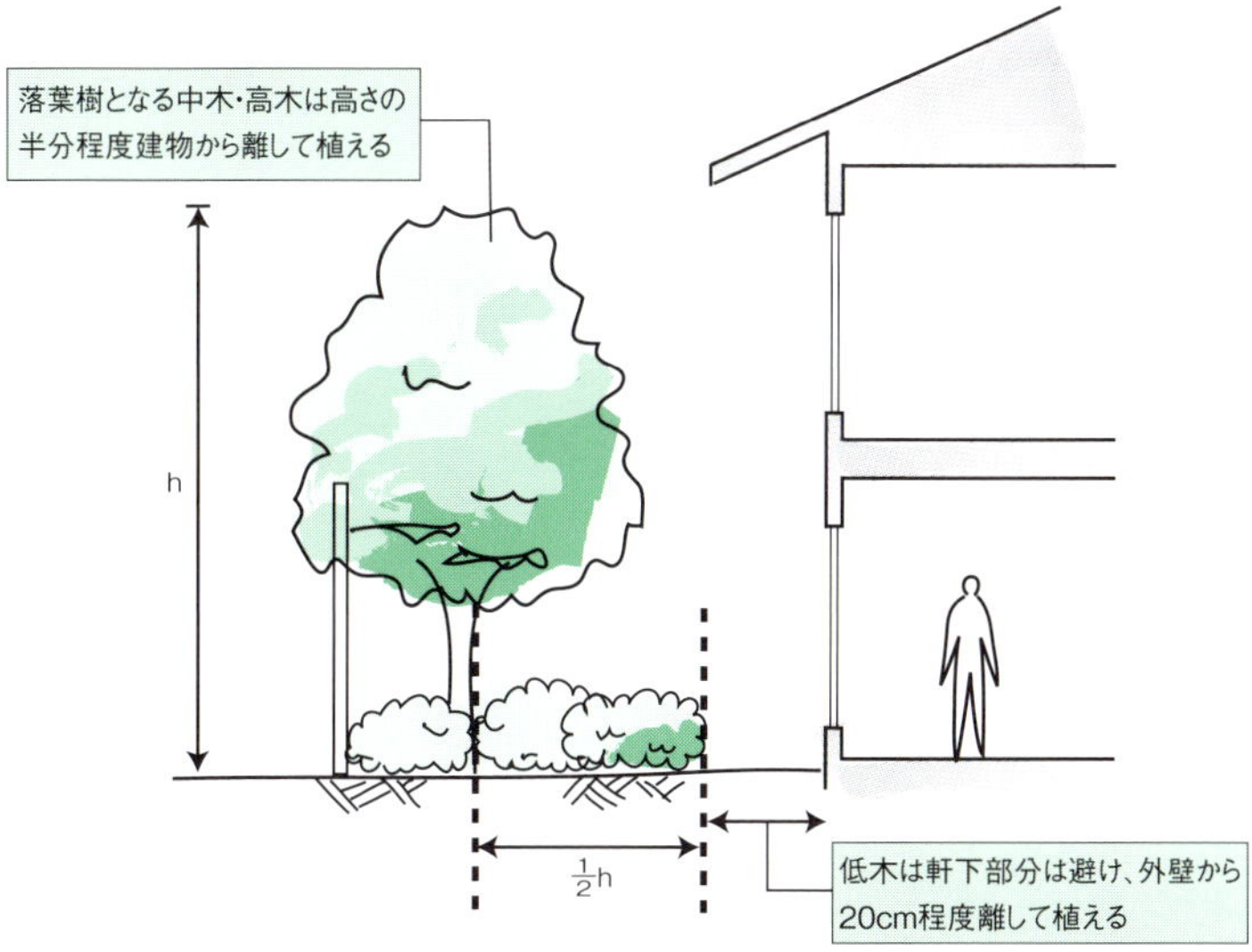
落葉樹となる中木・高木は高さの
半分程度建物から離して植える
h
1/2h
低木は軒下部分は避け、外壁から
20cm程度離して植える

03 温度のコントロール

夏は涼しく、冬は暖かく

林や森のように樹木が豊富な場所では、葉の蒸散作用や樹木がつくる陰のおかげであまり温度が上がりません。植物は葉から水分を蒸散させて、表面温度を下げています。一方、水が少なく、樹木が育たない砂漠や砂浜は、日中は温度が上昇し、夜は気温が急激に下がります。夏の砂浜でははだしで歩けませんが、シバや草地でははだしでも気持ちよく歩けるものです。

このように樹木があることで高温が和らぎ、気温の変化も緩やかになります。ただし樹木を密植させると、風の通りが悪くなり、空気が温まって蒸し暑い状態になることもあります。風通しを考えて植栽密度を設定することがポイントとなります。後方の景色がやや見えるように植栽するとよいでしょう【図1】。

また、北側の日当たりの悪い場所では植栽すると、さらに日当たりが悪くなり寒くなる場合があるので注意が必要です。冬の北風が当たる場合は、風に強いシラカシやスギなどの樹木を積極的に取り入れることで風が当たりにくくなり、室内が暖かくなります【図2】。

体感温度を調整する

五感を刺激することで体感温度や感覚温度をコントロールすることもできます。たとえば、軒先《のきさき》に吊した風鈴の音色に涼しさを感じるように、風にそよぐ葉ずれの音は涼やかなイメージを与えてくれます。葉音が柔らかい樹木にはソヨゴやアカシデなどがあります。

視覚的な要素では、色の濃いものは暑苦しさを感じさせます。常緑樹《じょうりょくじゅ》の葉は色の濃い種類が多いので、暖かさを演出するには効果的。またソテツやカナリーヤシのようなトロピカルな種類も印象で暑さを感じる典型的な樹木です。逆に涼しさを演出するには葉色の薄いものを選びます。落葉広葉《らくようこうよう》樹《じゅ》のカエデ類やコナラなどがよいでしょう。

日差しや風に対して樹木を効果的に配置して、庭や室内の温度をコントロールします

[図1] 植栽による温度のコントロール

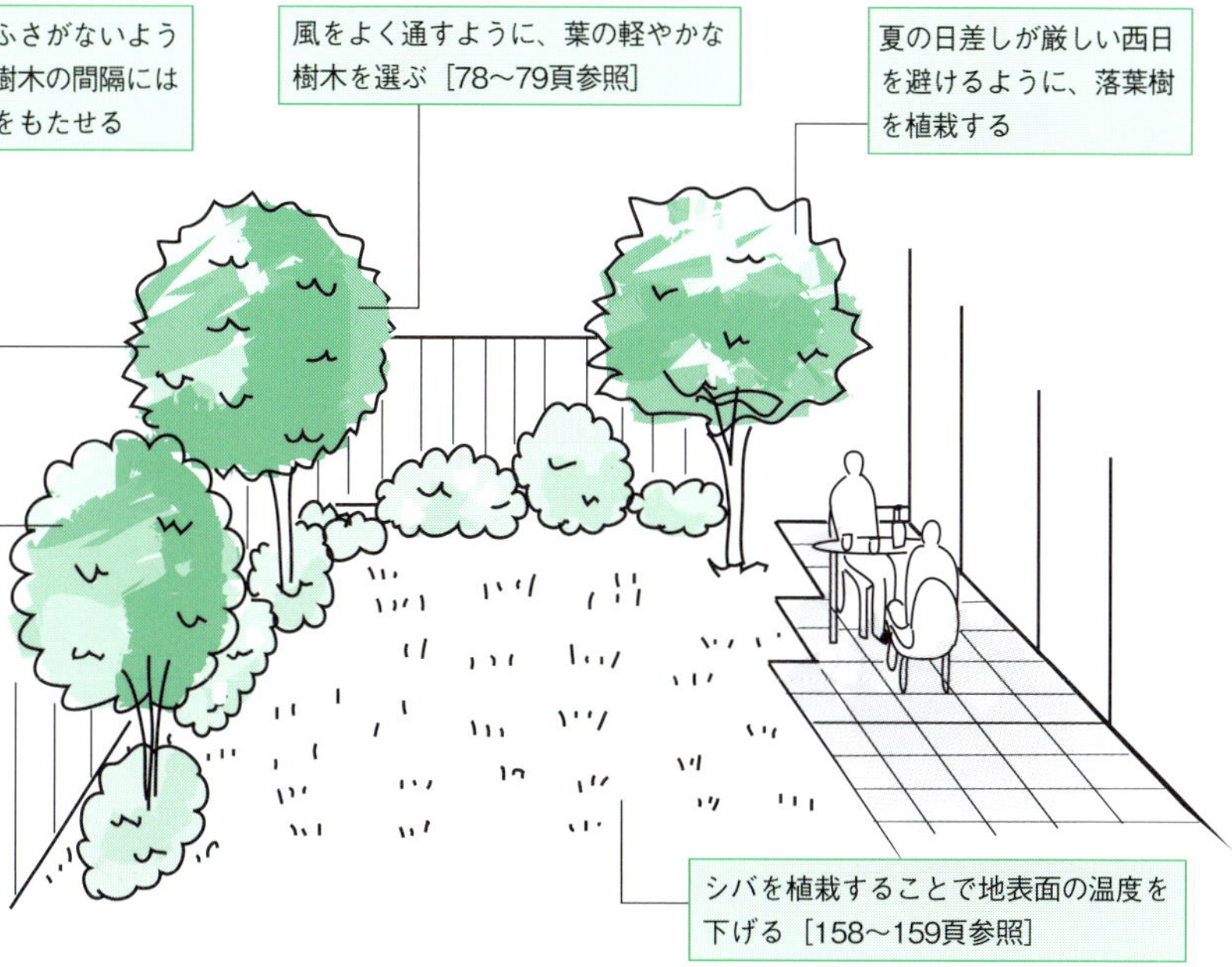
風をふさがないように、樹木の間隔には余裕をもたせる

風をよく通すように、葉の軽やかな樹木を選ぶ [78～79頁参照]
夏の日差しが厳しい西日を避けるように、落葉樹を植栽する
シバを植栽することで地表面の温度を下げる [158～159頁参照]

植栽による温度のコントロールは、日照と風をいかに調整するかがポイント

[図2] 季節の風を考えた配植

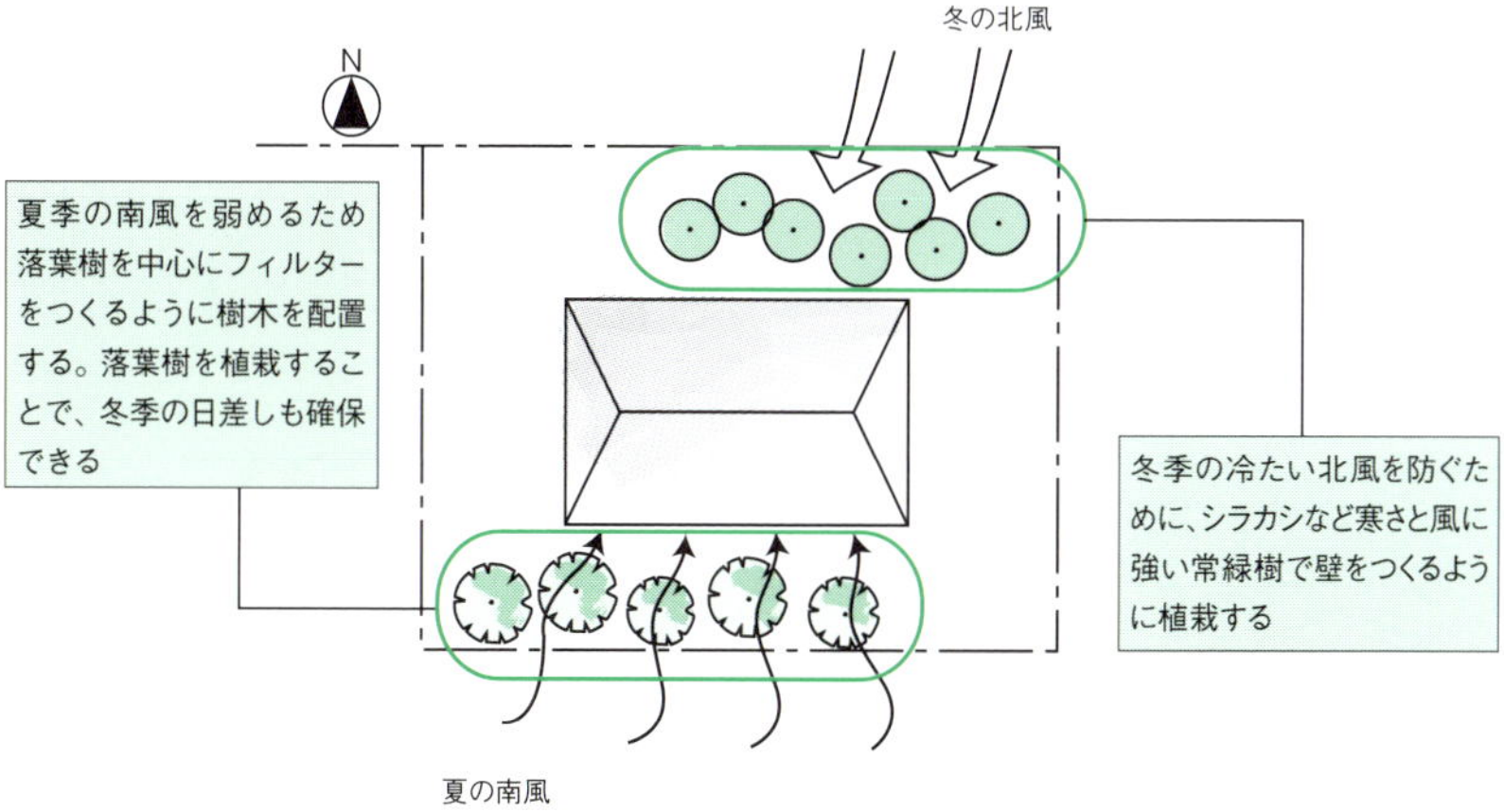

冬の北風
N
夏季の南風を弱めるため落葉樹を中心にフィルターをつくるように樹木を配置する。落葉樹を植栽することで、冬季の日差しも確保できる
冬季の冷たい北風を防ぐために、シラカシなど寒さと風に強い常緑樹で壁をつくるように植栽する
夏の南風

04 風のコントロール

心地よい風を室内に

風は室内外の気温をコントロールするのに重要な要素です。室内に入る風が樹木の間を通過すると、新鮮な空気や湿度が含まれ、より快適なものになります。

季節の風を呼び込む植栽は、気象データをもとにして考えます。春から夏に入ってくる風に対して壁をつくらないよう、樹木を点在させて植栽するとよいでしょう。風通しをよくするために、葉の付き方が密でないものを選びます。落葉広葉樹《らくようこうようじゅ》のカエデやエゴノキ、ヒメシャラ、マユミなどをおすすめします。ただし、これらは強風の当たる場所には不向きです。このような場所では少し手前に常緑樹《じょうりょくじゅ》を置くなどして風を弱めるとよいでしょう。

常緑広葉樹のスダジイやヤブツバキ、針葉樹《しんようじゅ》のスギやマツのように葉と葉の間が密な樹種は、風通しをよくする植栽には向きません。ただし、落葉樹だけの庭は落葉期に味気ないので、シラカシやソヨゴなど葉があまり密でない常緑広葉樹も利用するとよいでしょう。

迷惑な強風を防ぐ

冬の北風や海風、山風など、地形や季節によって起こる強風や、高層建物周囲に吹くビル風などは、迷惑な風といえます。これらの風を防ぐためにも樹木を活用します［図］。まず、風に強い樹種を選ぶことが基本です［60～61頁参照］。関東南部ではクロマツ、イヌマキ、関東北部や寒冷地ではスギやシラカシなどをおすすめします。東京・新宿副都心の高層ビル周辺には防風植栽として、クスやスダジイ、タブノキ、ヤマモモなどが植栽されています。

常緑の広葉樹や針葉樹は、風に強い性質をもつ種類が多いのですが、風の温度で選ぶ樹種が変わるので、その地区の微気候《びきこう》を確認するようにします［72～73頁参照］。

風を防ぐには常緑樹を密に、弱めるには常緑樹＋落葉樹を混在させて配植《はいしょく》します

[図] 植栽による強風のコントロール

風を穏やかにする配植例

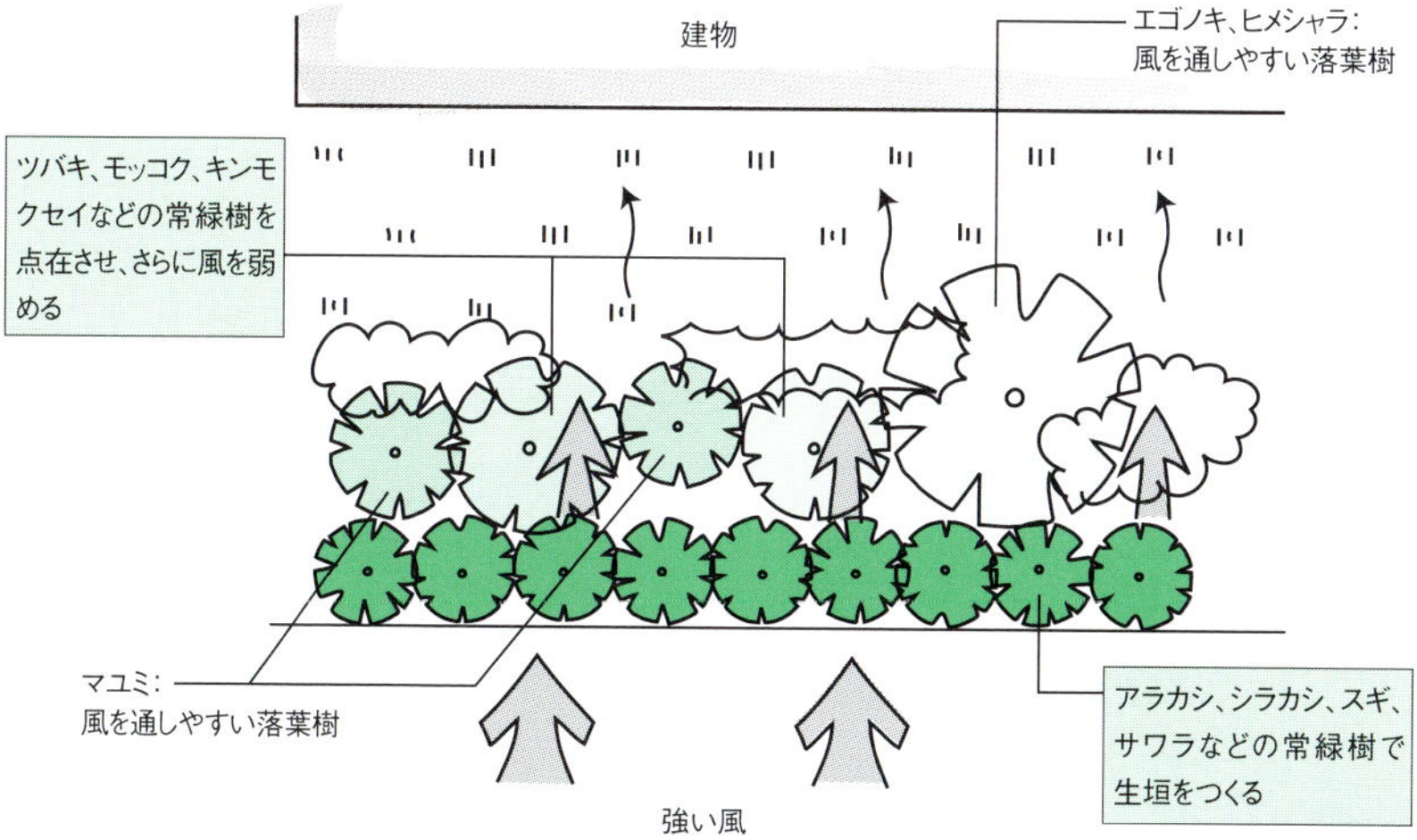
建物
エゴノキ、ヒメシャラ：
風を通しやすい落葉樹
ツバキ、モッコク、キンモクセイなどの常緑樹を点在させ、さらに風を弱める
マユミ：
風を通しやすい落葉樹
アラカシ、シラカシ、スギ、サワラなどの常緑樹で生垣をつくる
強い風

常緑樹の生垣で風圧を減らす。
さらに常緑樹と落葉樹を点在させながら配置し、
風を弱めるとともに庭の景色をつくる

風を防ぐ配植例

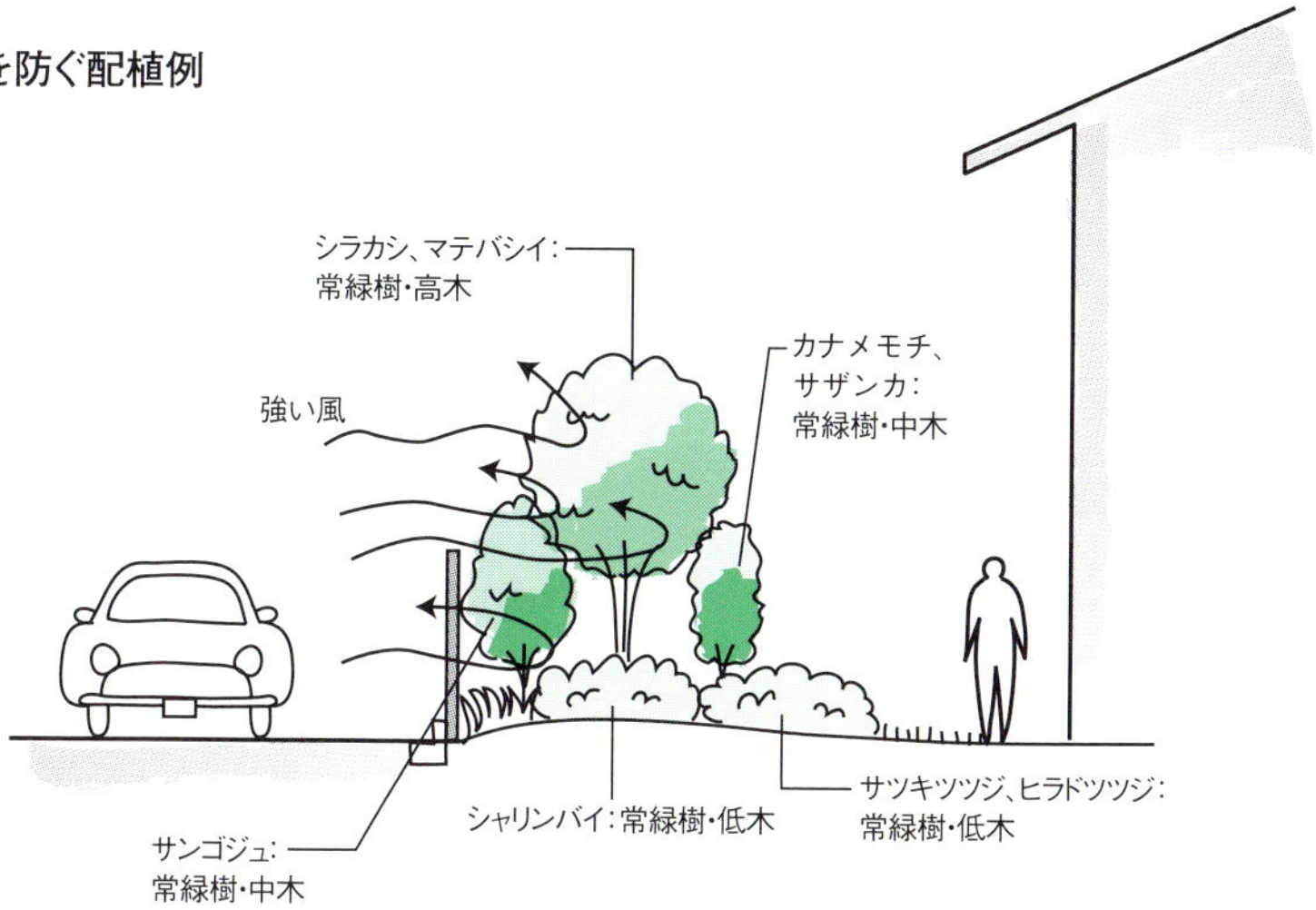
シラカシ、マテバシイ：
常緑樹・高木
カナメモチ、
サザンカ：
常緑樹・中木
強い風
シャリンバイ：常緑樹・低木
サツキツツジ、ヒラドツツジ：
常緑樹・低木
サンゴジュ：
常緑樹・中木

低木から中・高木まで常緑樹を組み合わせて風を防ぐ

05 視線のコントロール

緑の壁で視線を遮《さえぎ》る

都市の住宅の多くは、プライバシーを確保するために、周囲からの視線を閉ざすように道路や隣地にコンクリートなどで塀《へい》を立ててしまっています。配植《はいしょく》を工夫することで、人工物の塀などを使わなくても、樹木でそれと同じ効果を得ることができます【図、マメ知識】。

通常の住宅では、1階の床高は道路から40㎝程度上がっています。したがって道路からみて、だいたい1.5〜2.5ｍくらいの高さまで緑の壁をつくることができれば視線を遮ることができます。

樹木で壁をつくるとき、植栽の間隔が重要になります。常《じょう》緑《りょく》の広葉樹《こうようじゅ》や針葉樹《しんようじゅ》を使い、高さ2ｍ程度の中木《ちゅうぼく》で生垣《いけがき》状の植栽をするとき、間隔は最低でも50㎝は確保したいところです。高さ50㎝程度の低木《ていぼく》を列植《れっしょく》するならば、幹《みき》と幹の間を30㎝程度あけるように植栽します。

花に目線を奪われる

建物のどの面も緑の壁で覆《おお》われるように植栽すると窮屈《きゅうくつ》な印象になります。開口部がなくプライバシーがさほど問題にならない部分は少し樹木を透かしぎみにしたり、枝が密な落葉樹（ニシキギなど）で緑の壁をつくるなどすると、変化が出て、窮屈な印象が和らぎます。

植栽で塀をつくることができない場合でも、手前に少し緑があるだけで視線が誘導され、案外プライバシーは守られるものです。

手前にアジサイやクチナシなどの大きめの花の樹木を添えるとさらに効果的です。花に視線を奪われるので、その後ろの景色は目に入りにくくなるからです。見られたくない場所に目立つ花木《かぼく》を植栽するのも一案でしょう。

花木が植えられない場合は、パンジーやサルビアなど花が目立つ草本《そうほん》を植えてもある程度効果が期待できます。

樹木の壁が視線をシャットアウト。花で外部の視線をそらすのも効果的です

[図] 植栽で視線をコントロールする

視線を遮る

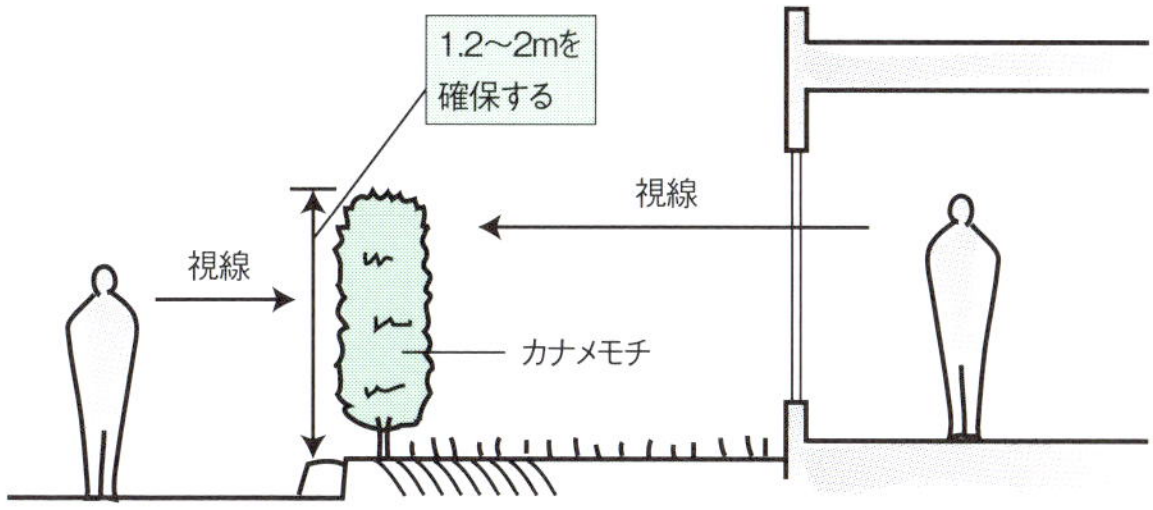

住人からは道路の様子が見えるが、
通行人からは敷地や建物の内部を見ることができない

花木による視線の誘導

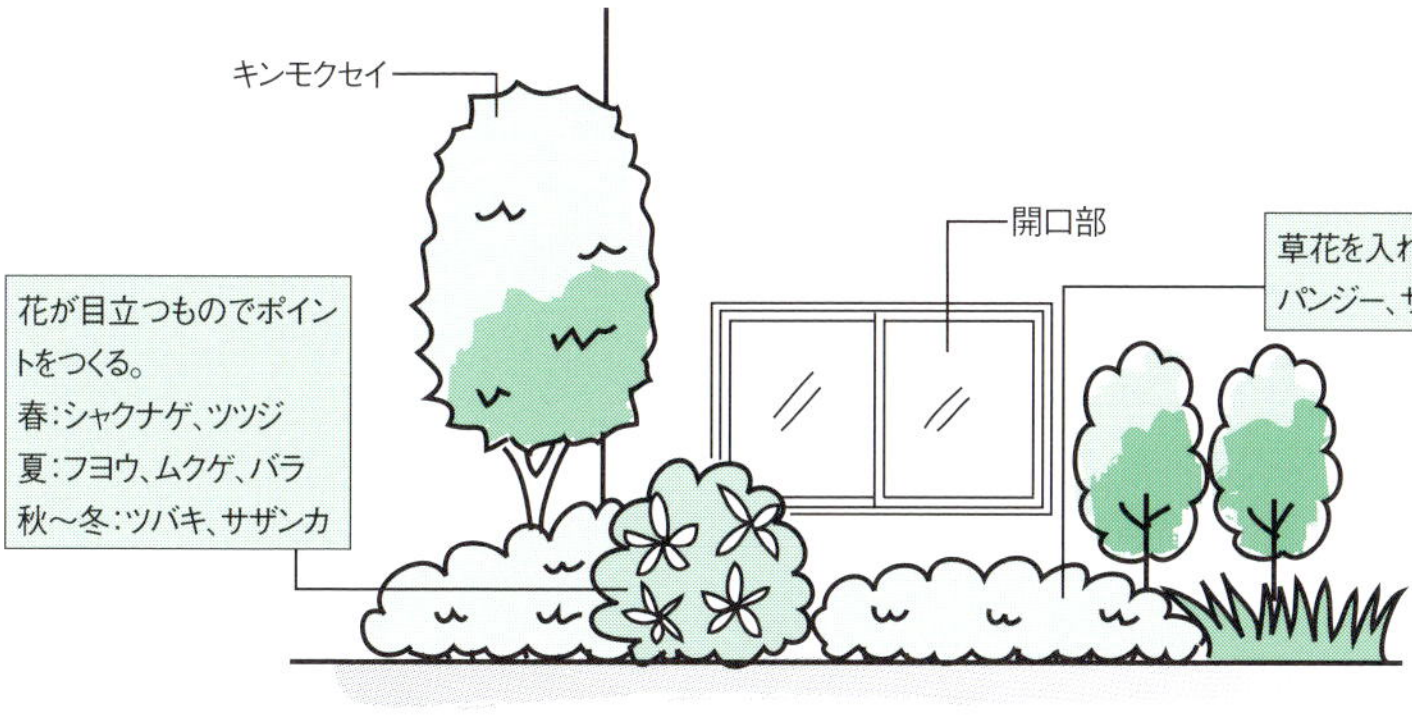
草花を入れてもよい。
パンジー、サルビアなど
花が目立つものでポイントをつくる。
春:シャクナゲ、ツツジ
夏:フヨウ、ムクゲ、バラ
秋〜冬:ツバキ、サザンカ

目立つ花をもつ樹木を植えることで視線が自然と花に移り、
開口部前に樹木を植えなくてもある程度のプライバシーを確保できる

マメ知識

上から目線の植栽

植栽スペースを広く取れない都会の庭では、上から見る植栽もおすすめ。

樹木は通常、横からの視線を基本にして配植するが、３階以上の戸建住宅や集合住宅では、庭を見下ろす眺めを意識して庭をつくるのもよい。

花木を植える場合は、上向きに花が咲くタイサンボクやホオノキ、星形の花が上に向いて咲くヤマボウシやハナミズキなどを選ぶとよいだろう。モミジなら、渓谷でみるような角度から紅葉を楽しむこともできる。

ヤマボウシ。ミズキ科ミズキ属の落葉広葉樹。6〜7月に上向きの白い花を付ける

06 防犯に利用する

四《よ》つ目垣《めがき》を利用する

道路や隣地の境界部分の植栽は、通行人の視線を遮《さえぎ》るだけではありません。植栽自体に侵入を防ぐ機能を付加すれば、侵入者を防ぐ効果をもたせることもできます。

境界に植栽する生垣《いけがき》は高さが1mを超えると、支柱で支える必要があります。その場合、樹木何本かごとに1本の支柱を設け、横に張った材でつなぐ、布掛け支柱で仕立てるとよいでしょう。布掛け支柱は、支柱の間隔が大きく、小動物が簡単に侵入できるという欠点をもちます。それを防ぐには、支柱の間隔をせばめた四ツ目垣を採用するのがよいでしょう【図1】。

四つ目垣は20～30㎝くらいの升目《ますめ》をつくり、それに適宜樹木をくくりつけます。格子《こうし》のように見えて美しいので装飾的な要素でもよく利用されます。自然の素材の竹垣は徐々に朽《く》ちるため、数年おきに仕立て直す必要があることも忘れてはなりません。

人や動物の乗り越えを防止するには、生垣の高さは1.5m以上にします。下部は葉の密度が低くなりますから、低木《ていぼく》や地被《ちひ》などを足しておくと万全でしょう。

手入れには注意を要しますが、枝にトゲのあるメギやバラ、サンショウ、葉自体が尖《とが》っているヒイラギやチャイニーズホーリーなど、樹種によって侵入を防ぐことも可能です。

生垣と塀《へい》を組み合わせる

塀などと組み合わせて植栽することで、防犯性能を高めることもできます。その場合、樹木と塀との位置関係で見え方が大きく異なります【図2】。樹木を塀の建物側にだけ植栽すると室内からは美しい境界になりますが、道路側は塀がむき出しになり、無機質で閉鎖的になりがちです。スペースが確保できるならば、塀の両側に植栽すると室内からも街並みに対しても美しい境界となります。

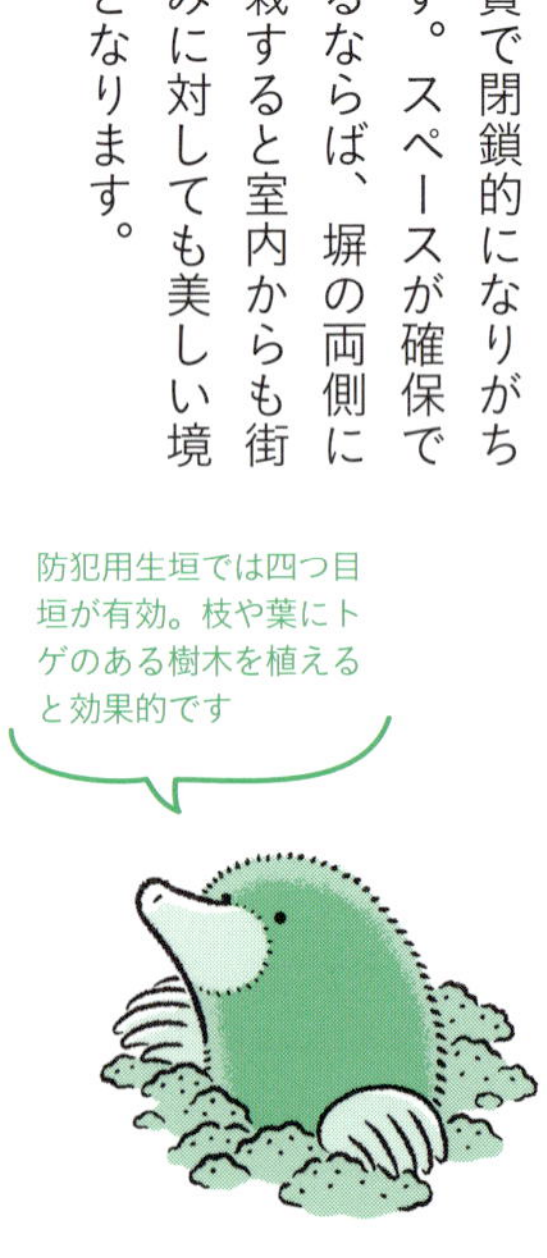
防犯用生垣では四つ目垣が有効。枝や葉にトゲのある樹木を植えると効果的です

[図1] 生垣の支柱の防犯性

布掛けタイプ

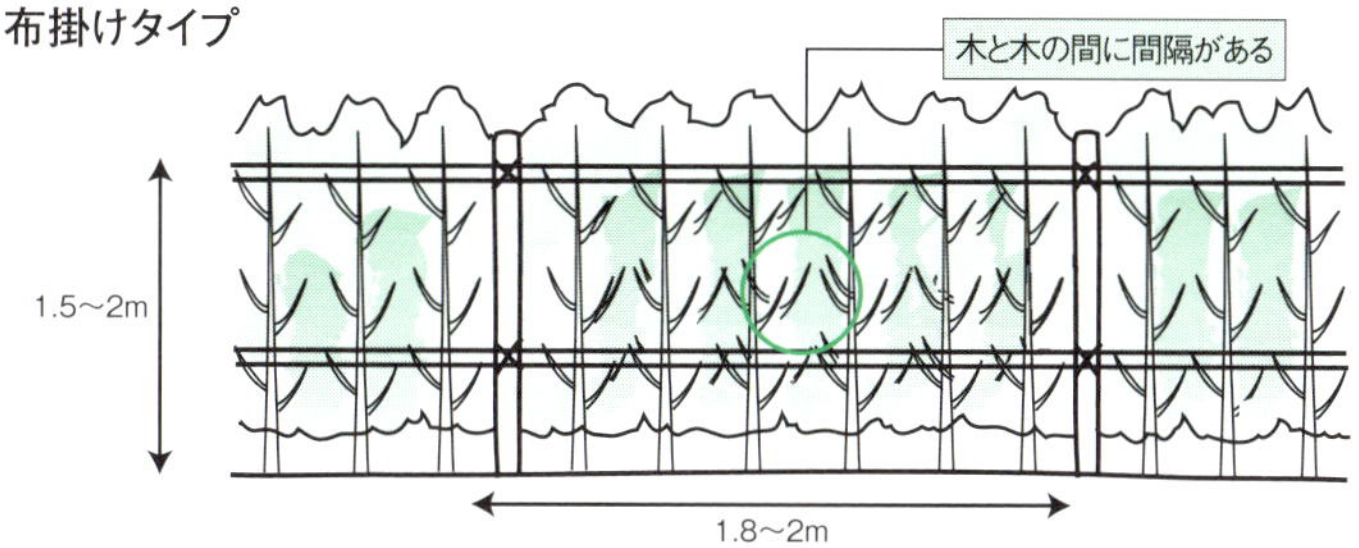
木と木の間に間隔がある
1.5〜2m
1.8〜2m

手を使って木を左右に動かせるため、その隙間から大人が侵入可能

四つ目垣タイプ

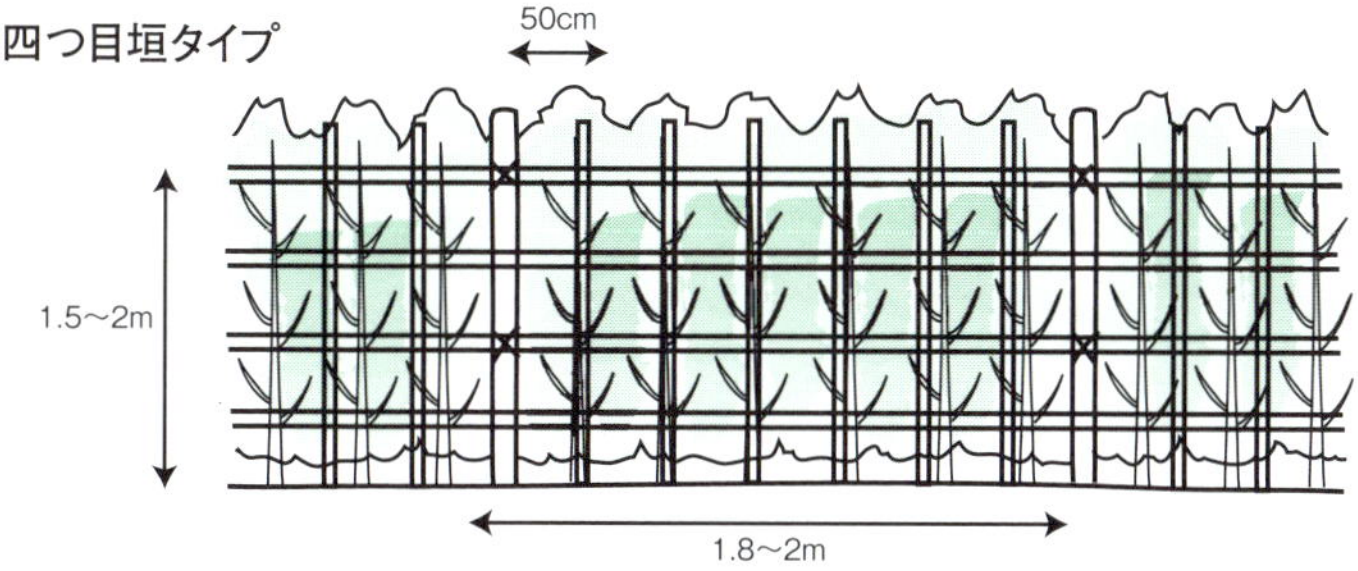
50cm
1.5〜2m
1.8〜2m

支柱の編み目を50cm角未満とすると、大人は侵入できない

[図2] 植栽位置で変わる境界の印象

塀の建物側に植栽

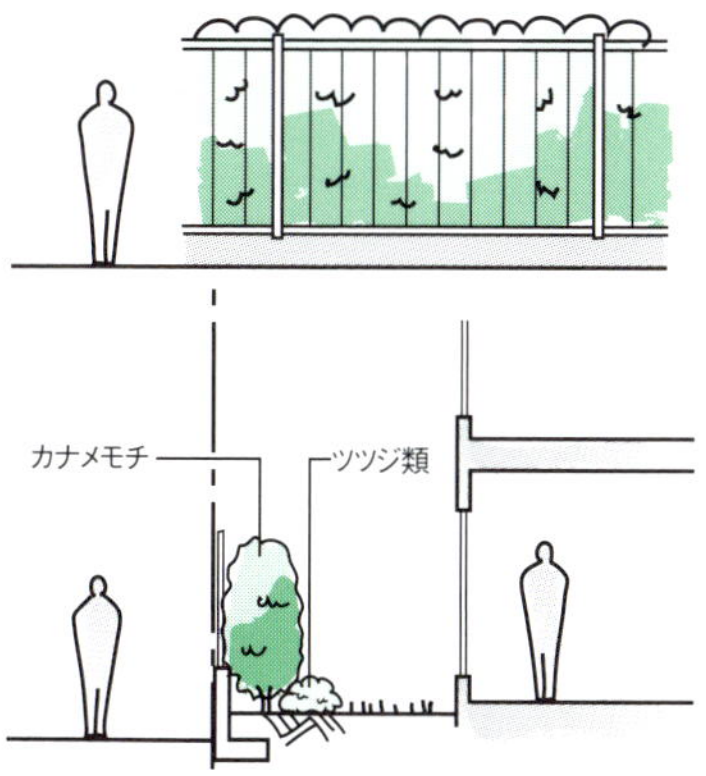
カナメモチ
ツツジ類

建物側のみに植栽すると、室内側からは美しい境界となるが、道路側は塀がむき出しになるため、閉じた印象の境界となる

塀の両側に植栽

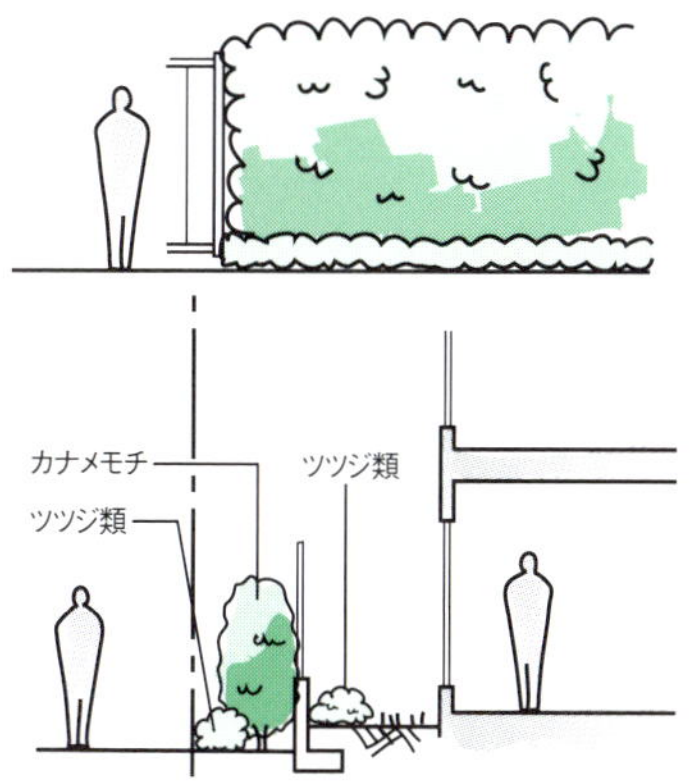
カナメモチ
ツツジ類
ツツジ類

スペースが必要だが、塀の両側に植栽することで、室内側からも道路側からも美しい境界となる

07 防火に利用する

樹木の高さを確保

震災や火事に見舞われた際、植栽のおかげで延焼を免れたという話を聞きます。水分を多く含んだ樹木は燃えにくく、防火壁のような役割を果たすこともあります。建物の防火については法規定があり、守ることは当然です。そのうえで、樹木の防火効果にも期待して、家と家の境界に火に強い樹木を植えてみてもよいでしょう。

緑の壁は高いほど防火の効果も高まります。2階建ての住宅なら、高さ6m程度の樹木が欲しいところです【図】。植栽の層は2m以上確保します。

火に強い樹種

最も火事が心配になる季節は乾燥する冬です。したがって冬季に葉を落としてしまう落葉樹《らくようじゅ》はあまり向いているとはいえません。植栽樹には常緑樹《じょうりょくじゅ》で水を多く含む樹種をおすすめします。大きな葉のツバキやスダジイ、サンゴジュのような肉厚なもの、あるいは葉が密に付いている常緑針《じょうりょくしん》葉樹《ようじゅ》のナギやカイズカイブキなどが適しています。

イチョウは落葉樹ですが、とても火に強い性質をもっています。関東の公園や寺社に大木として残っている樹木のほとんどがイチョウです。このことからも震災や戦火でもなお生き続け、一部が焼けても復活する強力な樹木であることが分かります。

また、原爆で破壊された広島の街で最初に芽吹いたのがユリノキだといわれています。このように、落葉樹にも火に強いものが少なくありません。

緑の防火壁は足もとまで常緑樹で構成するようにします。冬季に上部が枯れ、根の部分だけになる宿根草や、夏芝のノシバやコウライシバは、乾燥すると引火しやすくなるため、防火には逆効果です。人の往来のあるような場所では、早めに枯れ草を刈っておく必要があります。

火に強い常緑樹を密に植えてつくる防火壁は、補助的な役割で用います

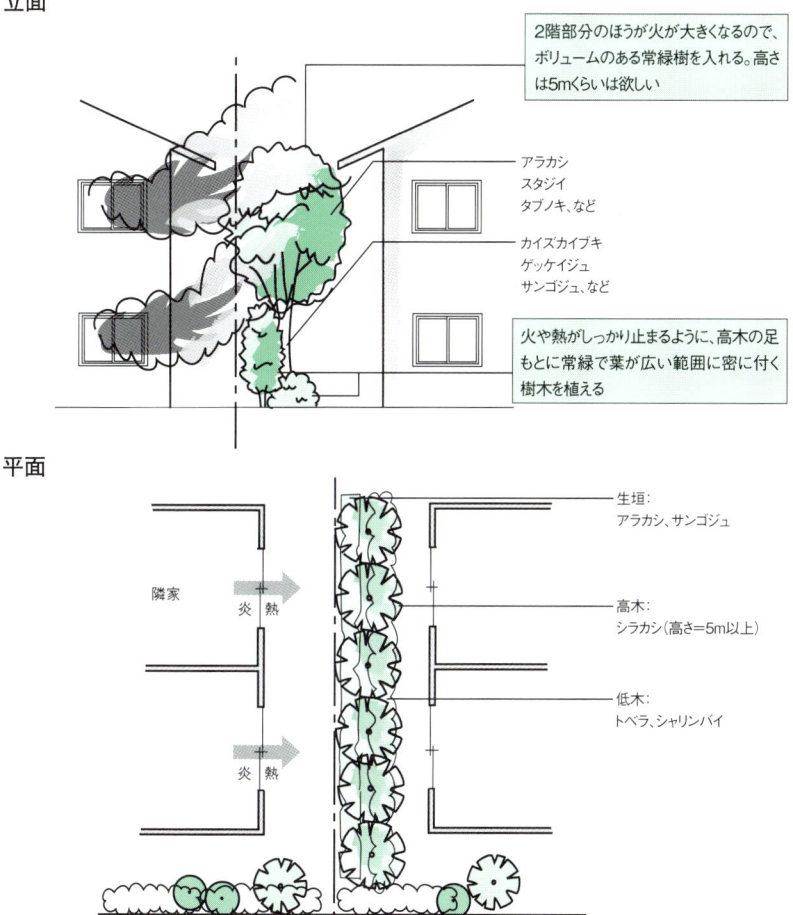

[図] 防火樹の効果的な配置

立面

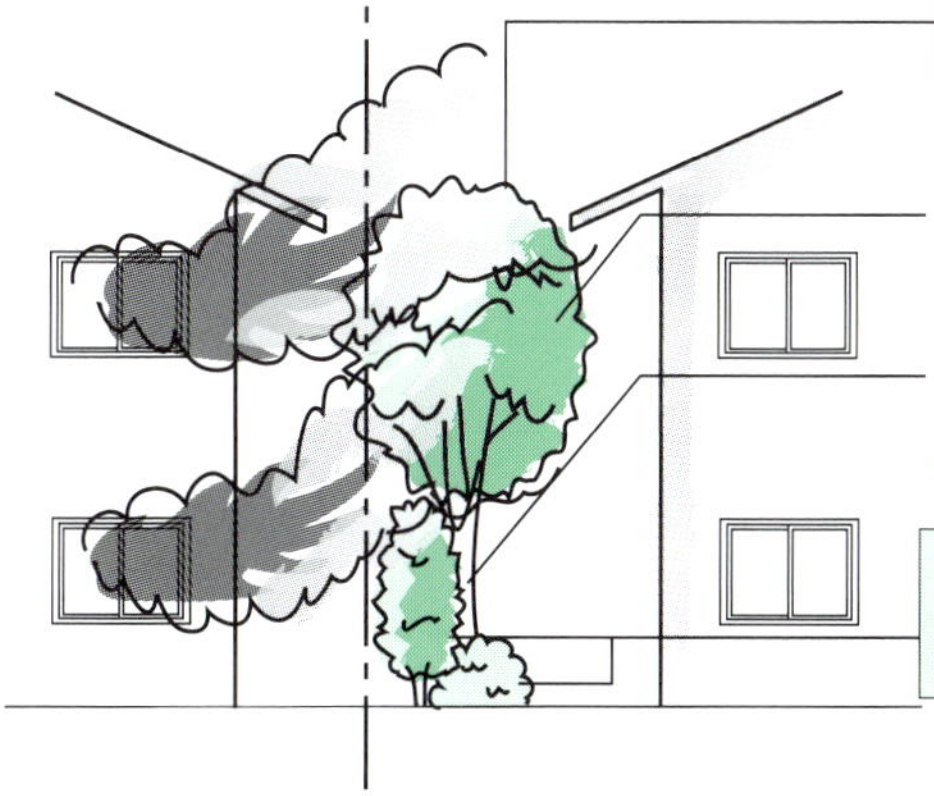
2階部分のほうが火が大きくなるので、ボリュームのある常緑樹を入れる。高さは5mくらいは欲しい
アラカシ
スタジイ
タブノキ、など
カイズカイブキ
ゲッケイジュ
サンゴジュ、など
火や熱がしっかり止まるように、高木の足もとに常緑で葉が広い範囲に密に付く樹木を植える

平面

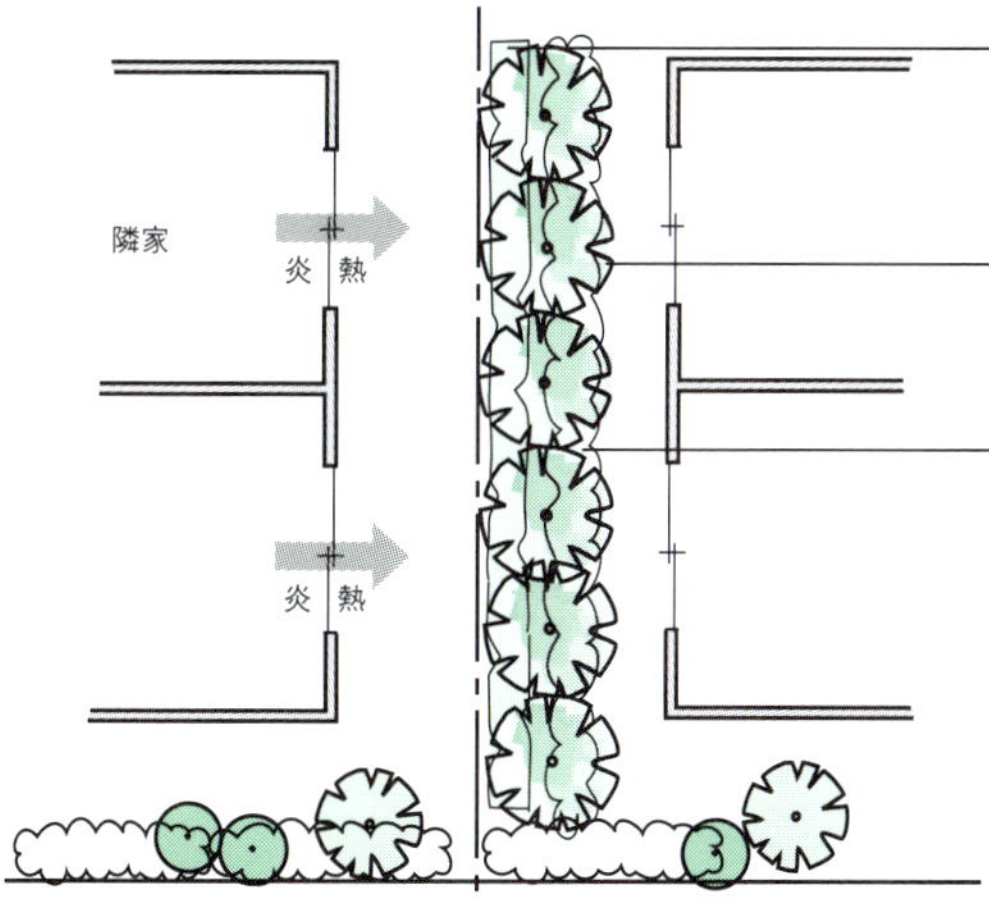
隣家
炎
熱
炎
熱
生垣:
アラカシ、サンゴジュ
高木:
シラカシ(高さ=5m以上)
低木:
トベラ、シャリンバイ

火に比較的強い樹種

高木・中木	低　木
アラカシ、イヌマキ、カイズカイブキ、キョウチクトウ、ゲッケイジュ、コウヤマキ、サカキ、サザンカ、サンゴジュ、シラカシ、スダジイ、タブノキ、ナギ、マテバシイ、モチノキ、モッコク、ヤブツバキ、ユズリハ	アオキ、シャリンバイ、トベラ、ヤツデ

ここでいう防火樹とは、あくまでも補助的な役割を期待するものである。樹木による防火壁をつくったとしても、建物の防火・耐火の安全性は建築基準法などに定められた基準を守らなければならない

08 排ガスや騒音を和らげる

工場の排気や車の排ガスなど、汚れた大気を好む樹木はほとんど存在しません。したがって、工場の近くや幹線道路沿いなど、排ガスの影響の出やすい場所では、汚染された空気にできるだけ抵抗性のある樹木を選び、緑の層をつくるように植栽します【図1】。

樹木は光合成でCO_2を取り込む際に、大気中の汚染物質を葉に吸着させます。そのため、キョウチクトウやマサキなど、厚く硬い葉をもつ常緑広葉樹が抵抗性をもち、最も適しています。高木《こうぼく》ではウバメガシ、ヤマモモ、中木《ちゅうぼく》ではサザンカ、サンゴジュ、ヤブツバキ、低木《ていぼく》ではオオムラサキツツジ、ヒサカキなどです。

しかし、どんなに抵抗性のある樹種でも汚染物質が葉の表面を覆《おお》いつくしてしまうと、光合成も呼吸もできなくなります。植え付ける際は、葉が雨水で洗い流されるように、あるいは水で洗い流せるように配慮しておきましょう。

○緑の心理的な防音効果を活用

音は、発生すると全方位に放たれますから、一部だけ植栽されていても、食い止められるわけではありません。樹木で音を弱めるには、最低10mの樹木の層が必要です。個人住宅などで防音植栽をすることはほとんど無理といえるでしょう。

とはいえ、わずかでも緑があると、音は実際の効果以上に弱まって感じられます。騒音が発生する方向に対して緑の壁をつくり、音源が見えないように植栽するとよいでしょう。音は上へと抜けることが多いので、植栽樹は高いほど防音の効果は高まります。下からの音抜けも考慮して、地《ち》被《ひ》～高木を組み合わせて緑の壁をつくります【図2】。

植栽された空間で反射を繰り返して減音していくので、葉や枝が密になった常緑樹で構成すると効果的です。葉が厚くて大きいマテバシイやサンゴジュ、常緑針葉樹《じょうりょくしんようじゅ》のカイズカイブキやコノテガシワも葉が密に付くため効果があります。

住宅の場合は、緑の心理的な防音効果を活用できるね

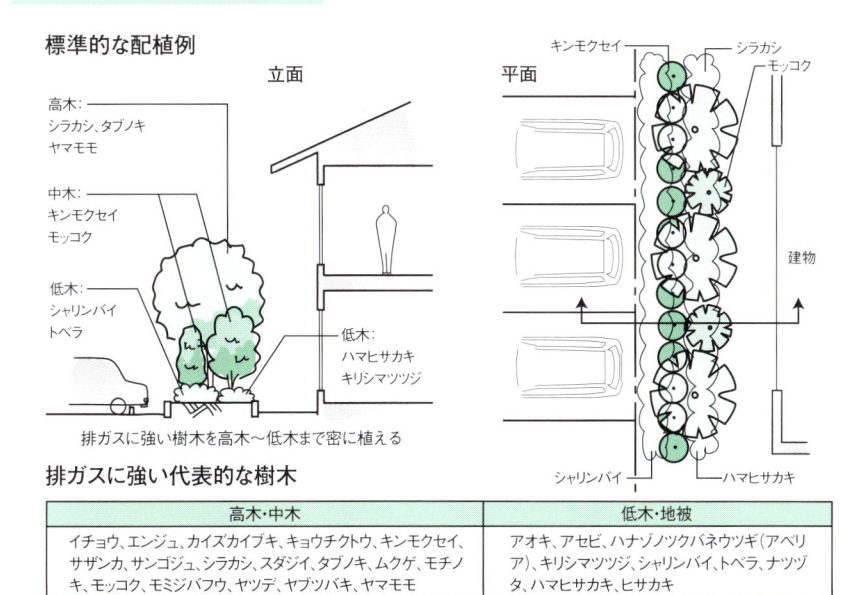

[図1] 排ガスを防ぐ配植列

標準的な配植例

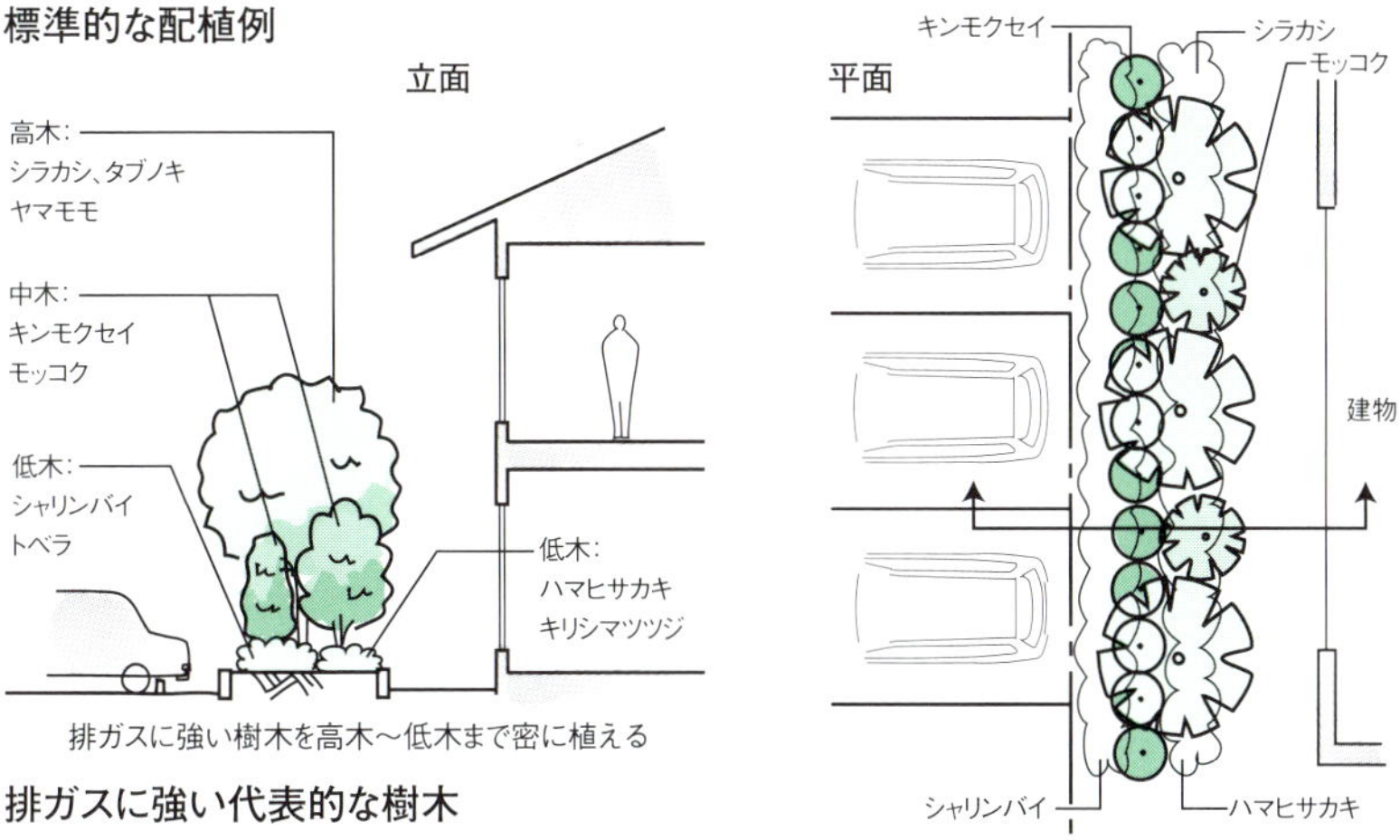
立面
高木:
シラカシ、タブノキ
ヤマモモ
中木:
キンモクセイ
モッコク
低木:
シャリンバイ
トベラ
低木:
ハマヒサカキ
キリシマツツジ
排ガスに強い樹木を高木～低木まで密に植える
平面
キンモクセイ
シラカシ
モッコク
建物
シャリンバイ
ハマヒサカキ

排ガスに強い代表的な樹木

高木・中木	低木・地被
イチョウ、エンジュ、カイズカイブキ、キョウチクトウ、キンモクセイ、サザンカ、サンゴジュ、シラカシ、スダジイ、タブノキ、ムクゲ、モチノキ、モッコク、モミジバフウ、ヤツデ、ヤブツバキ、ヤマモモ	アオキ、アセビ、ハナゾノツクバネウツギ(アベリア)、キリシマツツジ、シャリンバイ、トベラ、ナツヅタ、ハマヒサカキ、ヒサカキ

[図2] 騒音を和らげる配植列

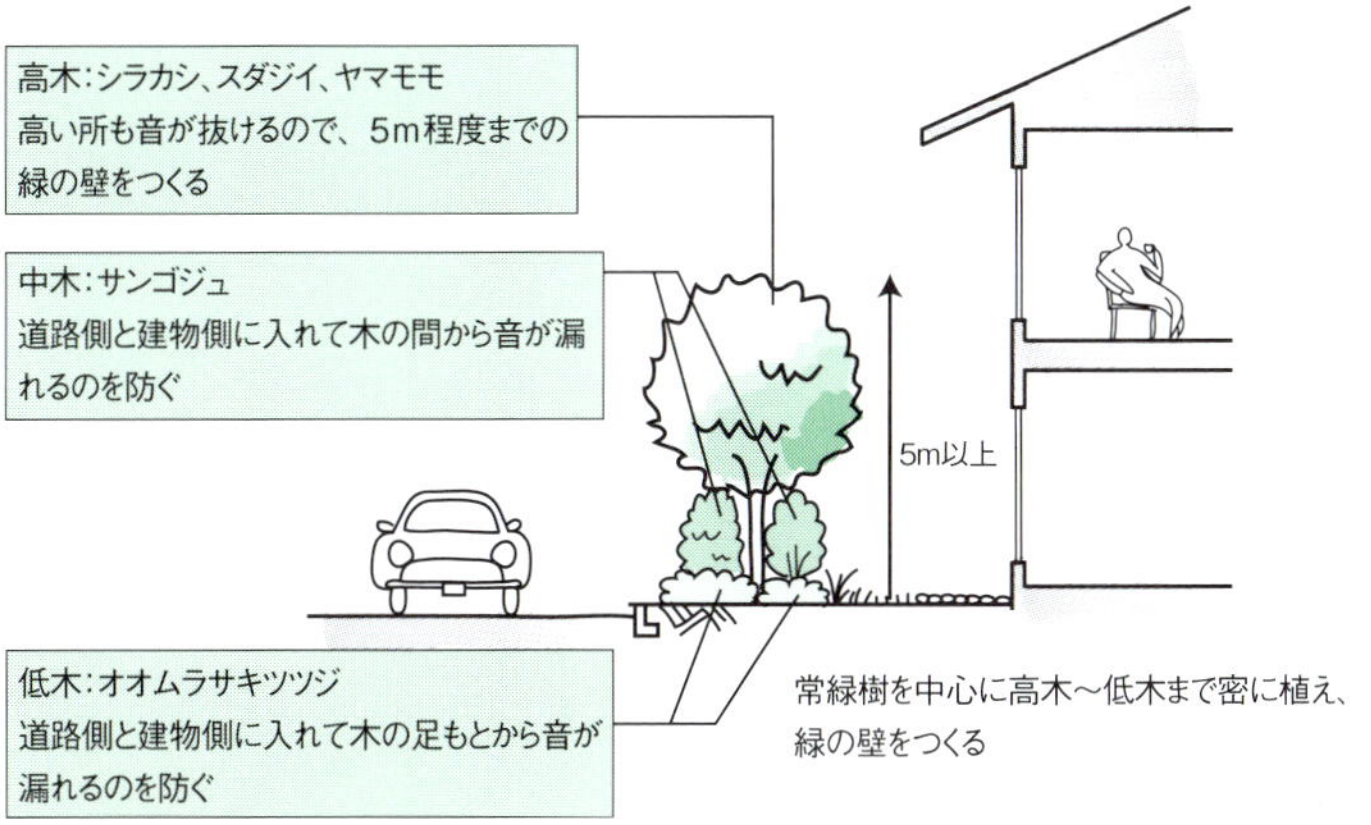
高木:シラカシ、スダジイ、ヤマモモ
高い所も音が抜けるので、5m程度までの緑の壁をつくる
中木:サンゴジュ
道路側と建物側に入れて木の間から音が漏れるのを防ぐ
5m以上
低木:オオムラサキツツジ
道路側と建物側に入れて木の足もとから音が漏れるのを防ぐ
常緑樹を中心に高木～低木まで密に植え、緑の壁をつくる

防音に利用される代表的な樹木

高木・中木	低木・地被
アラカシ、ウバメガシ、カイズカイブキ、カクレミノ、キンモクセイ、サザンカ、サンゴジュ、シラカシ、スダジイ、タイサンボク、タブノキ、マテバシイ、モチノキ、モッコク、ヤツデ、ヤマツバキ、ヤマモモ	アオキ、カンツバキ、セイヨウバクチノキ、トベラ、ツツジ類(オオムラサキツツジ、ヒラドツツジ、サツキツツジ)、ハマヒサカキ、ヘデラ類、

09 植栽で庭を広く見せる

何もない空間を意識する

庭を広く感じさせる基本は、空間にメリハリをつけることです。「緑がないスペース」をどのように配置するかで、庭の印象は変わります。

落葉樹《らくようじゅ》で葉や枝や花の隙間があるタイプは、効果的に空間をつくることができるので、狭い空間を広く見せることができます。

樹種のボリュームも重要です。たとえば通常の大きさより少し小さいサイズの樹木を植栽するだけで、狭い庭も広く感じるものです。逆に、狭い空間に葉張りのよい樹木を植栽すると、たとえ1本でもとても狭く感じます。

配置で広さを操作する

樹木の配置で、庭の広さの感覚をコントロールすることも可能です。

同じ大きさのものを等間隔で並べると空間がはっきり区切られて、狭く感じられます。列植した樹木の高さに変化をつけたり、間隔を不規則にして、空間にリズムを与え立体感と奥行き感を出すと、庭に広がりが出ます【図】。

配植《はいしょく》では、どの角度から見ても3本以上の樹木が直線状に並ばないように配植することを心がけます。針葉樹《しんようじゅ》のように幾何学《きかがく》的な樹形より、イロハモミジやコバノトネリコのように丸形や楕円《だえん》形でフワッとしたような樹木を組み合わせると、背景と樹木との境があいまいに感じられ、奥行きを感じることができます。また、高木《こうぼく》〜地被《ちひ》と、高さの異なる樹木を混ぜながら、背後の塀《へい》や壁を隠すように植えると奥行き感を演出することができます。

配植は、「手前に低いもの、背後に高いもの」が基本ですが、樹木の生長《せいちょう》度合いを見極めることが重要です。住宅用植栽で3年後くらいの景色を完成形と考えるなら、高木2m以上、中木《ちゅうぼく》1m以上、低木《ていぼく》30cm以上、地被では15cm以上離して植栽します。

庭を広く見せるコツは、メリハリのついた空間と不規則な配植です

[図] 庭を広く見せる配植テクニック

樹木の大きさと配置の原則

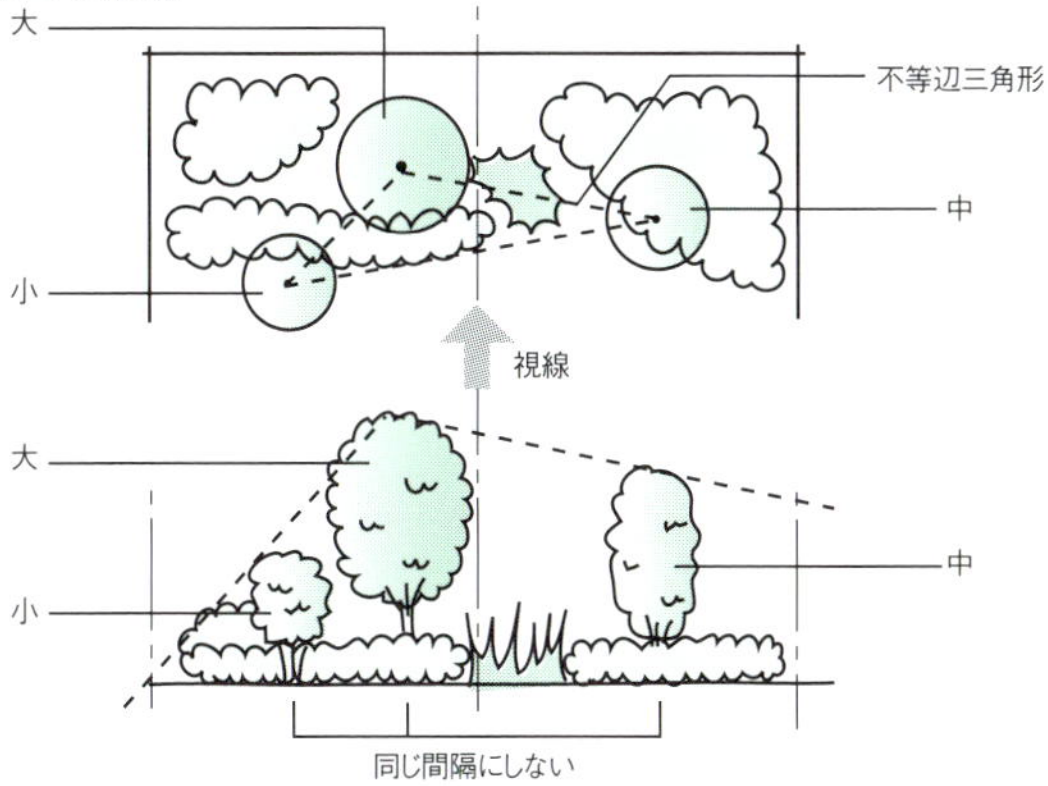
平面
大
小
中
不等辺三角形
視線
立面
大
小
中
同じ間隔にしない

不等辺三角形になるように配置する。樹木の大きさにもメリハリをつける

高さ調整による空間の広がり感の演出

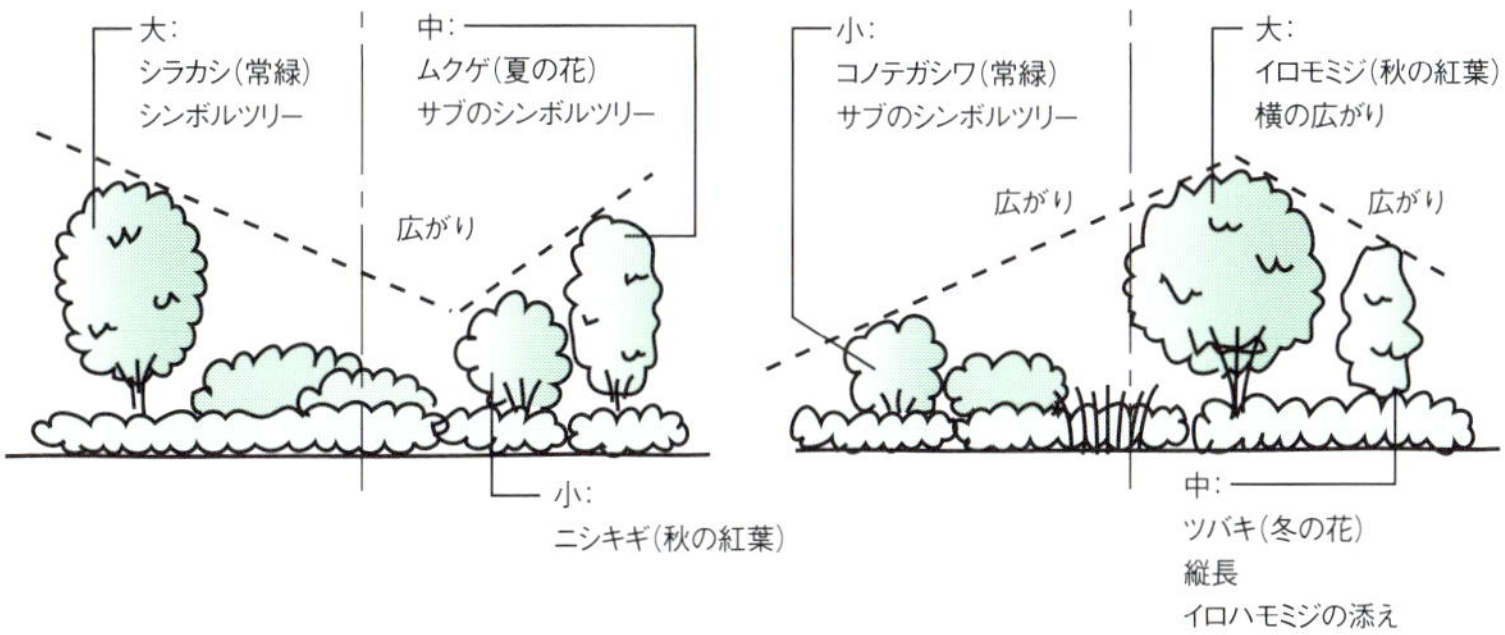
大：
シラカシ(常緑)
シンボルツリー
中：
ムクゲ(夏の花)
サブのシンボルツリー
広がり
小：
ニシキギ(秋の紅葉)
小：
コノテガシワ(常緑)
サブのシンボルツリー
大：
イロモミジ(秋の紅葉)
横の広がり
広がり
広がり
中：
ツバキ(冬の花)
縦長
イロハモミジの添え

大きな木は中心からずらす。高さの変化に合わせて樹形に差をつけると、さらに強弱がはっきりする

奥行きを出す重ね方の技法

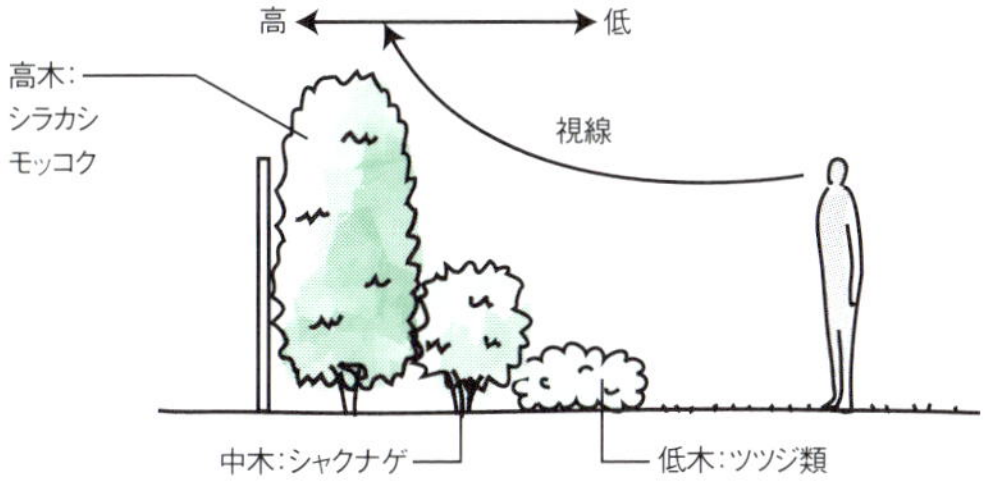
高
低
視線
高木：
シラカシ
モッコク
中木：シャクナゲ
低木：ツツジ類

樹木の高さに差をつけると奥行き感が広がる。できるだけ樹高の差が大きいほうが効果的

10 建物をバランスよく見せる

近景は緑で建物を隠す

中・高層の集合住宅などを設計するとき、建物とのバランスを考慮して樹種を選定する必要があります。このとき近景と遠景について考えることが重要です。

近景でバランスを考えるとき、建物の圧迫感をいかに抑えるかがポイントになります。樹木が何も植えられていない建物の近くでは、建物が人の上に覆《おお》い被《かぶ》さるように感じられ、圧迫感を受けやすくなります。樹木を使って、建物近くを通行する人の視野からなるべく建物が消えるように配植《はいしょく》するとよいでしょう。

10階建てくらいの建物ならば、樹高5ｍくらいの樹木を建物にできるだけ近づけて植えると、建物を見上げたときに建物と人との間に緑が十分入り、建物から受ける圧迫感を軽減することができます。

遠景でのバランスを考えるときは、建物のボリュームと樹木のバランスをとることが重要です。60ｍを超えるような、いわゆる超高層建物に負けないボリュームをもつ樹木はさすがにありませんが、ケヤキやクスノキならば15ｍくらいのものが流通しています。ある程度の大きな建物でもバランスよく見せることはできます【図】。

樹木を植えるときは同じ高さにそろえず、建物の隅部分を高く、中心部分を低くすると、バランスが取りやすいうえに、視線に動きが出るので建物のボリュームを際立たせることも可能です。

住宅のボリューム

住宅の場合、2階建てくらいならば、建物の圧迫感を心配する必要はありません。樹高6ｍ前後のものを植えると比較的バランスよくまとまります。

樹木で建物のボリュームを操作する場合は、6ｍを基準にそれよりも高くすると建物が小さく、それより低くすると建物を実際よりも大きく感じさせることができます。

2階建て住宅のボリュームを抑えるには、6m以上の樹木を植えるとよいでしょう

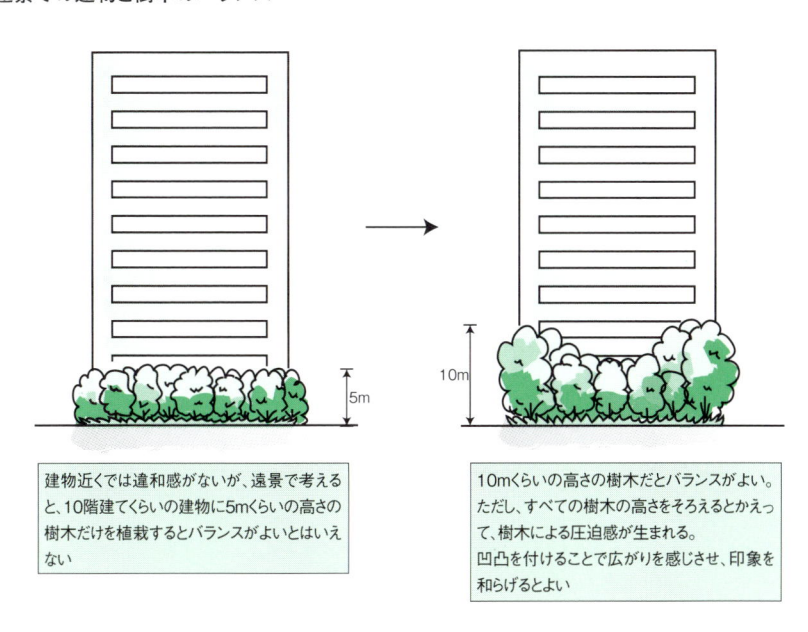

［図］植栽と建物のバランス

近景での建物と樹木のバランス

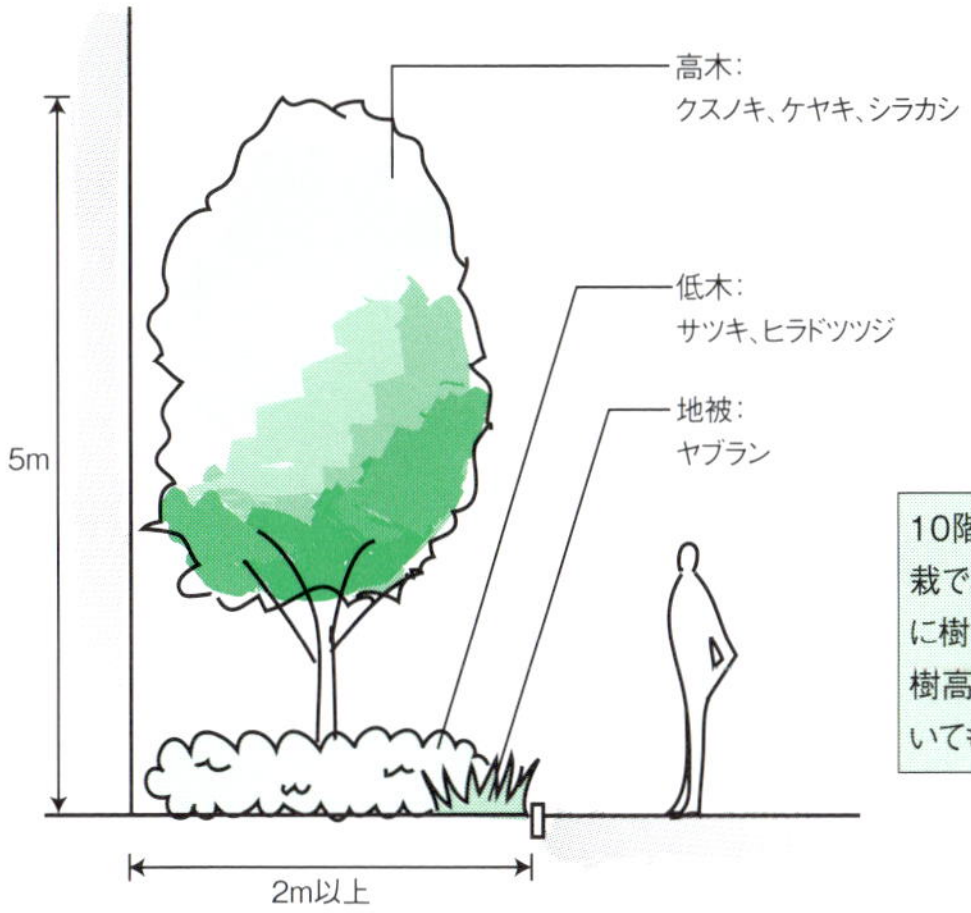
高木：
クスノキ、ケヤキ、シラカシ
低木：
サツキ、ヒラドツツジ
地被：
ヤブラン
5m
2m以上

10階建てくらいの高層の建物の圧迫感を植栽で和らげることは可能である。ただし、その際に樹木と建物のバランスが重要になる。

樹高が5mくらいあれば、建物の近くを通行していても、あまり圧迫感を感じない

遠景での建物と樹木のバランス

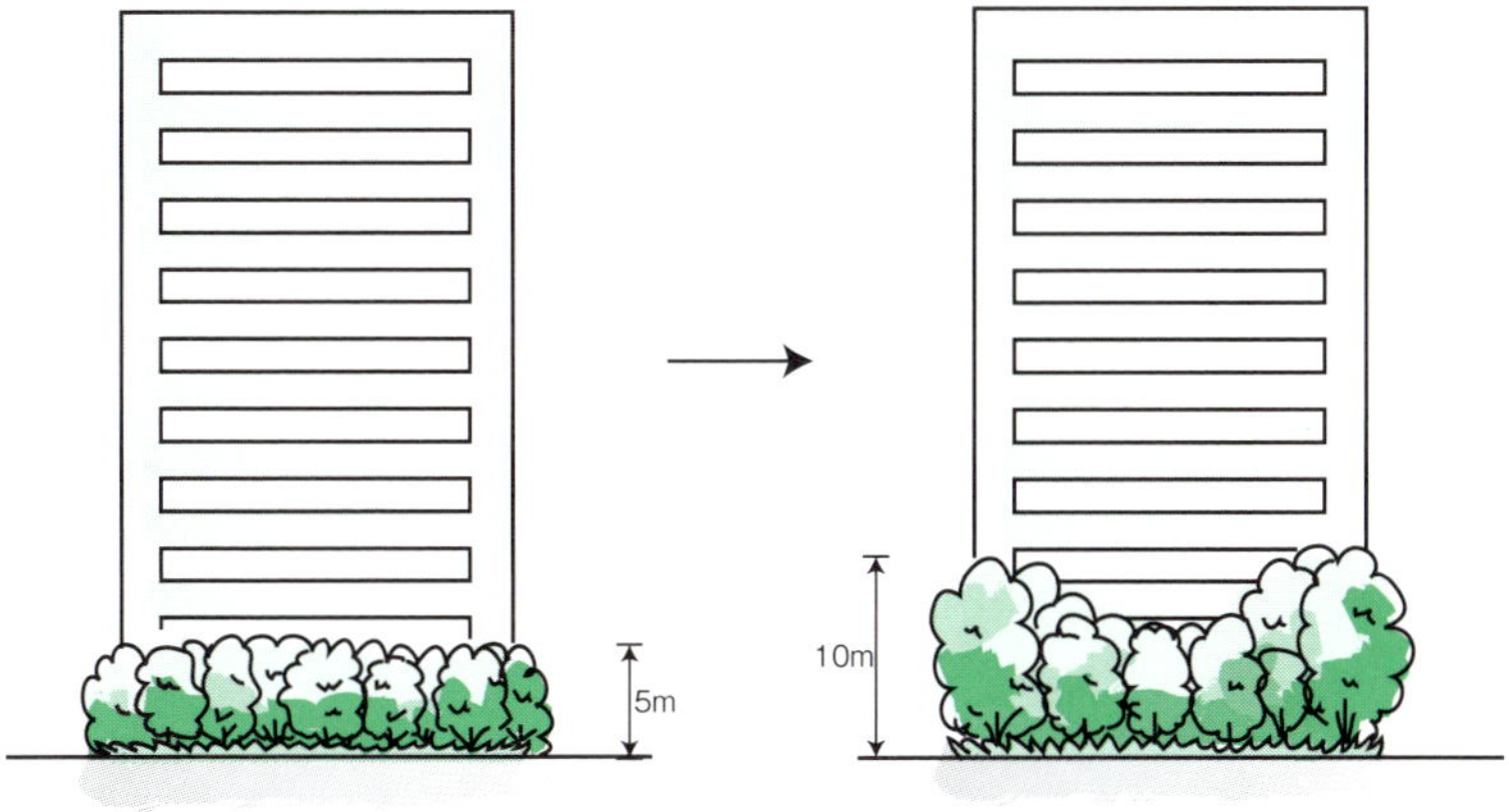
5m
10m

建物近くでは違和感がないが、遠景で考えると、10階建てくらいの建物に5mくらいの高さの樹木だけを植栽するとバランスがよいとはいえない

10mくらいの高さの樹木だとバランスがよい。ただし、すべての樹木の高さをそろえるとかえって、樹木による圧迫感が生まれる。

凹凸を付けることで広がりを感じさせ、印象を和らげるとよい

11 建物の印象を演出する

植栽で建物を引き立てる

葉・幹《みき》・花の色や模様、明暗などをうまく組み合わせて配植《はいしょく》すると建物の印象を操作することができます。建物の外装材やデザインに合わせて樹種や樹形を選ぶことがポイントです。

たとえばコンクリート打放し《うちはなし》仕上げのような硬質な建物でも、たった1本樹木を植えるだけで印象が変わります【図1】。硬質さを抑えるには、広葉樹《こうようじゅ》など葉の形が丸いものを選びます。常緑広葉樹《じょうりょくこうようじゅ》は葉色が濃いものが多く、多用すると重い印象になりがちです。ヒメシャラやヤマボウシなど、なるべく葉色の薄い落葉広葉樹《らくようこうようじゅ》と合わせて配植するとよいでしょう。

自然の樹形のままか、仕立物《したてもの》でも丸型や縦丸型に刈り込んだものを植えても建物の印象を和らげることができます。さらに、建物の隅部（エッジ）に、緑を被せるように配植すると、角が見えなくなるので、より効果的です。

逆に建物の硬質さを強調したい場合は、マツやスギなどの針葉樹《しんようじゅ》を植えます。直線的に仕立てた樹木を大きさや間隔をそろえて植栽しても、人工的・機械的になり、硬い印象を強調することができます【図2】。

配植のテクニック

建物の近くに植える木を選ぶ際には、外壁の色と葉色との相性を考慮する必要があります。

外壁の色が濃い場合は、エゴノキやシャラなど明るい葉色のものを選ぶと、外壁の色と葉色が干渉しないですっきりとした印象になります。

白色やコンクリート打放しのような比較的明るい色の壁の場合は、ツバキやクスなど、濃い緑の葉をもつ樹木を中心に配植すると、緑を際立たせることができます。

建物のエッジを樹木で隠すと印象が和らぎ、高さや間隔をそろえると硬質さを強調します

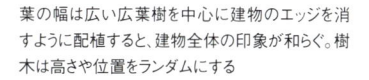

[図1] 建物の印象を和らげる配植

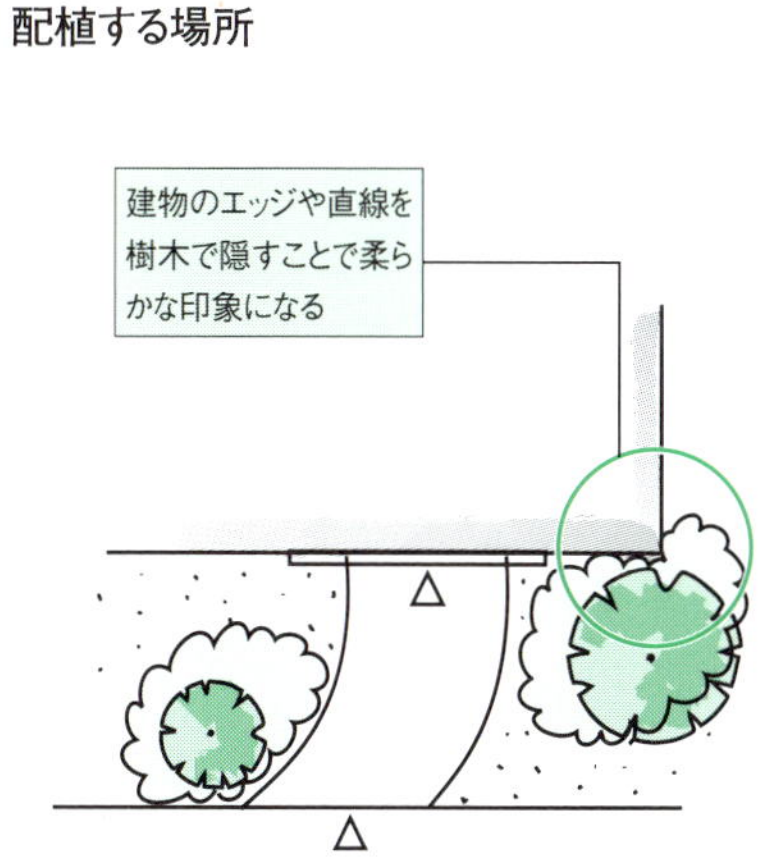
配植する場所
建物のエッジや直線を樹木で隠すことで柔らかな印象になる

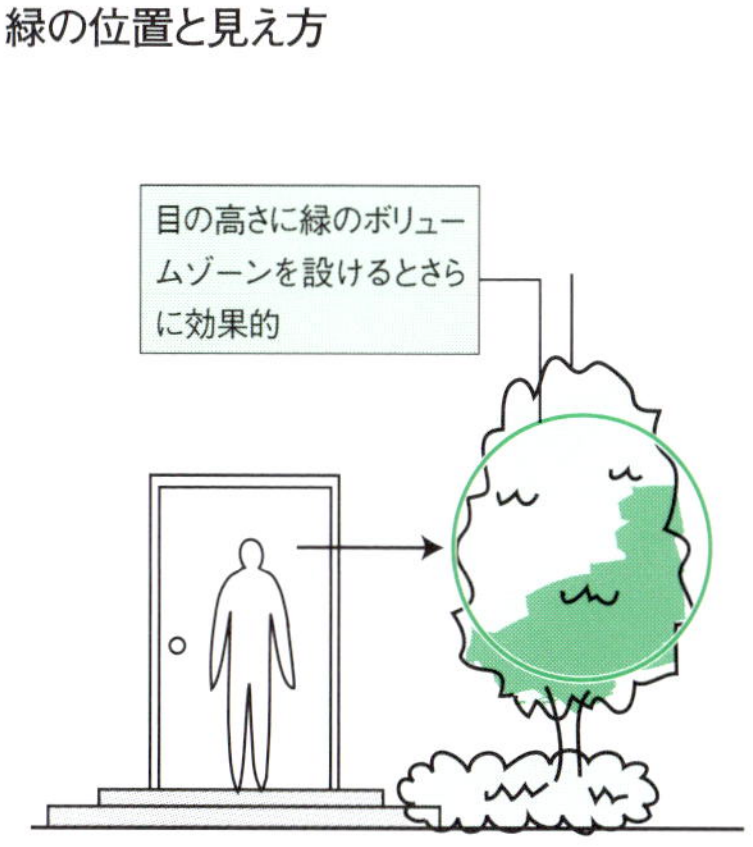
緑の位置と見え方
目の高さに緑のボリュームゾーンを設けるとさらに効果的

コンクリート打放しのように、重厚で硬質な趣のある建物の印象を和らげるためには、建物の隅や、直線といった幾何学的な部分をなるべく隠すように配植することがポイントとなる

[図2] 建物の印象を操作する

建物全体の印象を和らげる

葉の幅は広い広葉樹を中心に建物のエッジを消すように配植すると、建物全体の印象が和らぐ。樹木は高さや位置をランダムにする

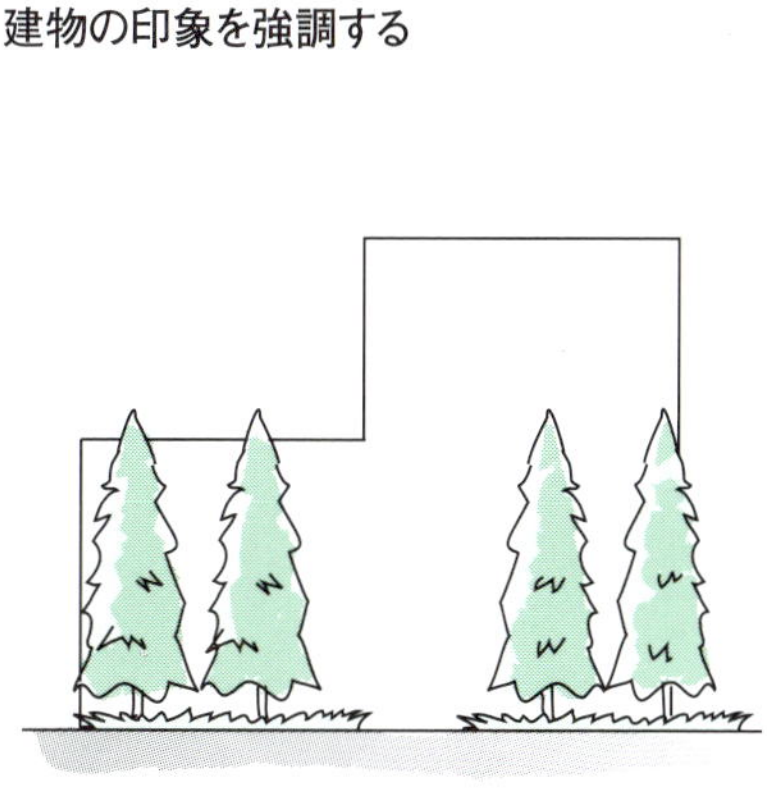
建物の印象を強調する

針葉樹を中心に配植すると、直線的なイメージが強調され、硬質な印象になる。樹木は高さや間隔をそろえ、シンメトリーに植える

12 植栽で和洋の庭をつなぐ

雑木《ぞうき》とシバを主体にする

母屋《おもや》は瓦屋根の和風住宅、離れは若い夫婦が新しくつくった欧風の外観をもつ建物というようなパターンは意外にあるものです。マツやカエデ、ツツジなどを主体にした和風の庭をつくると、欧風な外観の建物側には違和感があります。また、バラ、ラベンダーなどの花々が咲き乱れるイングリシュガーデンのような庭を、和室の庭から眺めるというのも不思議な感じになります。

外観の意匠《いしょう》が異なる建物がある敷地では、どちらの建物にも合う植栽を考えなければなりません【図】。

和と洋の要素をもつ庭をつくる場合は、シバと雑木をメインにするとよいでしょう。里山に普通に見られるコナラやクヌギ、アカシアなどの樹木を主体に、明るい緑の葉をもつ樹木で構成します。日本にある樹木で構成すると和室になじみやすくなります。また、シバを使い、常緑樹《じょうりょくじゅ》などの重たいイメージの樹木を避けることで、洋室にも合う庭になります。

花木《かぼく》の選択のポイント

花木を植栽するなら、ヤマボウシやノリウツギ、アベリアがよいでしょう。ヤマボウシは日本原産ですが、アメリカ原産のハナミズキの仲間で、印象が似ています。ノリウツギはカシワバアジサイに似ています。このほかにも日本に自生《じせい》している樹種で、落葉の軽やかなものをランダムに配置すると、和と洋の印象を緩やかにつなぎ、どちらの庭にもマッチするものになります。

花木は、赤など派手な印象の色や大きなものは避け、小花でさわやかな印象の樹種を選びます。雑木の下草《したくさ》にはササ、クリスマスローズなどをおすすめします。自然石を組み合わせて、その間に地被《ちひ》や低い花木を植栽するロックガーデンで構成するのもおもしろいでしょう。

雑木とシバは和洋いずれの庭にも合う。境界は中木・低木で庭の違いをぼかします

[図] 和洋の庭を連続させるコツ

境界を設けない場合

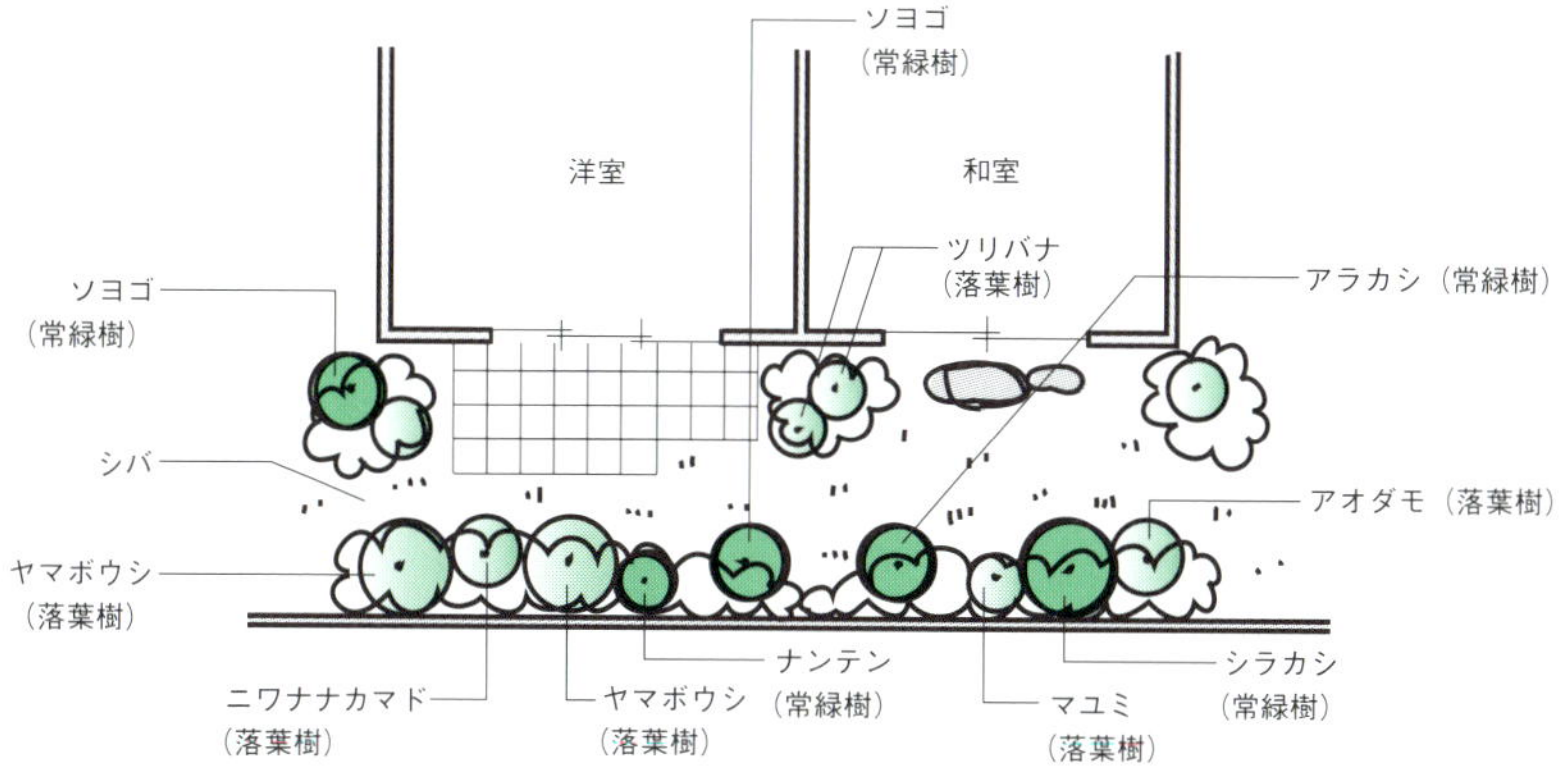

樹木を雑木林風に配植することで和室・洋室のいずれにも合う庭になる［138～139頁参照］。
なお、和室の庭に近い側に常緑樹を多く置くこと

境界を設ける場合

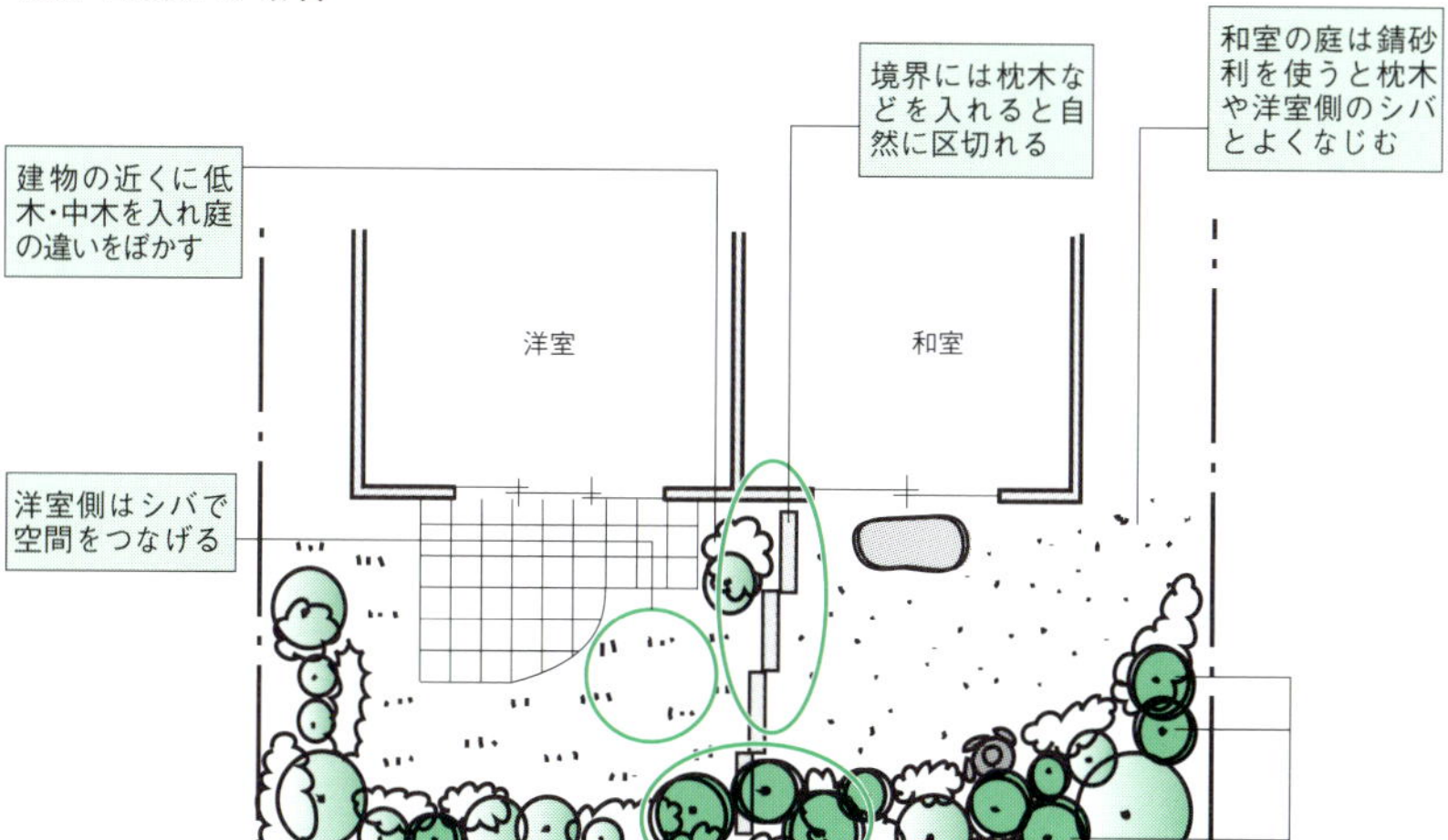
境界には枕木などを入れると自然に区切れる
和室の庭は錆砂利を使うと枕木や洋室側のシバとよくなじむ
建物の近くに低木・中木を入れ庭の違いをぼかす
洋室側はシバで空間をつなげる
背景になる樹木には常緑樹を多めに入れる
和室の庭に洋室の庭より常緑樹を多く入れる。樹種は上記と同じ

COLUMN

富士竹類植物園

世界でも珍しいタケやササ専門の植物園

静岡県長泉町に1955年開園された施設の植物園。日本竹笹の会の初代会長・室井綽《ひろし》が長く園長を務めていました。日本国内や世界各地から集められた約500種類のタケが観察でき、タケ類の栽培展示種類は日本一を誇ります。

園内の情報も随時更新され、珍しいタケの花がどこで咲いているのかなど、詳細な情報を得ることができます。

タケやササ類のほかにも、四季の草花も植栽され、庭園的な散策も楽しめます。併設の研究資料館では、世界中の竹細工や、タケやササの標本などが展示され、幅広くタケに関連するものが展示・紹介されています。タケの苗や加工製品なども販売されています。

カンチク

スズコナリヒラ

DATA

住所／静岡県駿東郡長泉町南一色885
電話／055-987-5498
開園時間／10：00～15：00（最終入園は14：30）
休園日／日～水曜日
入園料／大人500円、高校生以下200円（団体割引あり）

第4章

緑の空間を演出する

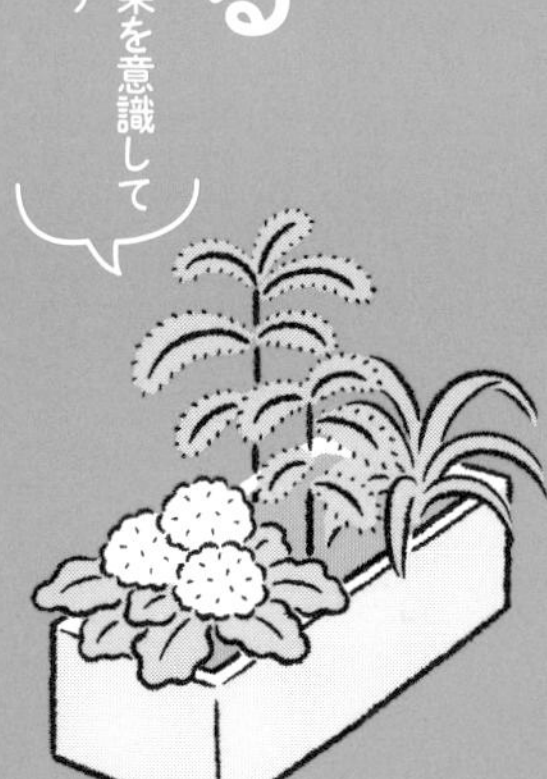
視覚的効果を意識して
配置しよう

01 門廻り・アプローチの植栽

門廻りの植栽

個人住宅の門周辺では、植栽スペースを十分に確保できないかもしれません。その場合、門廻りの植栽は樹高の低い、葉や枝のボリュームがあまり出ないものを選びます。花の色や香りが楽しめる花木《かぼく》を配植《はいしょく》すると、門廻りが明るい印象になります。［126〜133頁参照］。低木《ていぼく》の花木には、花の色を楽しめるツツジや、花の香りを楽しめるジンチョウゲなどがあります。1㎡くらいのスペースがとれれば、樹高3m程度の中木《ちゅうぼく》を植えてもよいでしょう。ハナミズキやムクゲなどを植えると、季節が感じられるスペースになります。

門と道路との間に植栽スペースがとれない場合は、庭の門近くに高さ2.5m以上の明るい葉をもつ常緑樹《じょうりょくじゅ》（モッコク、マツ、シマトネリコ）を植栽すると、樹木と門が一体となったような視覚的効果が生まれます【図1】。

アプローチの植栽

短く、狭いアプローチでも、枝張りがあまり大きくなく、葉の密度が低い樹木を効果的に配植すると、実際以上に長く、広いスペースに感じさせることができます。

人は、目標物がダイレクトに見えるよりも、手前に何かあり、その奥に目標物が見えるほうが、奥行きを感じことができます。したがって、アプローチの植栽では、目標物（玄関）が少し隠れるように配植することがポイントとなります。

植栽樹は、小ぶりで姿がよい落葉樹《らくようじゅ》で、樹形がまとまるものを選びます。ハナミズキやヤマボウシ、エゴノキ、ヒメシャラ、ナツツバキ、コハウチワカエデなどがよいでしょう。木の際や足もとは、ササ類やフッキソウなどの丈の低い地被《ちひ》類を植えます。樹木と地被の間に空間を確保できますから、圧迫感はなく、狭さもさほど感じさせないでしょう【図2】。

門廻りやアプローチには、花木や季節の移り変わりが分かる樹種を選びましょう

[図1] 門廻りの印象を変える植栽

門廻りに1㎡ 程度のスペースがとれる場合

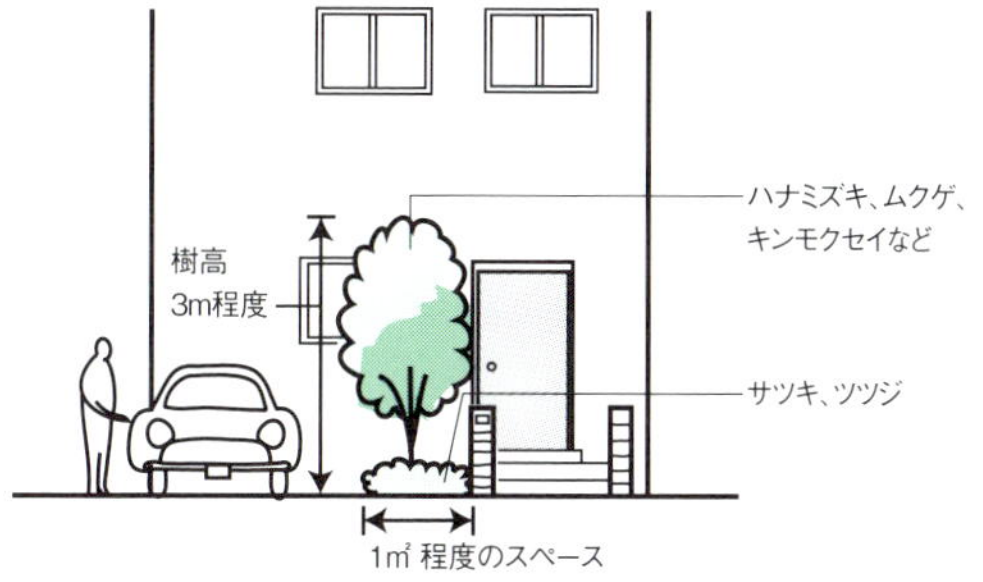
ハナミズキ、ムクゲ、
キンモクセイなど
樹高
3m程度
サツキ、ツツジ
1㎡ 程度のスペース

門・塀の内側に樹木を植える場合

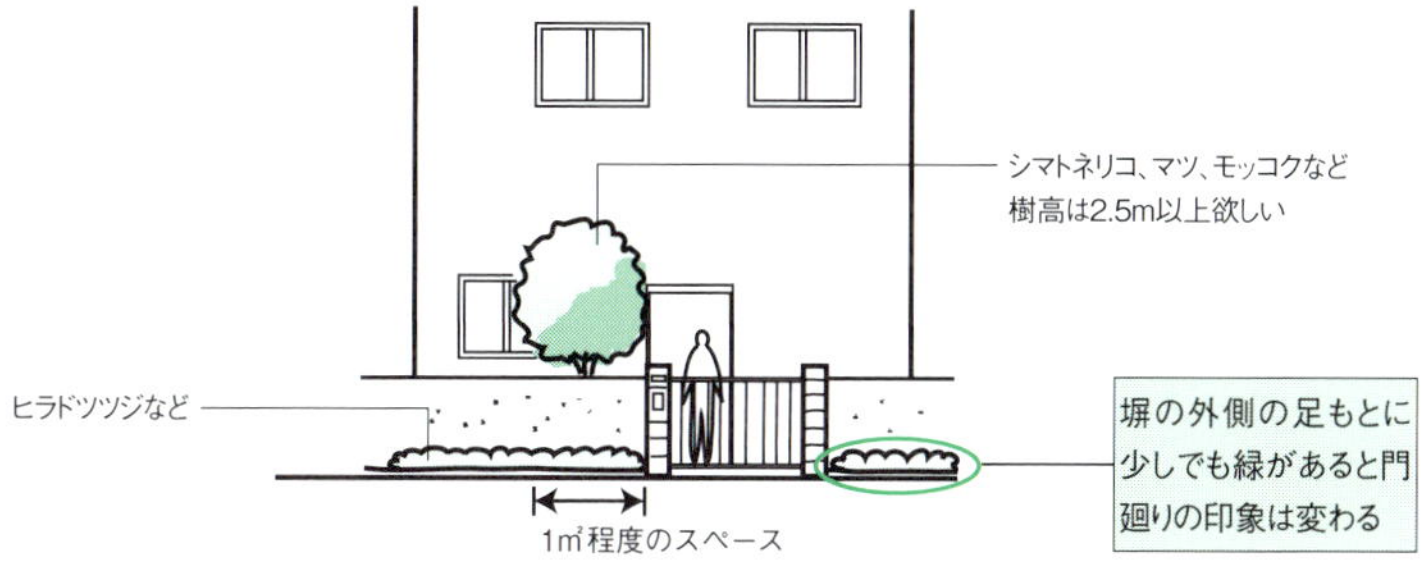
シマトネリコ、マツ、モッコクなど
樹高は2.5m以上欲しい
ヒラドツツジなど
1㎡程度のスペース
塀の外側の足もとに
少しでも緑があると門
廻りの印象は変わる

[図2] アプローチを広く感じさせる配植例

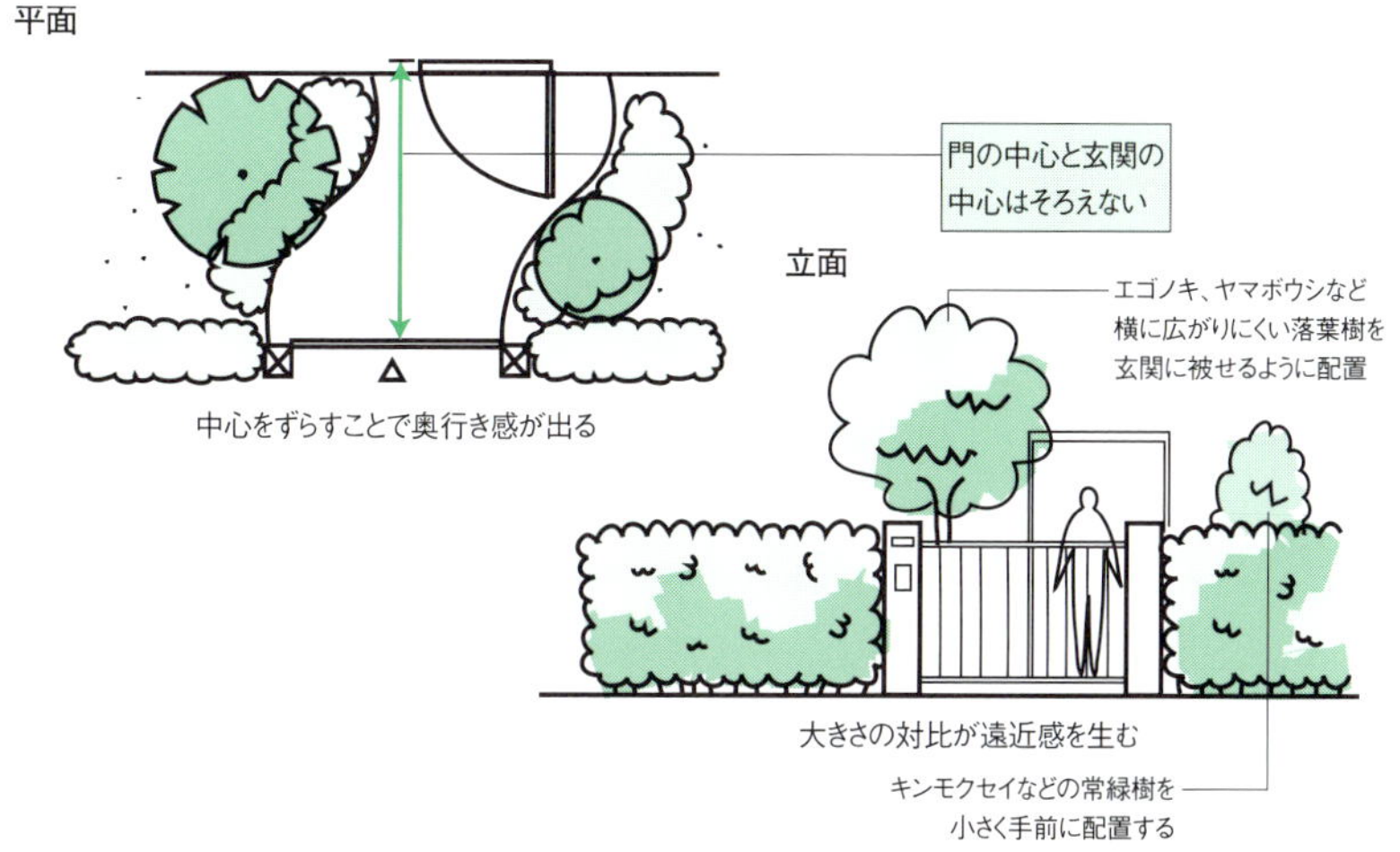
平面
門の中心と玄関の
中心はそろえない
中心をずらすことで奥行き感が出る
立面
エゴノキ、ヤマボウシなど
横に広がりにくい落葉樹を
玄関に被せるように配置
大きさの対比が遠近感を生む
キンモクセイなどの常緑樹を
小さく手前に配置する

02 庭につながる園路の植栽

園路の植栽は、通路としての機能を持たせながら、接続する空間へといざなうように演出します。安全に歩けるように、高木《こうぼく》や中木《ちゅうぼく》の数は控えてボリュームを抑え、日陰でも耐える低木《ていぼく》や地被《ちひ》（グランドカバー）を主にして植栽します。足もとはコンクリートや石などで舗装するとよいでしょう。

○和風の庭に続く園路

通路部分を石や砂利で舗装し、中木扱いで常緑針葉樹《じょうりょくしんようじゅ》のアカマツやイヌマキ、落葉広葉樹《らくようこうようじゅ》のイロハモミジなどを、ボリュームを抑えぎみに配植《はいしょく》すると、和を感じさせる空間になります。

奥行きを演出するには、一方にエゴノキやモッコクなどの少し丈のある樹木、もう一方にはツツジやヒサカキ、ヤマブキなどの低木を組み合わせて、メリハリをつけるとよいでしょう。

ポイントとなる部分以外は、樹木は少なめに、地被のササ類や、ヤブランなどの草本《そうほん》でさっぱり仕上げます【図①】。

○洋風の庭に続く園路

洋風の庭は、針葉樹で幾何学《きかがく》的につくることが基本となります。そのため、樹木は高さをそろえ、ニオイヒバなどの中木を1m以上の等間隔で植栽します。低木や地被なども同じパターンを繰り返すように入れ、レンガや石で舗装するとより雰囲気が出ます。ほかに、多種多様な樹木や草花を用いるボーダーガーデンと呼ばれる植栽方法もあります【図②】。

○雑木《ぞうき》の庭に続く園路

自然でやわらかなイメージの樹木を選び、奇数本をランダムに植えて、雑木林《ぞうきばやし》のような雰囲気を演出します。雑木の代表的な樹種はコナラやクヌギなどの落葉広葉樹ですが、生長《せいちょう》が早く大木になるため、園路の植栽には向きません。中木程度のマユミ、ツリバナなどを数本でまとめ、ボリュームをつくるように配植します。足もとに、ササ類などの低木や地被を添えるとまとまりができます【図③】。

［図］園路の配植例

①和風の園路　樹高に差をつけることで奥行き感を演出する

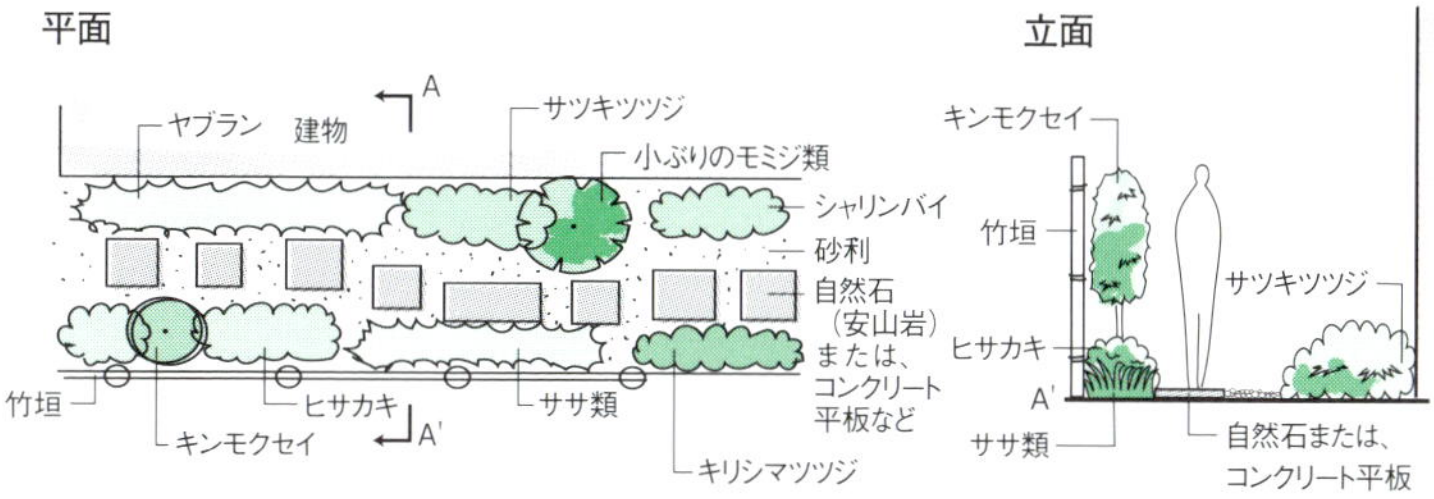
平面
立面
ヤブラン
建物
A
サツキツツジ
小ぶりのモミジ類
シャリンバイ
砂利
自然石
（安山岩）
または、
コンクリート
平板など
竹垣
キンモクセイ
ヒサカキ
A'
ササ類
キリシマツツジ
キンモクセイ
竹垣
ヒサカキ
サツキツツジ
建物
A'
A
ササ類
自然石または、
コンクリート平板

②洋風の園路　洋風の園路は左右対称、幾何学的につくる

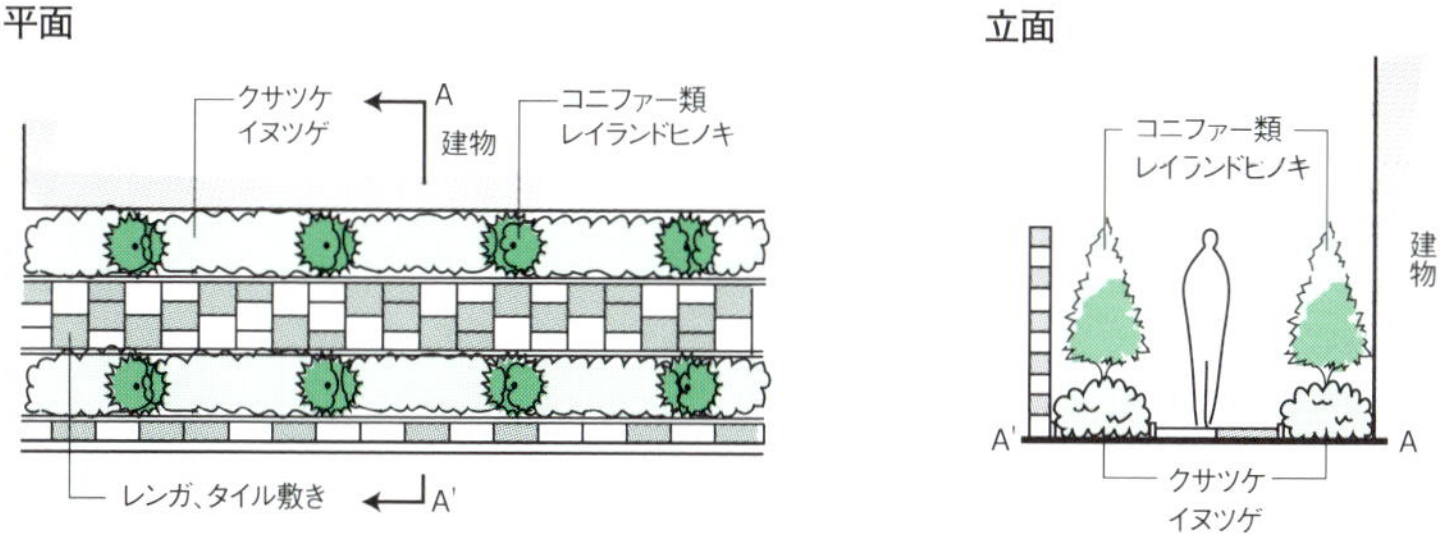
平面
立面
クサツゲ
イヌツゲ
A
建物
コニファー類
レイランドヒノキ
レンガ、タイル敷き
A'
コニファー類
レイランドヒノキ
建物
A'
A
クサツゲ
イヌツゲ

③雑木の園路　雑木の園路は野趣に富んだイメージの樹木［138 ～ 139頁参照］を選んで配植する

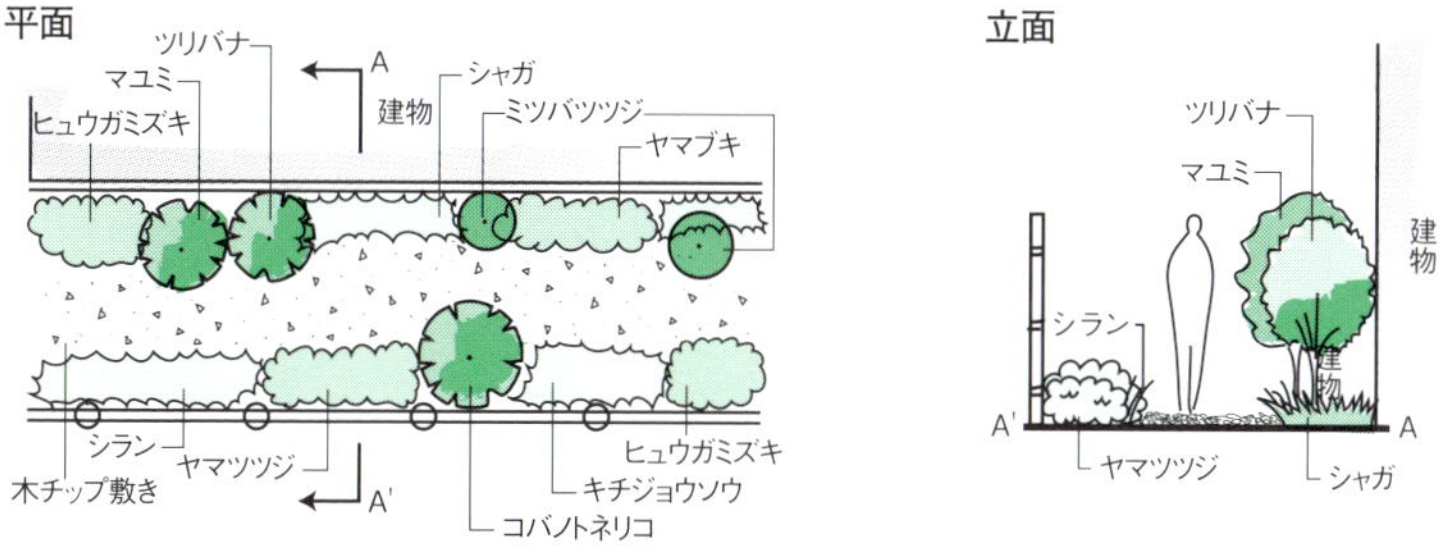
平面
立面
ツリバナ
マユミ
ヒュウガミズキ
A
建物
シャガ
ミツバツツジ
ヤマブキ
シラン
木チップ敷き
ヤマツツジ
A'
ヒュウガミズキ
キチジョウソウ
コバノトネリコ
ツリバナ
マユミ
建物
シラン
A'
A
ヤマツツジ
シャガ

園路に向く代表的な樹種

庭の種類	高木・中木	低木・地被
和風	アカマツ、アラカシ、イヌマキ、ウバメガシ、エゴノキ、カイズカイブキ、カエデ類（イロハモミジ）、カナメモチ、ガマズミ、キンモクセイ、シラカシ、ソヨゴ、ツバキ類、マンサク、モッコク	ウツギ、ササ類、シャリンバイ、ツツジ類（キリシマツツジ、サツキツツジ、ドウダンツツジ）、ヒサカキ、ヒメウツギ、ヤブラン、ヤマブキ
洋風	コニファー類（セイヨウイチイ、ニオイヒバ、レイランドヒノキ）	イヌツゲ、クサツゲ、セイヨウヒイラギ
雑木	エゴノキ、コバノトネリコ、キブシ、クロモジ、ダンコウバイ、ツリバナ、マユミ、ムラサキシキブ、ヤマボウシ、リョウブ	キチジョウソウ、ササ類、シャガ、シラン、ツツジ類（ミツバツツジ、ヤマツツジ）、ヒュウガミズキ

03 中庭・坪庭の植栽

中庭は奥まった部屋に通風や採光をもたらし、住環境を改善する重要な機能をもちます。人の出入りがあり、生活と密着した空間になりますから、日照や風をコントロールする役割をもつ植栽が向いています。たとえば、中庭に落《らく》葉広葉樹《ようこうようじゅ》の中木《ちゅうぼく》を植栽すると、夏は葉が室内への日射を防ぎ、冬は落葉して日照を確保できるので、室内の温熱環境をある程度、調整することができます【図1】。

植栽樹には、1本か株立《かぶだ》ちで形よくまとまるコブシやヤマボウシ、カツラ、カエデ類などの中庸樹《ちゅうようじゅ》がよいでしょう。切花としても使える目立つ花が咲く花木《かぼく》や、実が収穫できる樹木を数株ずつ、室内から花を楽しめるように植栽すれば、中庭がより明るくなります。実を収穫できる樹木は、単木では実が付きづらいので、数本ずつ植えます。スペースが狭く、日当たりも悪いときは、ゲッケイジュやサンショウなどを植えるとよいでしょう。

坪庭のデザイン

規模の小さい坪庭は、開口部から見える景色で完結するようにまとめます。樹木の高さを屋内の天井高以下に、緑の量が開口部の面積の半分以下くらいに納まるように配植《はいしょく》します。1本でも形になるような樹木を数点植えると、景色としてまとまりが出ます。あまり多くの樹木を植えると、通風や採光の面でもマイナスで、樹木に虫や病気がつきやすく、不衛生な空間になります【図2】。

植栽樹は、日陰や湿気の多い環境を好む樹木を選びます。カクレミやツバキ、サザンカなどの常緑広葉樹《じょうりょくこうようじゅ》は日照が乏しくても生長《せいちょう》でき、小ぶりで形をつけやすいので、坪庭に向いた樹木です。形がまとまるコハウチワカエデ、タムケヤマなどのカエデ類も向いています。

景色のアクセントに、葉の形が特徴的なヤツデやヒイラギナンテン、葉の模様や色に変化があるナンテンやフイリアオキなどを取り入れてもよいでしょう。

中庭は生活動線を意識して、コンテナや鉢植えが基本。坪庭は景色としてまとめます

[図1] 中庭の植栽の注意点

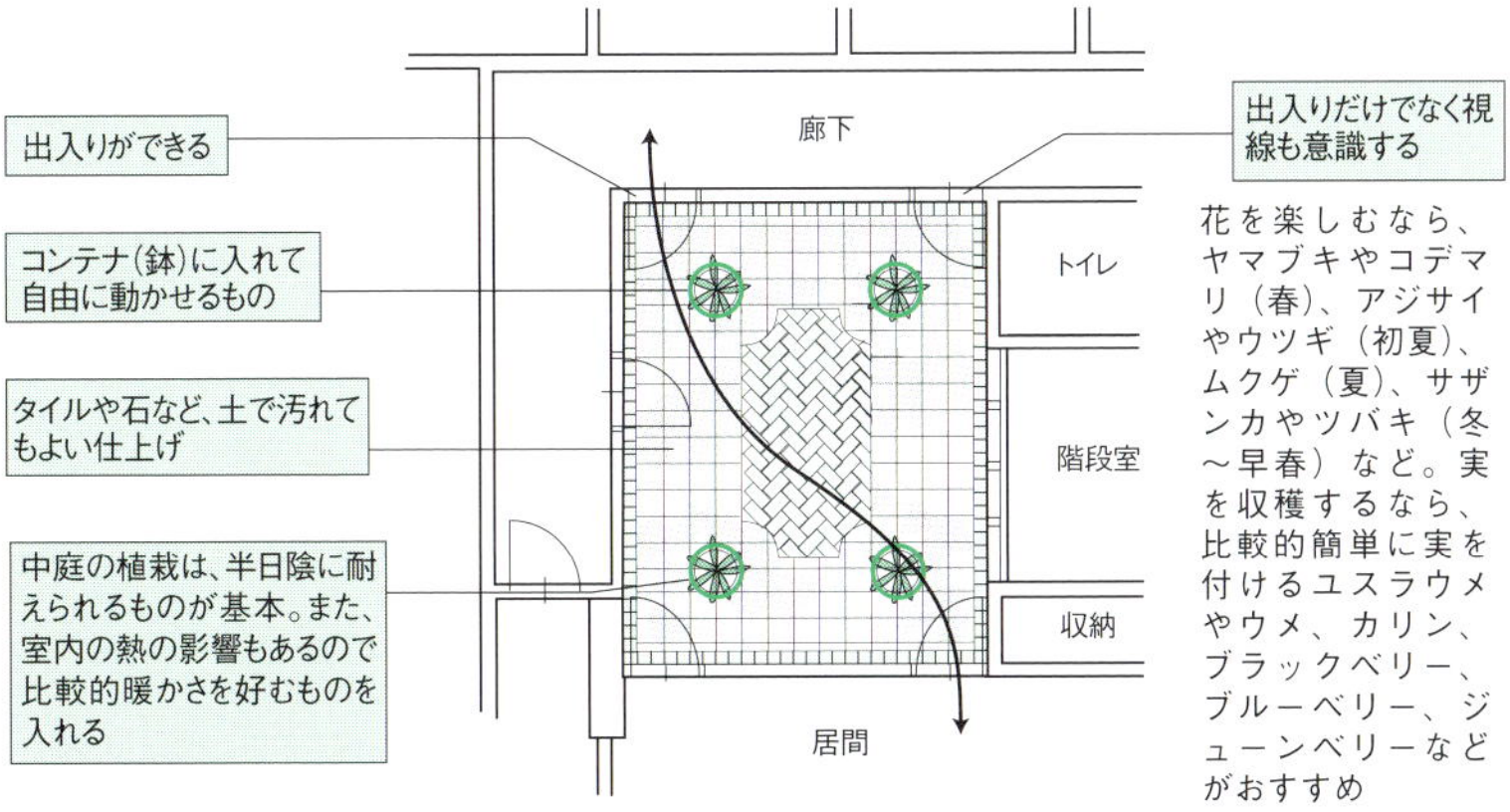
出入りができる
コンテナ(鉢)に入れて自由に動かせるもの
タイルや石など、土で汚れてもよい仕上げ
中庭の植栽は、半日陰に耐えられるものが基本。また、室内の熱の影響もあるので比較的暖かさを好むものを入れる
廊下
居間
トイレ
階段室
収納
出入りだけでなく視線も意識する
花を楽しむなら、ヤマブキやコデマリ（春）、アジサイやウツギ（初夏）、ムクゲ（夏）、サザンカやツバキ（冬～早春）など。実を収穫するなら、比較的簡単に実を付けるユスラウメやウメ、カリン、ブラックベリー、ブルーベリー、ジューンベリーなどがおすすめ

中庭に合う樹木（コンテナに向く小ぶりな樹木、小ぶりに剪定できる樹木）

	常緑樹	落葉樹
高木・中木	アスナロ、イチイ、イヌマキ、コノテガシワ、ゴヨウマツ、シマナンヨウスギ、タギョウショウ、ニオイヒバ、アラカシ、イヌツゲ、オリーブ、キンカン、ゲッケイジュ、サカキ、サザンカ、シマトネリコ、シラカシ、ソヨゴ、ナツミカン、ハイノキ、ピラカンサ、フェイジョア、マサキ、ヤツデ、ヤブツバキ	ウメ、ウメモドキ、エゴノキ、オトコヨウゾメ、ガマズミ、コハウチワカエデ、コバノトネリコ、サンシュユ、シコンノボタン、シデコブシ、シモクレン、ニワトコ、ハナカイドウ、ハナミズキ、ヒメリンゴ、ブッドレア、マメザクラ、ムラサキシキブ、ヤマボウシ、リョウブ
低木・地被	アオキ、アセビ、カンツバキ、キリシマツツジ、キンシバイ、クチナシ、クルメツツジ、サツキツツジ、シャリンバイ、セイヨウバクチノキ、センリョウ、チャノキ、ナンテン、ネズミモチ、ハクサンボク、ハマヒサカキ、ヒイラギナンテン、ヒカゲツツジ、ヒサカキ、ヒラドツツジ、ローズマリー、アカンサス、アガパンサス、キチジョウソウ、コクリュウ、シャガ、テイカカズラ、ハラン、フイリヤブラン、フッキソウ、ヘデラ類、マンリョウ、クリスマスローズ、ヤブコウジ、ヤブラン、リュウノヒゲ	アジサイ、アベリア、ウツギ、ガクアジサイ、コムラサキシキブ、シモツケ、ドウダンツツジ、ハコネウツギ、ヒュウガミズキ、ホザキシモツケ、ミツバツツジ、ヤマブキ、ユキヤナギ、ギボウシ
特殊樹	シュロ、シュロチク、ソテツ、トウジュロ、キッコウチク、シホウチク、ホウライチウ、クロチク、カムロザサ、クマザサ、コグマザサ	–

[図2] 坪庭の配植例

和風の坪庭

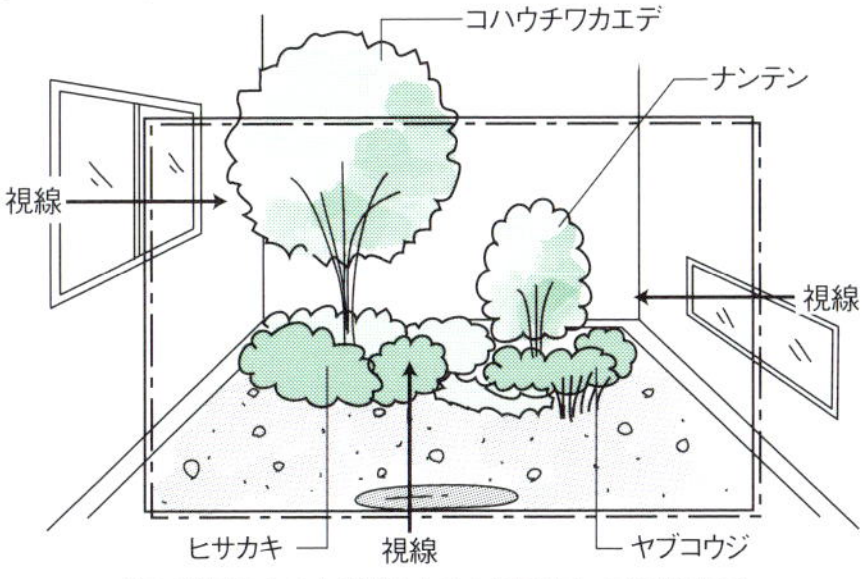
コハウチワカエデ
ナンテン
視線
視線
ヒサカキ
視線
ヤブコウジ

どの部屋から主に観賞するかを想定して配植する

坪庭に向く樹木

高木・中木	アラカシ、エゴノキ、カクレミノ、カエデ類（コハウチワカエデ、タムケヤマ、ノムラモミジ）、サザンカ、ソヨゴ、タケ類、ツバキ類、ナツツバキ、ナンテン、ハナミズキ、ヒメシャラ
低木・地被	アオキ、アベリア、コムラサキシキブ、シャリンバイ、ジンチョウゲ、ニシキギ、ヒイラギナンテン、ヒサカキ、ヤツデ

建物の内装工事後に坪庭をつくる場合、樹木や土の搬入など、室内の養生に手間がかかる。建築工事のタイミングを調整して植栽工事の段取りをする必要がある

04 狭い庭の植栽

面積が小さくても、垂直方向に空間がとれるスペースならば、植栽は可能です。室内から外の景色や緑が見えると、外部空間の広さを感じることができます。敷地に余裕がない都市部の住宅でも、この程度の広さの空間は意外と確保できるもので、植栽スペースとして活用することをおすすめします。

狭いスペースでの植栽では、「生長《せいちょう》が遅く」「剪定《せんてい》しやすい」性質をもつ樹木を選ぶことがポイントとなります。高《こう》木《ぼく》は避け、中木の落葉広葉樹（あるいは図鑑に亜高木《あこうぼく》と書かれているもの）を選びます。葉のボリュームが少なく、サラッとした印象の木姿になるエゴノキやヤマボウシ、ハナミズキなどを1本植栽し、足もとを地被類《ちひ》で覆《おお》うとちょうどよい納まりになります。常緑広葉樹《じょうりょくこうようじゅ》は、葉のボリュームが出すぎて、狭いスペースでは圧迫感が生まれるので避けたほうがよいでしょう【図1】。

スギやヒノキなどの針葉樹《しんようじゅ》は、高さのわりに横幅（葉張《はば》り）が小さいため植栽可能です。ただし、針葉樹には常緑樹が多く、少し圧迫感があるうえ、葉が密に付くため風通しが悪くなります。

特殊樹では、タケ類のモウソウチクやマダケが狭いスペースでの植栽に向いていません。タケ類は生長点（先端）に日が当たり、稈《かん》（茎の部分）には日が当たらないような環境を好みますから、狭い庭での植栽には適していません。ほかの樹種と合わせず、種類も1種類に限定して植えるとすっきり納まります【図2】。

狭い庭に合う園芸種

狭い庭に向く落葉広葉樹でも、生長すると樹高の0.5〜1.0倍くらいの横幅になるので管理には注意が必要です。近年、ケヤキの園芸種の武蔵野シリーズや、モモの園芸種ホウキモモなど、横に広がらない園芸種が流通しているので、これらを使うと狭い空間でもある程度の開放性を確保できます【図3】。

狭いスペースに向く樹種は生長が遅く、剪定しやすいもの。生長が早いタケは例外です

[図1] 狭い庭の配植のポイント

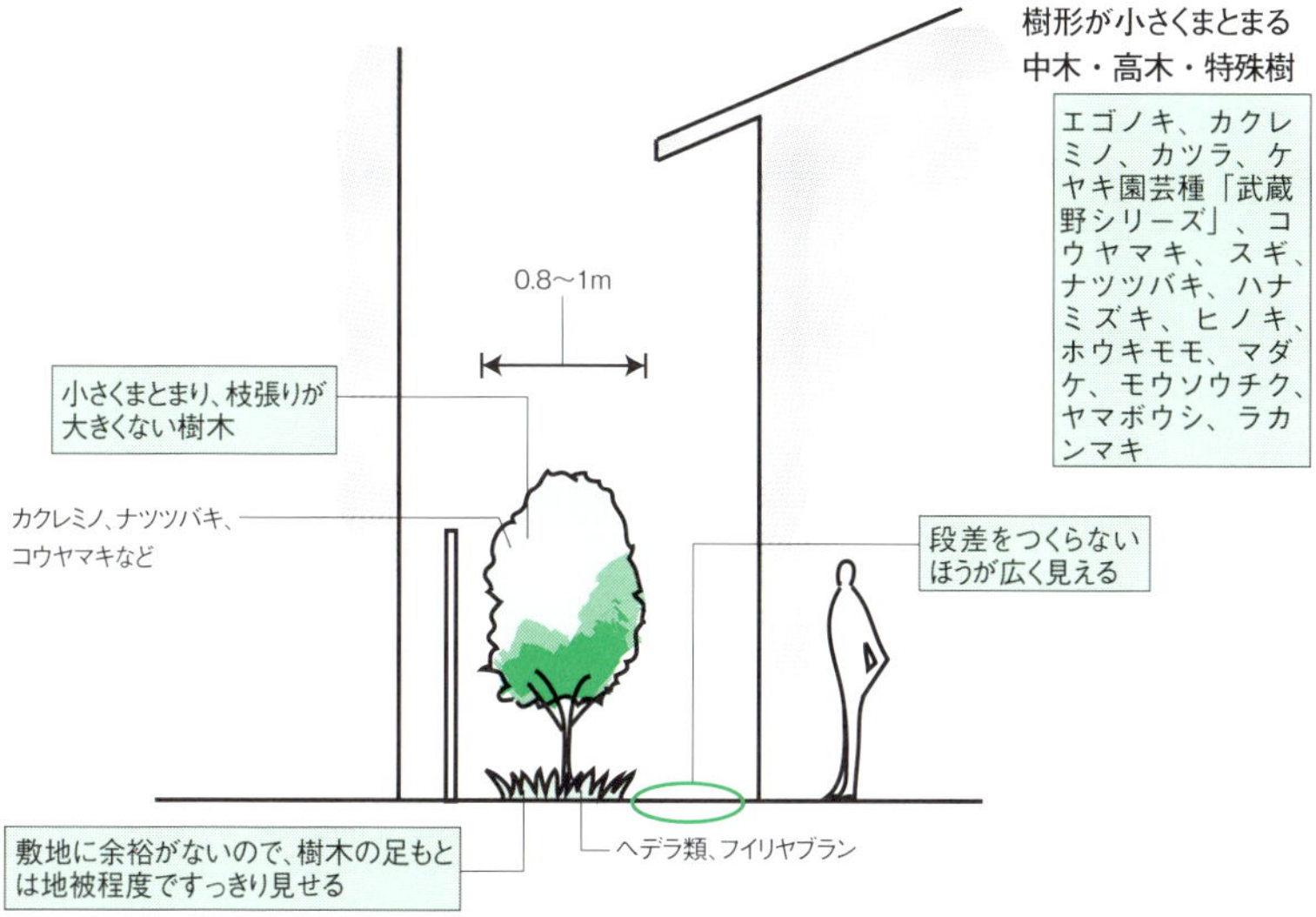
樹形が小さくまとまる
中木・高木・特殊樹
エゴノキ、カクレミノ、カツラ、ケヤキ園芸種「武蔵野シリーズ」、コウヤマキ、スギ、ナツツバキ、ハナミズキ、ヒノキ、ホウキモモ、マダケ、モウソウチク、ヤマボウシ、ラカンマキ
0.8〜1m
小さくまとまり、枝張りが大きくない樹木
カクレミノ、ナツツバキ、コウヤマキなど
段差をつくらないほうが広く見える
敷地に余裕がないので、樹木の足もとは地被程度ですっきり見せる
ヘデラ類、フイリヤブラン

[図2] タケの植栽のポイント

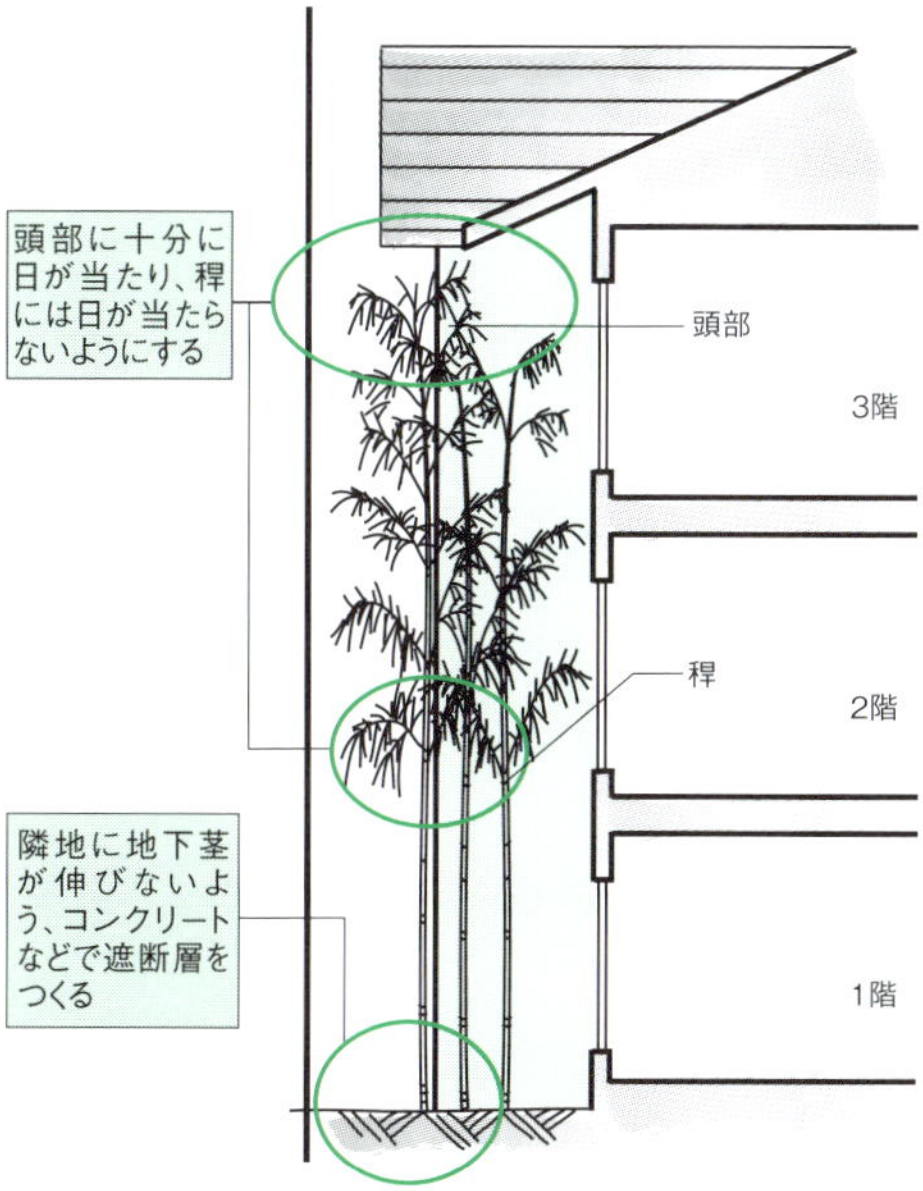
頭部に十分に日が当たり、稈には日が当たらないようにする
頭部
3階
稈
2階
隣地に地下茎が伸びないよう、コンクリートなどで遮断層をつくる
1階

※タケの植栽方法は156〜157頁も参照

[図3] 狭い庭に合う園芸種

ケヤキの園芸種「武蔵野シリーズ」。本来、盃形の樹形をとるケヤキだが、この園芸種はほうき形のすっきりとした樹形になる

モモの園芸種「ホウキモモ」。モモは横に枝が広がりやすいが、ホウキモモは狭楕円形の樹形になる

05 棚・カーポート・駐車場の植栽

つる性植物の棚を緑陰《りょくいん》スペースに

棚はフジのようにつる状に伸びる植物の習性を生かして緑の屋根をつくり、緑陰のもと花や果実を楽しむスタイルです。ベンチやテーブルを置いた休憩スペースやガレージにもできます［図1］。

夏の日除けとして利用する場合は、落葉樹《らくようじゅ》が適しますが、フジやアケビなどは葉に光が当たらないと生育が悪く、枝が棚の上部に広がると、柱に絡んだ部分はほとんど葉が付かなくなります。その点、ムベやキヅタなどの常緑樹《じょうりょくじゅ》は、柱に絡む部分でも葉が展開する習性をもちます。

つる性植物は生長《せいちょう》が早く、植栽密度は5㎡に1株で十分ですが、当初は1㎡に1株でもよいでしょう。日光を求めて上へ伸びるので、ある程度人の手で枝を誘引しないとバランスが悪くなります。

棚の高さは小さな脚立《きゃたつ》で届くくらいを目安にします。桟《さん》の間隔は5㎝くらいがつるが絡みやすく、10㎝を超えると誘引が必要になります。

カーポートの植栽

日当たりがよい場所なら、ナツヅタやフジなどの落葉樹を用いると、明るい印象になります。ブドウやアケビは果実を楽しむこともできます。常緑樹では、カロライナジャスミンやツキヌキニンドウが軽やかな印象になります。日当たりが悪い場合、常緑のムベやキヅタがよいでしょう。

駐車場の植栽

駐車場も、車のタイヤが当たるところや、乗降場所以外に20㎝程度のスペースを確保すれば、植栽が可能です。樹種は、低木《ていぼく》、草木《そうぼく》、地被《ちひ》から車の使用状況を考慮して選びます。夜にしか駐車しない場合は、シバやクローバーなどの草本《そうほん》を植栽することができます。ときどき車を利用する場合は、タマリュウやコグマザサなど、日当たりを好まない、丈の低い草本を植栽します。1日中駐車している場合は、植栽を避けます［図2］。

[図1] 棚・カーポートの植栽のポイント

棚の植栽

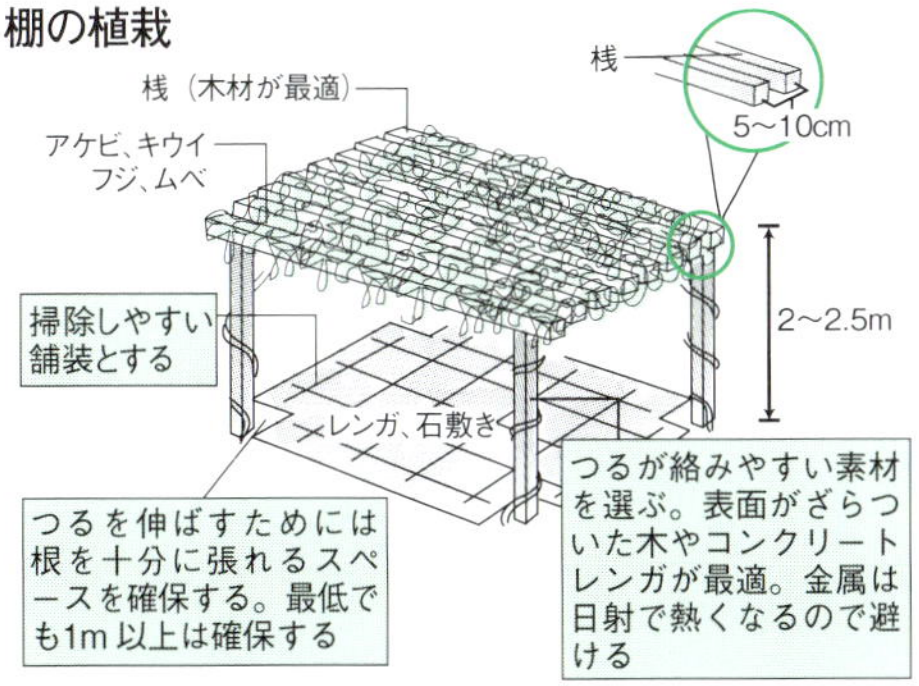

カーポートの植栽

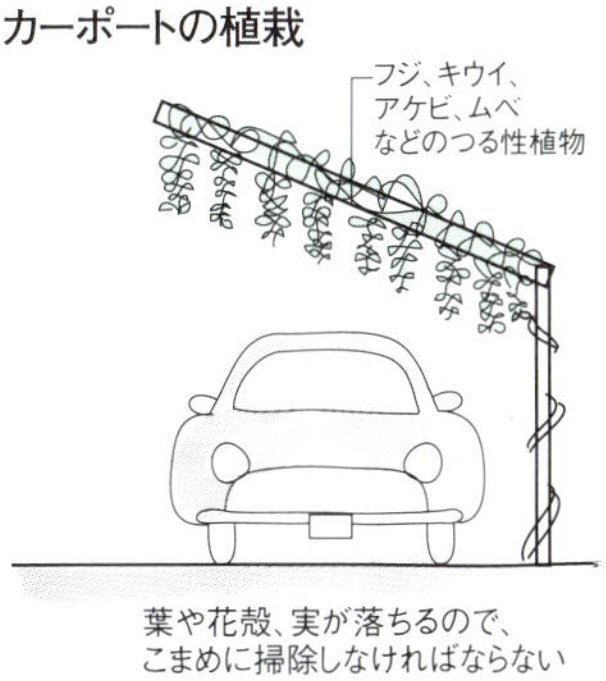

棚に向く代表的な樹種

	常緑樹	落葉樹
花を楽しむ	カロライナジャスミン、ツキヌキニンドウ、ハゴロモジャスミン、ルリマツリ 暑いところでは以下のもの アラマンダ、アリアケカズラ、ブーゲンビリア、ベンガルヤハズカズラ、モミジバヒルガオ	キングサリ、クレマチス、ジャケツイバラ、ツルバラ類、トケイソウ、ナツユキカズラ、ノウゼンカズラ、フジ、ルコウソウ
実を楽しむ	キウイ、ビナンカズラ、ムベ	アケビ、ツルウメモドキ、ニガウリ、ヒョウタン、フウセンカズラ、ブラックベリー、ブドウ、ヘチマ
緑陰を楽しむ	キヅタ、ハトスヘデラ、西洋キヅタ（ヘデラ）類	―

[図2] 駐車場の植栽のポイント

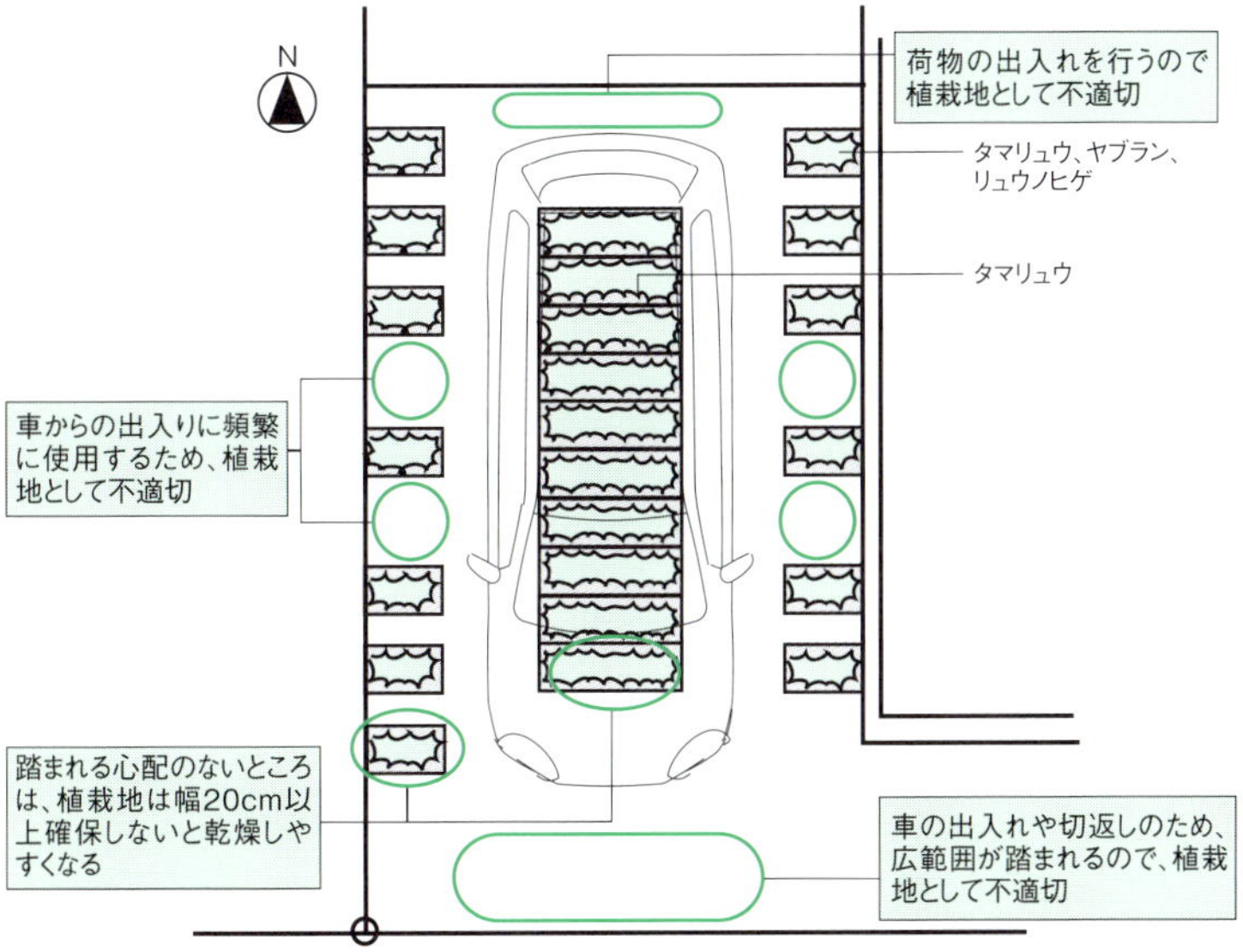

06 生垣《いけがき》の植栽

樹木でつくる境界

道路や隣地との境界部分に生垣をつくる場合は、樹木を30～100㎝間隔くらいで、比較的密栽させます。通常は、樹種を統一しますが、樹種の選択に際しては、サザンカやヤブツバキを使った「花を楽しめる生垣」や、ニシキギやベニカナメモチなど「紅葉が楽しめる生垣」のようにテーマを与えると面白いでしょう。

カイズカイブキなどの常緑針葉樹《じょうりょくしんようじゅ》を用いれば、目隠し効果を高めることもできます。メギやヒイラギモクセイなど、葉や枝にトゲがあるような樹種を選べば、人の侵入を躊躇《ちゅうちょ》させることができ、防犯の面からも効果的です。

生垣は低木《ていぼく》をそのまま並べた高さ50㎝のものから、5mくらいの高垣まで、さまざまな高さで仕立てることができます。区切りをつける程度ならば高さ1.2m以下でまとめます。視線を遮《さえぎ》りたい場合は1.5～2mくらい、人の乗り越えを防止するためには2m以上、寒風を防ぐ場合には3m以上の高さが欲しいところです。植栽ピッチは樹木の根張り（根を張る広さ）や枝張りをもとに検討します【図1】。

緑の景観づくりのために生垣を奨励している自治体もあります。生垣の作成に対する補助金制度もあるので、工事前に役所に相談してみるとよいでしょう。

つる性植物でつくるフェンスの生垣

敷地に余裕がなく、緑地の幅があまり取れない場合は、ネットフェンスを立て、つる性植物を絡ませることで比較的薄い生垣状の境界をつくることができます。

つる性植物は、カロライナジャスミンやスイカズラ、ヘデラ類など、つるが絡むタイプを選びます【図2】。ネットフェンスは目が細かいほどつるが絡まりやすく、ネットの目が50㎜角以上になる場合は、人の手で誘引《ゆういん》しないとつるがうまく絡まない場合があります。また、日当たりのよい側面は葉がよく繁るため、ある程度生長した後でも、適宜、誘引・剪定《せんてい》が必要になります。

[図1] 生垣の植栽のポイント

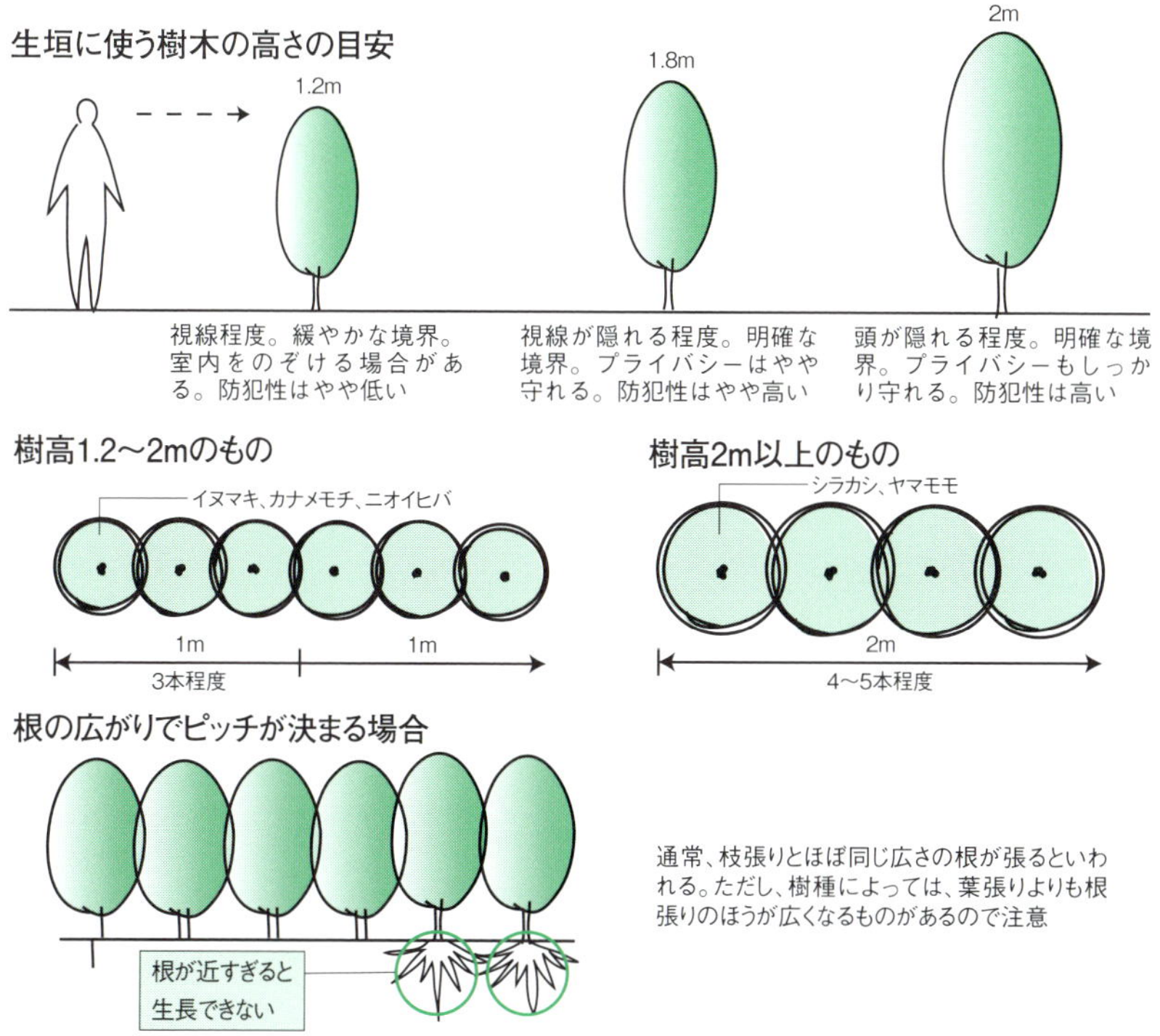
生垣に使う樹木の高さの目安
1.2m
1.8m
2m
視線程度。緩やかな境界。室内をのぞける場合がある。防犯性はやや低い
視線が隠れる程度。明確な境界。プライバシーはやや守れる。防犯性はやや高い
頭が隠れる程度。明確な境界。プライバシーもしっかり守れる。防犯性は高い
樹高1.2～2mのもの
イヌマキ、カナメモチ、ニオイヒバ
1m
1m
3本程度
樹高2m以上のもの
シラカシ、ヤマモモ
2m
4～5本程度
根の広がりでピッチが決まる場合
根が近すぎると
生長できない
通常、枝張りとほぼ同じ広さの根が張るといわれる。ただし、樹種によっては、葉張りよりも根張りのほうが広くなるものがあるので注意

[図2] フェンスの生垣

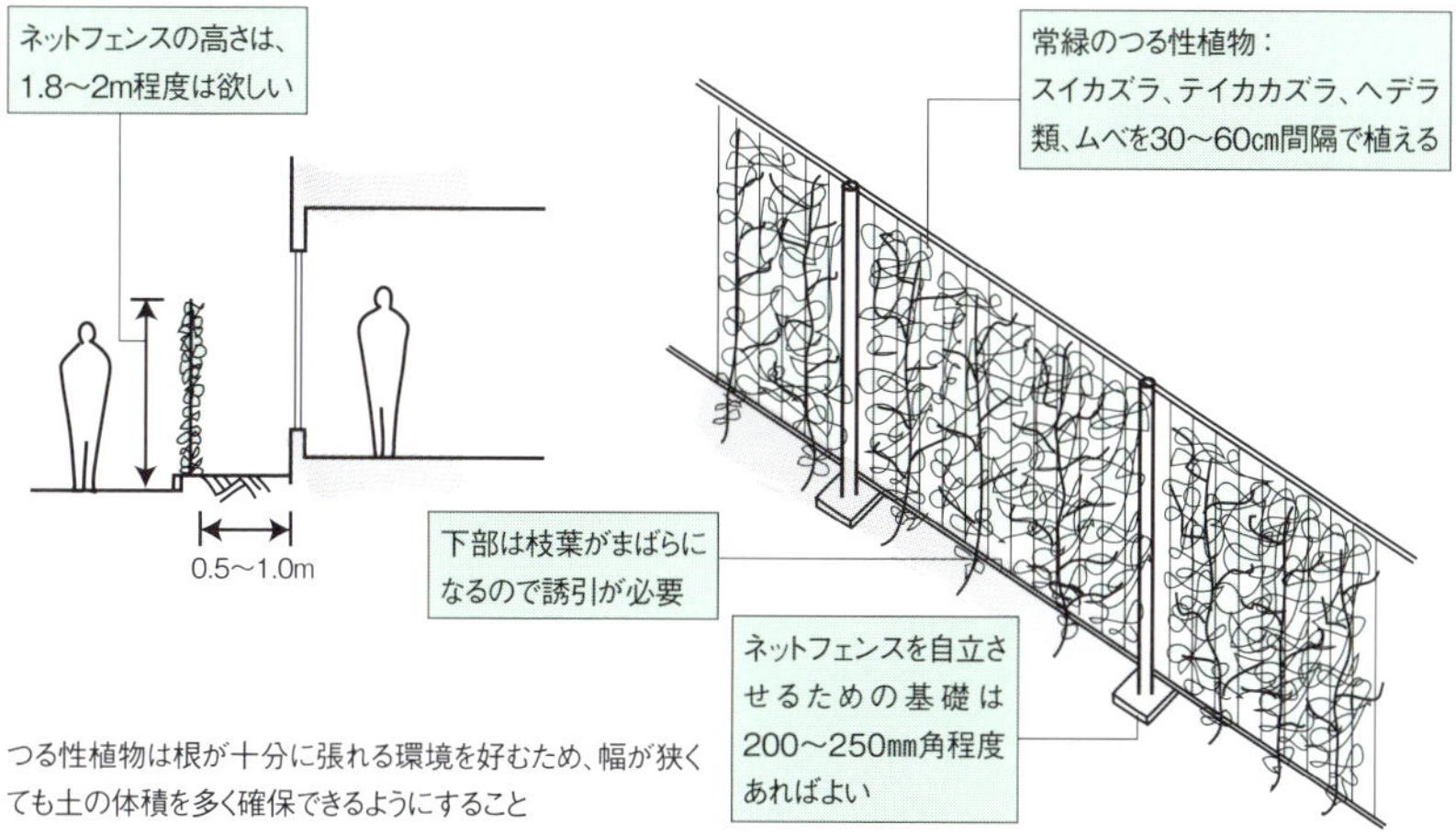
ネットフェンスの高さは、
1.8～2m程度は欲しい
0.5～1.0m
常緑のつる性植物：
スイカズラ、テイカカズラ、ヘデラ類、ムベを30～60㎝間隔で植える
下部は枝葉がまばらに
なるので誘引が必要
ネットフェンスを自立させるための基礎は
200～250㎜角程度
あればよい
つる性植物は根が十分に張れる環境を好むため、幅が狭くても土の体積を多く確保できるようにすること

07 緩やかに仕切るオープン外《がい》構《こう》

広い空間を意識

オープン外構とは、道路沿いに塀《へい》を立て、街との接触を断つような空間づくりではなく、生垣《いけがき》や庭木を植栽することによって、街並みに対して緑の景観を与え、なおかつ庭も魅力にあふれている、そんな空間のことです。

生垣の幅を比較的広めに確保できればオープン外構にすることができます。しかし、道路と敷地の高さが同じレベルの場合、道路に面している部屋は通行人に見られる心配があります。その部分は、1.5～2mくらいの常緑樹《じょうりょくじゅ》を植栽するとよいでしょう。壁の部分やあまり人との目線が合わないところは、低木《ていぼく》や落葉樹《らくようじゅ》でつくるようにすると、表情のある外構植栽になります。樹木の下部30cmほどは、密に葉や枝がないので、小さな動物などが侵入してくることもありますから、低木《ていぼく》や地被《ちひ》でしっかりガードします。

広いスペースを確保できる場合は、土塁《どるい》（マウンド）のように土を盛れば、動物や水の浸入を防ぐと同時に、植栽によって緑の柔らかいエッジをつくることができます【図1】。

土の法面《のりめん》を生かす

道路と敷地に高低差がある場合は、その段差をコンクリートやブロックで覆《おお》うのではなく、土の法面をつくり、緑でまとめるとよいでしょう。傾斜が45度くらいであればシバや地被類も植栽可能です。また、自然石を数個積んで、その間に土を入れ、小さな低木や地被を入れると柔らかいイメージになります。

法面や石積みは日がよく当たる南面や西面では乾燥しやすいので、夏季を考え、タイムやマツバギクなど乾燥に強い植物を用いるか、頻繁に水遣《みずや》りを行います。たくさんの種類を入れると雑多な印象を与えます。特に低木や地被類は、1m範囲には同じものを植えるようにしたほうがよいでしょう【図2】。

オープン外構は柔らかに閉じることを意識。窓がない部分は開放的に演出します

[図1] オープン外構の樹木の高さ

通常のオープン外構の場合

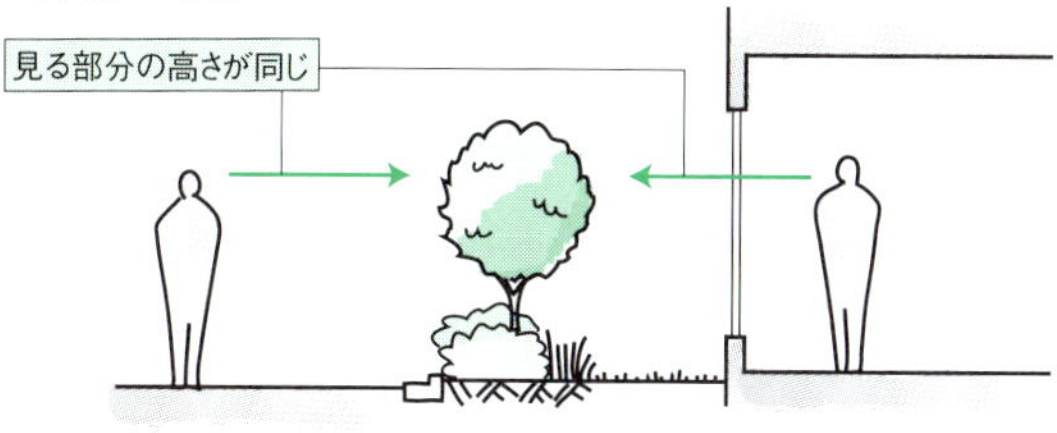
見る部分の高さが同じ

1.8m程度の樹木を中心に植栽すると視線が緩やかに遮断できる。ただし、視線は最も緑のボリュームがあるところに集まりやすいので、室内と外部の視線が重なる場合もある

土盛りを活用したオープン外構の場合

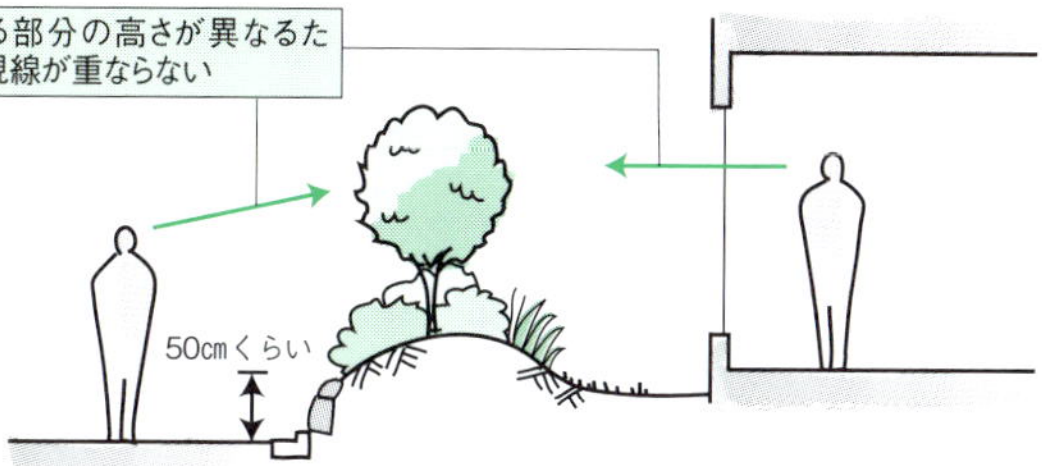
見る部分の高さが異なるため視線が重ならない
50cmくらい

土盛りして0.5～1mほど植栽地を持ち上げることで、室内と外部で樹木の目に留まりやすい部分の高さが異なるようになり、視線が交差しづらくなる

[図2] オープン外構の配植例

立面

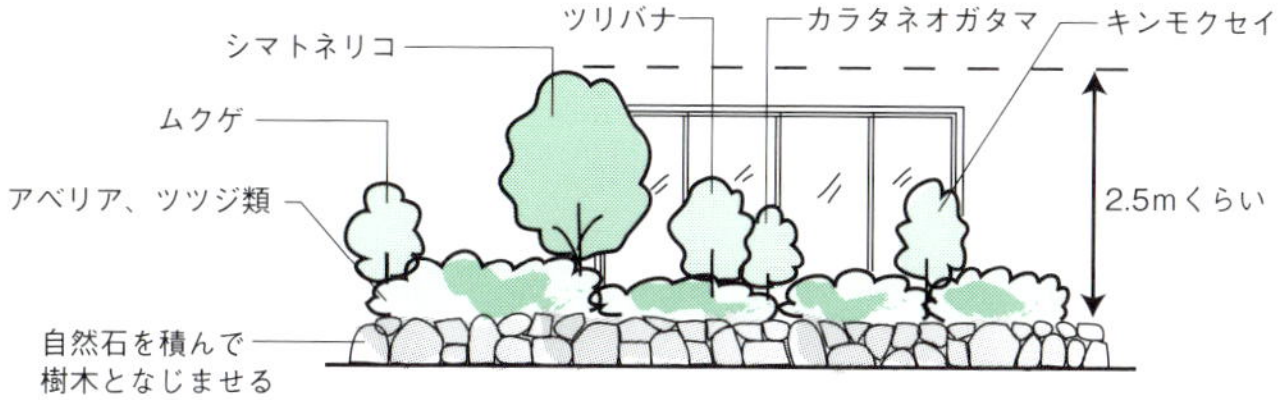
シマトネリコ
ツリバナ
カラタネオガタマ
キンモクセイ
ムクゲ
アベリア、ツツジ類
2.5mくらい
自然石を積んで
樹木となじませる

平面

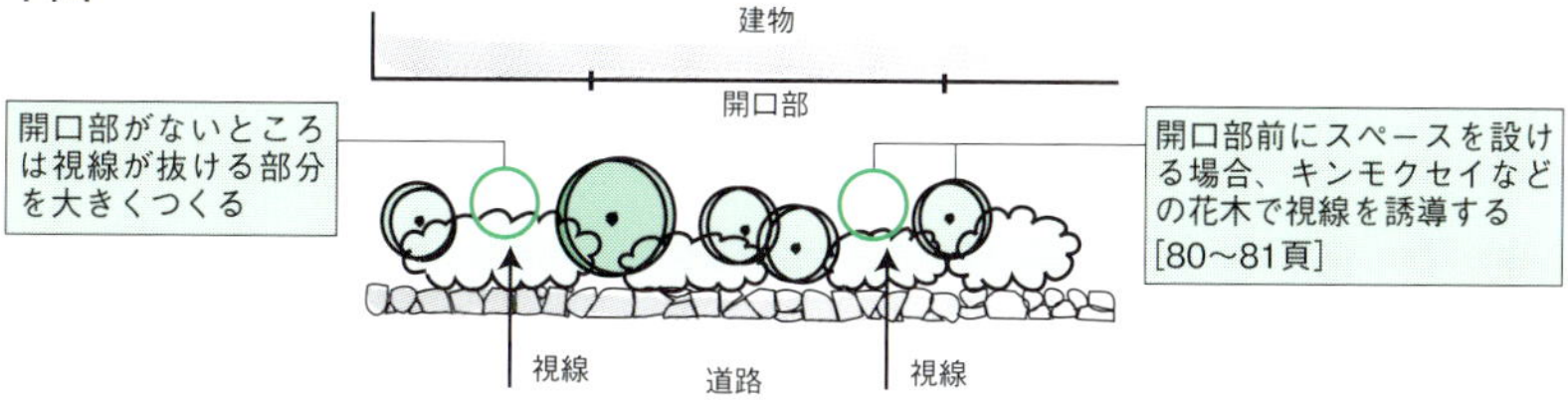
建物
開口部
開口部がないところは視線が抜ける部分を大きくつくる
開口部前にスペースを設ける場合、キンモクセイなどの花木で視線を誘導する
[80～81頁]
視線
道路
視線

08 ベランダの植栽・浴室から楽しむ植栽

ベランダ・デッキは土の乾燥に注意

植物を直接植えられないベランダやデッキなどでは、植木鉢（コンテナ、ポット）を利用したり、床面に花壇をつくるなどして植栽を行います【図1】。

鉢植えや花壇は限られた空間なので、根が深く張らない、小ぶりな樹木や草本《そうほん》をうまく活用します。土の量も少なく、乾燥を避けるために、水遣《みずや》りを頻繁に行う必要があります。オリーブや柑橘《かんきつ》類、ローズマリーなど、乾燥を好むものを用いると水遣りの手間を減らせるでしょう。

樹木は直接触れ合わないように配置し、日当たりと風通しをよくします。強風が吹く高層階では、葉の薄いタイプの樹木は避け、鉢が転倒しないようにしっかり固定するようにします。

鉢選びはインテリアのテイストに合わせ、和室なら木製、陶器、磁器質のもの、洋風であれば素焼きの鉢などを選びます。鉢は棚やスタンドを使って立体的に置くと、豊かな空間づくりにも役立ちます。

バスコートは湿度を好む樹種で

浴室の開口部から楽しめるバスコートは、浴槽につかったときや風呂のイスに腰掛けたときの目の高さを意識しながら、小さな景色をつくるように植栽します。

樹姿がすべて視界に収まるように、樹高は2m程度に抑えます。高さの強弱をつけて広さを感じられるように、1mくらいの樹木に地被《ちひ》などを合わせ、緑のボリュームをつくります【図2】。

浴室廻りは湿気が溜りやすくなるので、湿度を好むカエデやタケ、ヤブランなどの地被が向いています。日当りが悪ければ、常緑広葉樹《じょうりょくこうようじゅ》が環境的に適しますが、湿気が溜らないように数は控えめに、枝葉の少ないものを、葉が茂らないうちに剪定《せんてい》して、風通しをよくします。

浴室から出入り可能なバスコートを設ける場合は、浴室内が土で汚れないようにデッキにするとよいでしょう。鉢やコンテナは、デッキが腐ったり変色したりしないように、水受け皿の上に置きます。

[図1] ベランダ・デッキの植栽のポイント

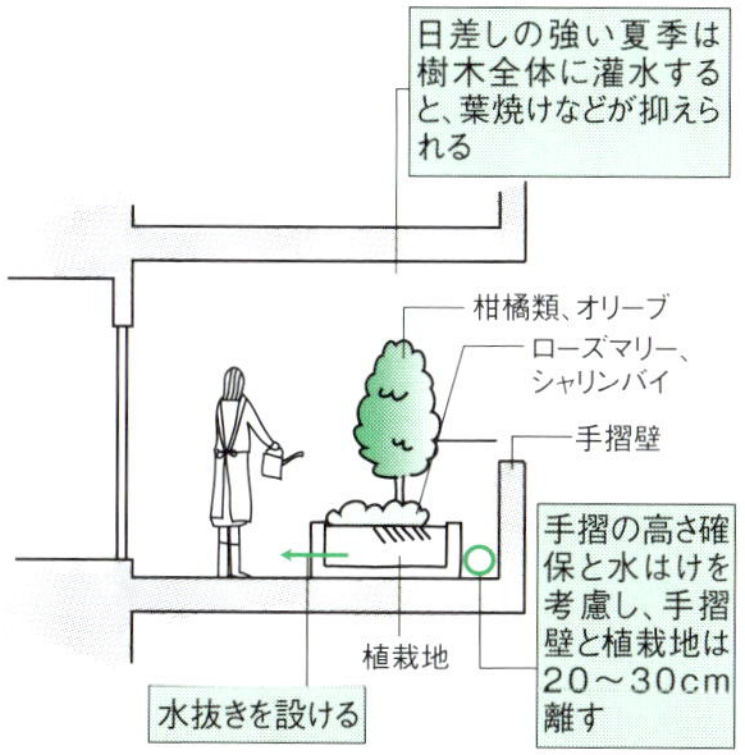
ベランダの植栽の基本
日差しの強い夏季は樹木全体に灌水すると、葉焼けなどが抑えられる
柑橘類、オリーブ
ローズマリー、シャリンバイ
手摺壁
手摺の高さ確保と水はけを考慮し、手摺壁と植栽地は20〜30cm離す
植栽地
水抜きを設ける

ベランダ・デッキの植栽は植木鉢やコンテナが基本。植栽に適した樹種は103頁参照

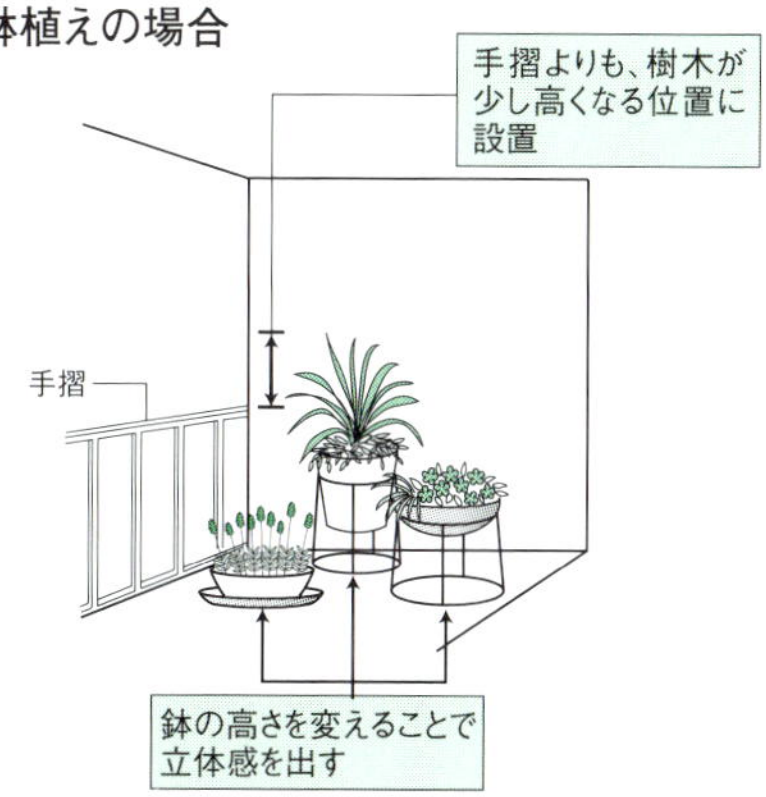
鉢植えの場合
手摺よりも、樹木が少し高くなる位置に設置
手摺
鉢の高さを変えることで立体感を出す

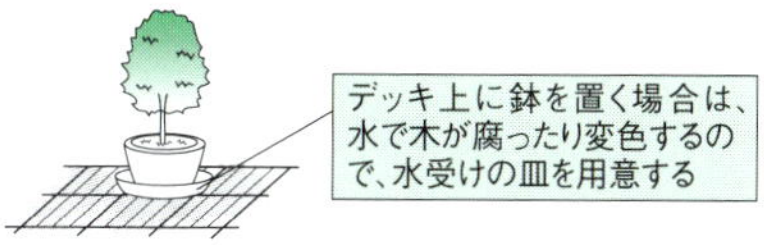
デッキの場合
デッキ上に鉢を置く場合は、水で木が腐ったり変色するので、水受けの皿を用意する

[図2] バスコートの植栽のポイント

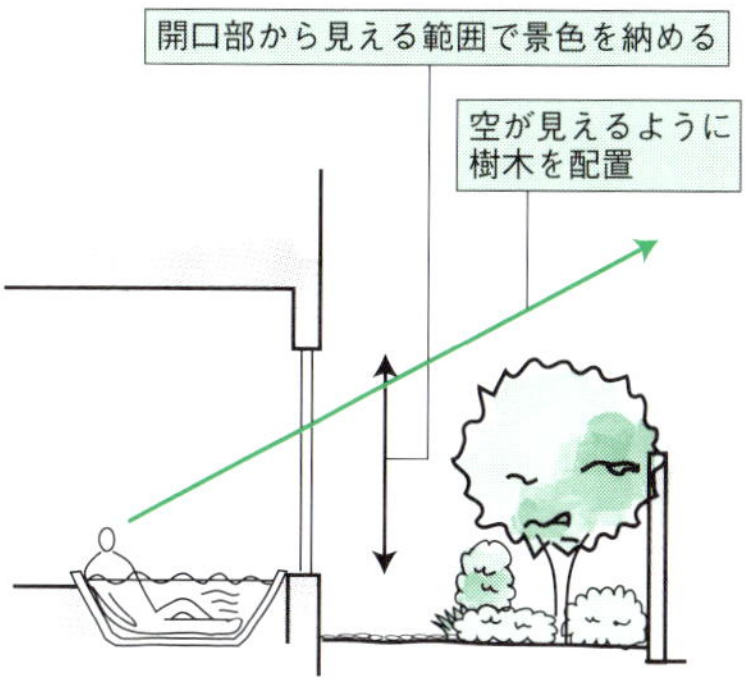
断面（A—A'）
開口部から見える範囲で景色を納める
空が見えるように樹木を配置

窓からの眺めに庭の景色が納まるように、ボリュームを抑える

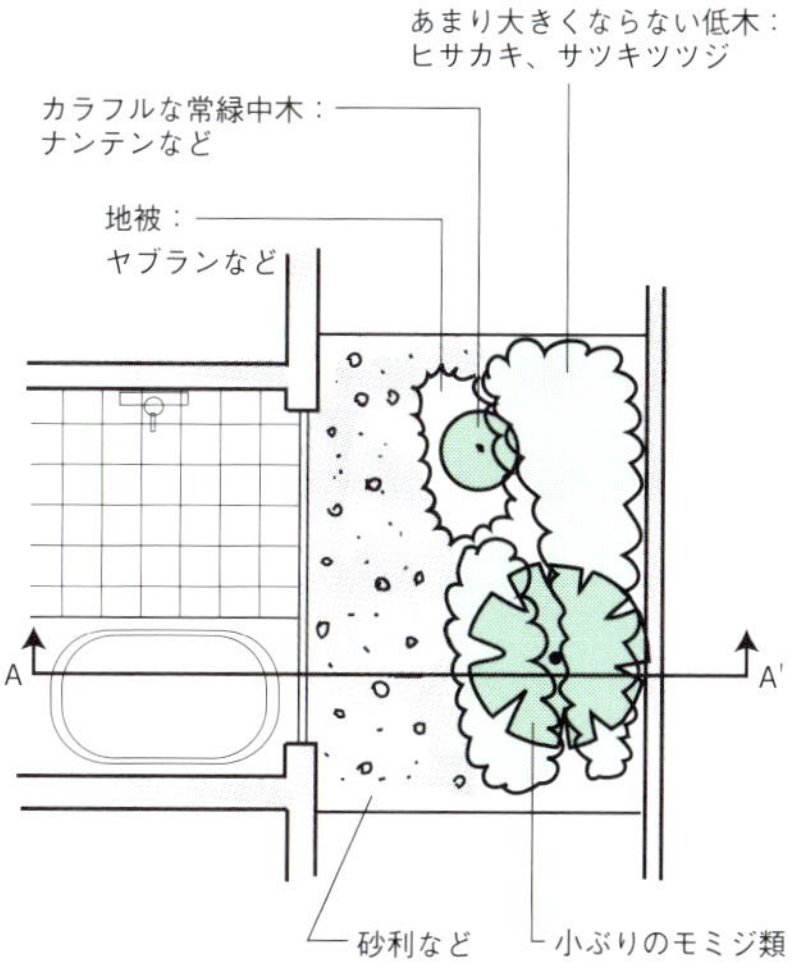
平面
あまり大きくならない低木：ヒサカキ、サツキツツジ
カラフルな常緑中木：ナンテンなど
地被：ヤブランなど
A
A'
砂利など
小ぶりのモミジ類

09 屋上の緑化

建物の構造を確認する

屋上に緑を植栽すると、建物の断熱効果と同時に、水分の蒸散作用から周囲の冷却効果が期待できます。建物の寒暖を緩やかにする省エネルギーと、都市のヒートアイランド化を防ぐ意味で、小規模な建築でもよく行われるようになりました。

屋上緑化を導入するには、まず建物の構造性能を確認します。最も重要なのが、土に対して、建築が耐えられる積《せき》載《さい》荷《か》重《じゅう》です。厚さ10㎝の普通土壌であれば、1㎡当たり約140kg、草花や地被《ちひ》を育てるには20㎝、低木《ていぼく》なら30㎝、3m以上の高木《こうぼく》であれば60㎝以上の土が必要になります。高木を植えると、1㎡の土で800kgを超えるので、建築の構造耐力《たいりょく》を確認する必要があります【図1】。

最近では、普通土壌の1／2～2／3程度の軽い人工土壌が屋上緑化用として開発されています。

屋上緑化に向く植物

屋上は風を受けやすく、乾燥しがちなので、乾燥に強い植物で構成すると管理が楽になります【図2】。

屋上緑化でよく使われるセダム類は乾燥に強く、土壌の厚さをあまり必要としません。しかし、雑草抜きや施肥《せひ》などに手間がかかるうえ、蒸散をあまり行わないため断熱の効果が低く、最近は主流ではなくなりました。

屋上は一般に日当たりと風が強いため、常緑広葉樹《じょうりょくこうようじゅ》が向いています。なかでも乾燥気味の環境でも育つ柑橘《かんきつ》類などの暖地性の果樹をおすすめします。風が当たることによって虫もつきにくくなります。ただし、大きな果実が落ちると危険なので、屋上からはみ出さないように植えます。鳥の食害を防ぐには、ネットや釣り糸などで防護するとよいでしょう。一方、カエデ類などの葉の薄い落葉樹《らくようじゅ》は風に弱いので植栽は避けます。

屋上緑化は土対策と風対策が重要！風に強く乾燥に耐える樹種を選定します

[図1] コンテナ植栽に必要な土の深さ

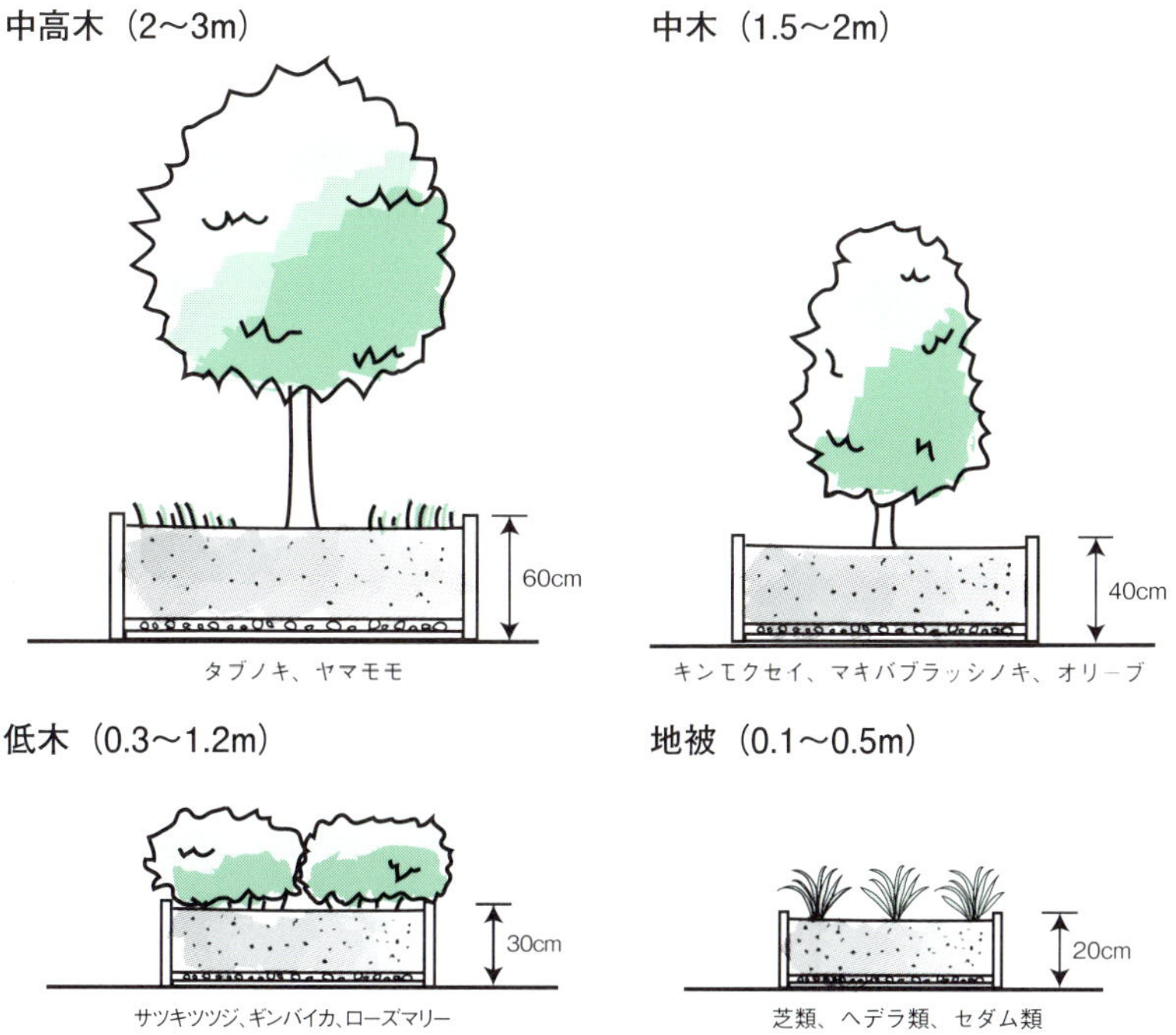
中高木（2〜3m）
60cm
タブノキ、ヤマモモ
中木（1.5〜2m）
40cm
キンモクセイ、マキバブラッシノキ、オリーブ
低木（0.3〜1.2m）
30cm
サツキツツジ、ギンバイカ、ローズマリー
地被（0.1〜0.5m）
20cm
芝類、ヘデラ類、セダム類

[図2] 屋上緑化に向く代表的な樹種・コンテナの設置のポイント

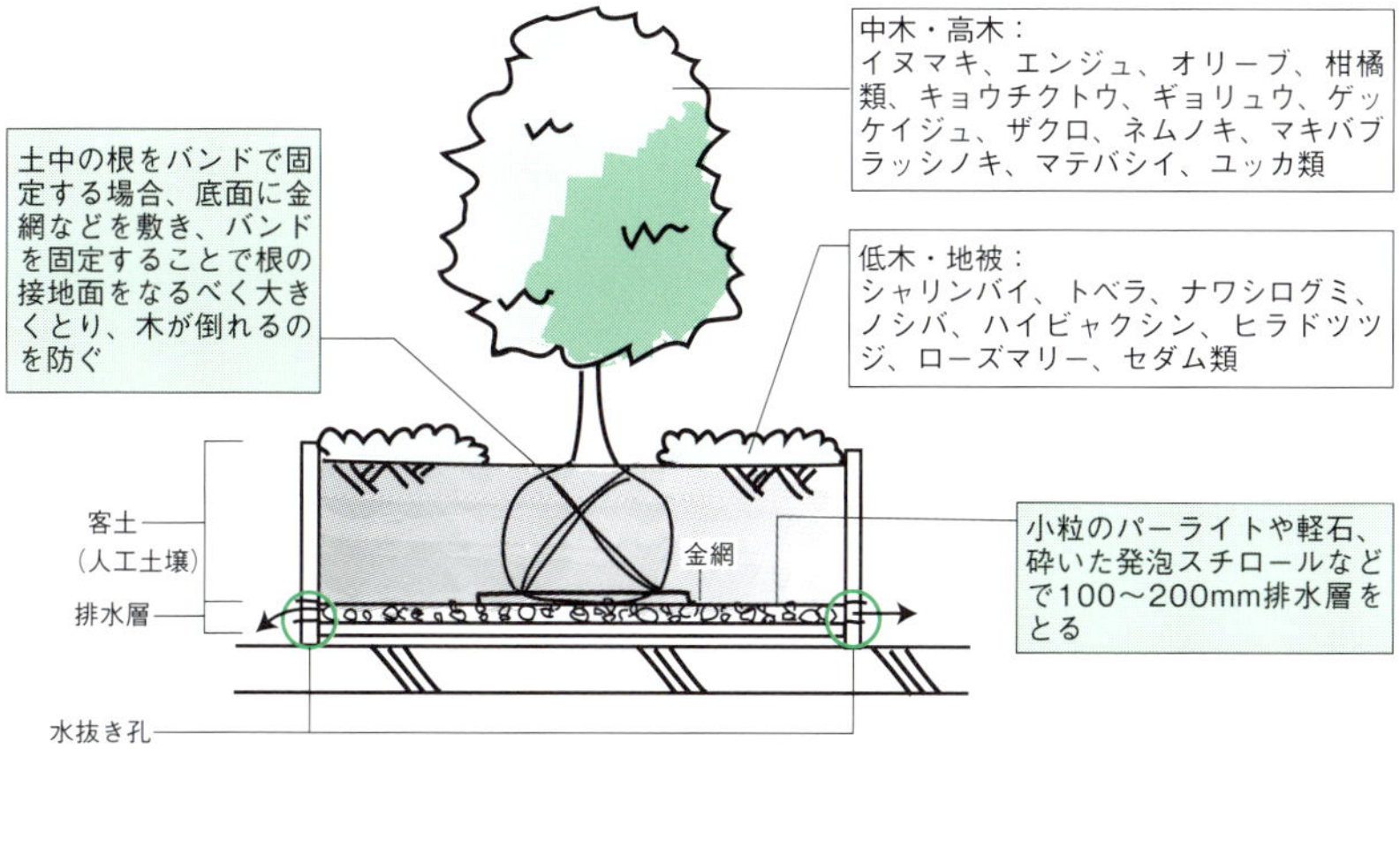
中木・高木：
イヌマキ、エンジュ、オリーブ、柑橘類、キョウチクトウ、ギョリュウ、ゲッケイジュ、ザクロ、ネムノキ、マキバブラッシノキ、マテバシイ、ユッカ類
土中の根をバンドで固定する場合、底面に金網などを敷き、バンドを固定することで根の接地面をなるべく大きくとり、木が倒れるのを防ぐ
低木・地被：
シャリンバイ、トベラ、ナワシログミ、ノシバ、ハイビャクシン、ヒラドツツジ、ローズマリー、セダム類
客土
（人工土壌）
金網
排水層
小粒のパーライトや軽石、砕いた発泡スチロールなどで100〜200mm排水層をとる
水抜き孔

10 壁を緑でおおう

壁面緑化のパターン

壁面緑化は大きく分けて、3つのパターンがあります。地面に植物を植えて下から緑化する方法と、屋上などに植栽して上から緑化する方法。そして、壁面自体に土の代用品を設置して側面植栽する方法です［図1］。

壁に直接植栽する方法と、植栽を上から下ろすパターンは、土の部分が限られて乾燥しやすくなるため、定期的に灌水《かんすい》する設備が必要になります。

灌水設備は、すべての面に水が行き渡るよう、計画的に設置することが大切。とくに、高層建築で、日当たりの条件が場所によって異なる場合は、灌水時間を場所によって調整するとよいでしょう。また、建物の隅部分は風の通り道になっていることが多いため、日当たりが悪くても乾燥しやすいので、注意が必要です。

壁面を下から緑化するケースは、つる性植物がよく使われます。その植物がどのように生長していくかを把握して、フェンスやネットなどの誘引資材を用いるかを検討しましょう［図2］。

壁面緑化に向く植物

壁面の素材によって、つる性植物が勝手に生長するものと、そうでないものがあります。イタビカズラやナツヅタ、ヘデラは壁に吸着しながら生長するため、壁面に多少の凹凸があれば、自力で這っていきます。

一方、フジ、アケビ、スイカズラ、カロライナジャスミンはものに絡んで上っていくので、ネットやワイヤー、フェンスを設置する。資材は市販されているもの以外でも、絡みつくものであればどのような素材でも問題はない。生長する先端の部分は柔らかく弱いので、日が当たっても熱をもたないものを選択するとよいでしょう。

地面からの壁面緑化は土量、屋上や壁面からの緑化は灌水がカギとなります

[図1] 壁面緑化の3パターン

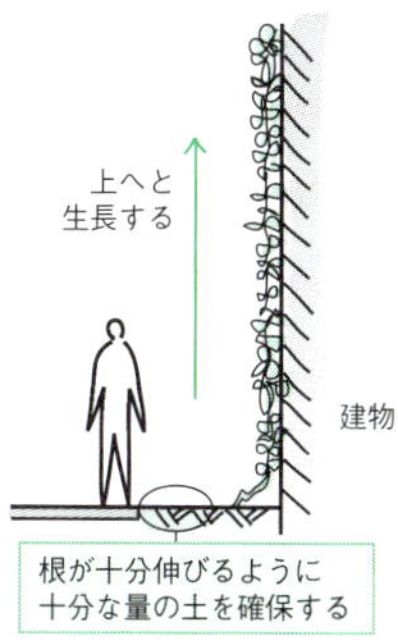
上へと
生長する
建物
根が十分伸びるように
十分な量の土を確保する

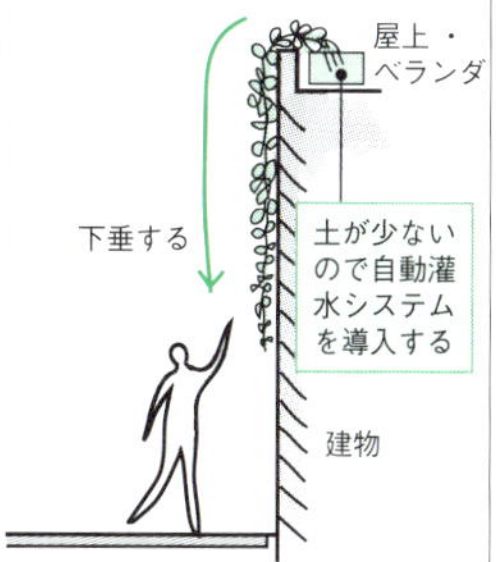
屋上・
ベランダ
下垂する
土が少ない
ので自動灌
水システム
を導入する
建物

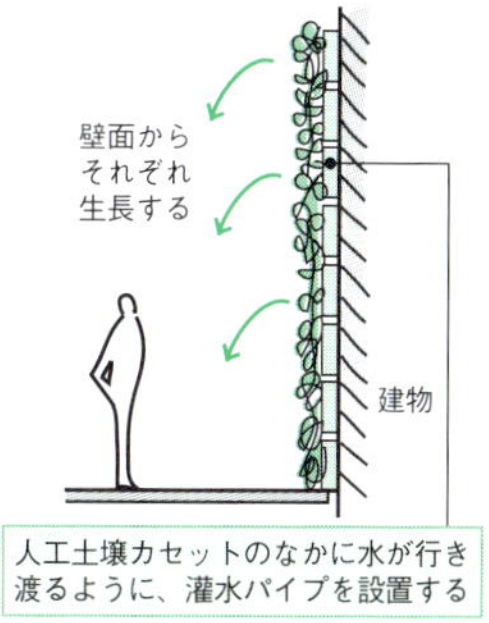
壁面から
それぞれ
生長する
建物
人工土壌カセットのなかに水が行き
渡るように、灌水パイプを設置する

	①地面から上へと緑化	②屋上などから下垂して緑化	③土の代用物を壁面に設置した緑化
緑化のパターン	地面から壁を伝わせて上方へ緑化	屋上やベランダに設置したコンテナから下方に向けて緑化	壁面に設置した代用品(コンテナ、繊維マット)から下方へ緑化
代表的な樹種	アケビ、イタビカズラ、カロライナジャスミン、スイカズラ、テイカカズラ、フジ、ナツヅタ、ヘデラ類	テイカカズラ、ハイビャクシン、ヘデラ類、ワイヤープランツ	イタビカズラ、コケ類、セダム類、タマシダ、ハイビャクシン、ヒューケラ
特徴	・根が十分張れるように植栽地の土を確保する ・樹種によってはフェンスやロープなどの誘引資材が必要	・コンテナや繊維マットによる植栽のため、1株で大面積の緑化はできない ・定期的な灌水が必要 ・あるいは、自動灌水システムを導入する	・小さなコンテナや繊維マットの袋に1株ずつ入れるため、コンテナや袋の広さ以上には植物が育たないため適宜植え替えが必要 ・それぞれのコンテナ、袋部に水が行き渡るように潅水パイプを設置する

[図2] 壁面緑化の事例

ケ・ブランリー美術館(パリ)の壁面緑化(側面植栽)。壁面に植栽基盤となるマットを取り付け、セダム類やコケ類などが植栽されている

maruya gardens
クレモナロープを利用した壁面緑化(鹿児島マルヤガーデンズ)

COLUMN

確実園園芸場

アジサイの知識豊富な園主

1917年、茨城県牛久市で植木屋（植物の生産・販売）からスタートした園芸店。

大きなジョーロの風見が目印のガーデンショップと2haの園内にはアジサイ、フジ、イカリソウ、ツツジの古典品種、水生植物、シダレ品種などを特に多く扱っているほか、ギボウシ、クリスマスローズなどの斑入り品種も揃えています。特にフジには力を入れており、約50品種も揃え、人工交配でよい品種ができないかの試験も行っています。

オーナーの川原田氏はNHK趣味の園芸などで園芸研究家として植物の解説を行っている方です。また、植栽の相談、造園工事・設計・管理なども行っています。

アジサイの原種の「ガクアジサイ」。日本の自生地は伊豆半島や伊豆諸島等太平洋側の海べりなので比較的暑さに耐える

DATA

住所／茨城県牛久市田宮町2-51-35
電話／029-872-0051
開園時間／9：30～16：00
休園日／毎週月曜日（月曜日が祝日の場合はその翌日）、夏季休業あり
入園料／無料

第5章 テーマで考える植栽

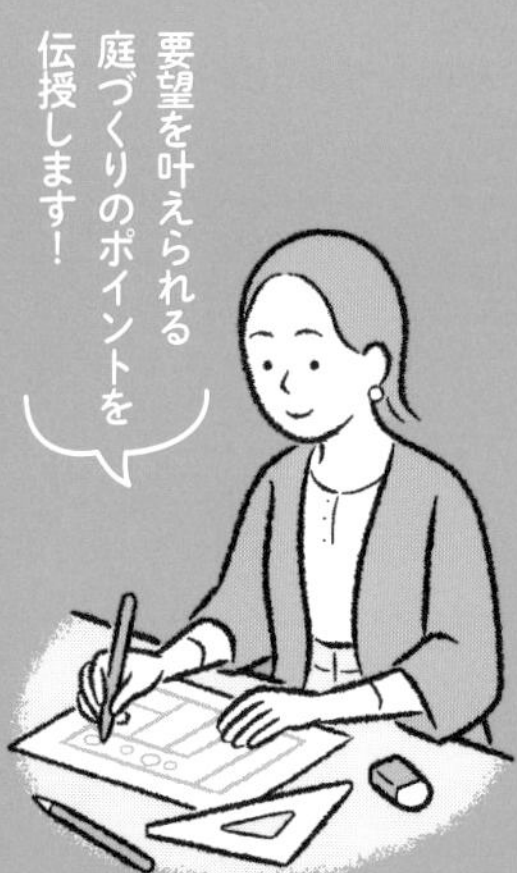
要望を叶えられる
庭づくりのポイントを
伝授します!

01 葉の質感を生かす庭

落葉樹《らくようじゅ》の配置

樹木は落葉樹と常緑樹《じょうりょくじゅ》の2つのタイプに分類できます［34頁参照］。落葉樹は葉の薄いものが多く、常緑樹は葉の厚いものが多くみられます。また、寒い地域に生息しているものほど葉が薄く、夏の日差しが強い地域や、強風が吹く場所に自生《じせい》する樹木ほど葉が厚くなる傾向があります。

これら、葉の厚みによる違いで、明るさや重厚感など、庭全体の雰囲気を演出することができます【図】。

カエデ類やタケ類などの葉が薄いものは、光が透けやすいため、植栽すると軽く明るい印象の庭になります。日差しは、東から南にかけて当たる朝日と、南から西にかけて当たる西日で強さや印象が異なります。柔らかな光を通し、落ち着いた庭をつくるには、西日より朝日が樹木に当たるように配植《はいしょく》すると効果的です。

葉に十分な光を当てるためには株間を50㎝以上設けます。さらに、樹木を見る方向と光が当たる部分を結んだ線上に葉が重ならないように、樹木を植栽することがポイントです。

常緑樹の配置

葉が光を透過しにくい厚い葉のタイプが多い常緑樹は、濃い葉色が強い存在を示すので、静かで落ち着いた空間づくりに向いています。葉の大きさが異なる種類を組み合わせると、リズムが生まれ、濃い葉色でも重すぎず、暑苦しくない空間ができあがります。

常緑樹のなかでも、ヤブツバキやモッコクなど、葉の表面がツヤツヤした革質のもの（照葉樹《しょうようじゅ》）を利用すると、光が反射して明るさが生まれます。太陽光が背後から当たる北側のほか、東側、西側の庭に向くでしょう。スダジイ、アラカシなども照葉樹のカテゴリーに入りますが、葉色が沈みがちでマットな印象になるので、あまり明るさは演出できません。

葉の厚みで雰囲気が変わる！　落葉樹の葉は明るく軽快、常緑樹の葉は濃緑で重厚です

[図] 葉の質感を生かす配植例

配植の基本

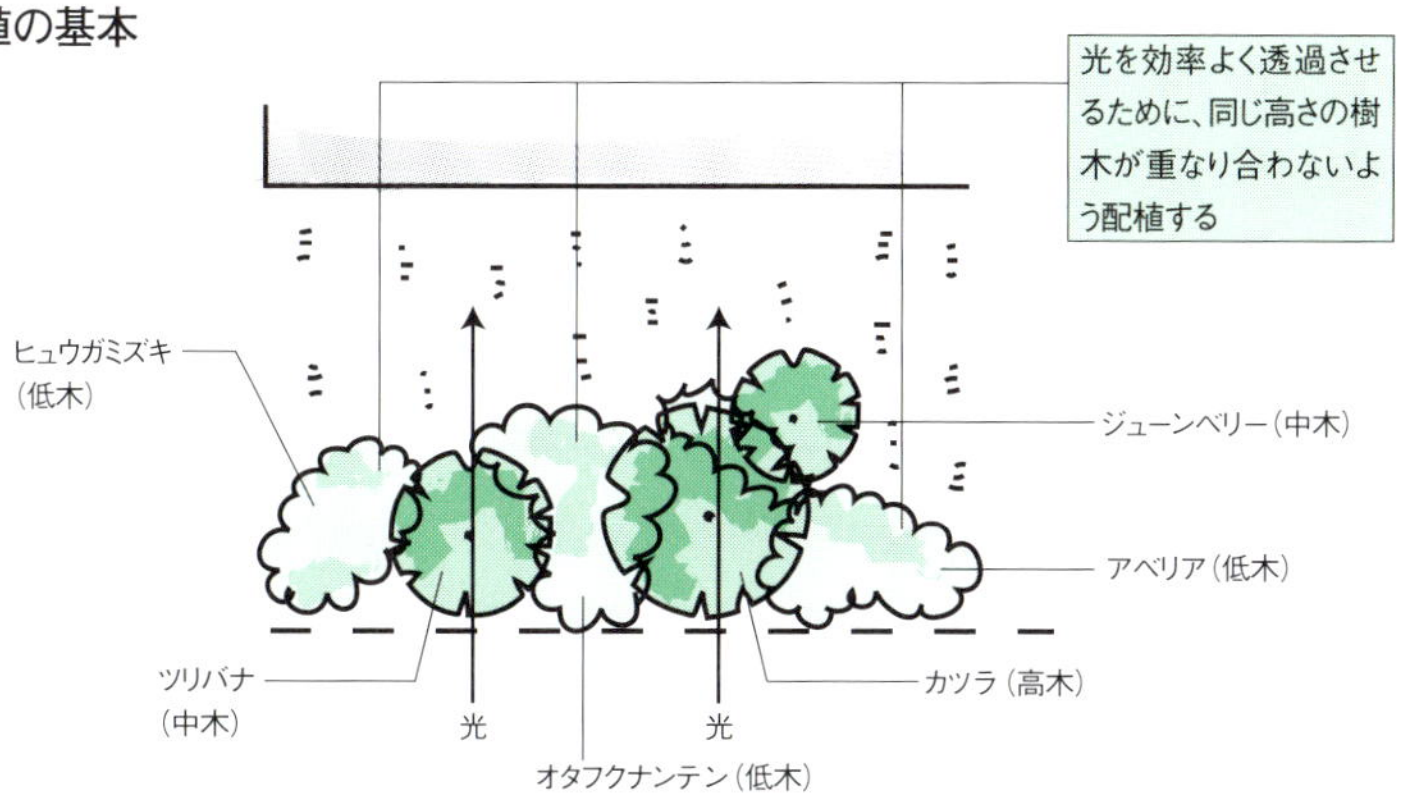
光を効率よく透過させるために、同じ高さの樹木が重なり合わないよう配植する
ヒュウガミズキ（低木）
ジューンベリー（中木）
アベリア（低木）
ツリバナ（中木）
光
光
カツラ（高木）
オタフクナンテン（低木）

東・西・南の庭

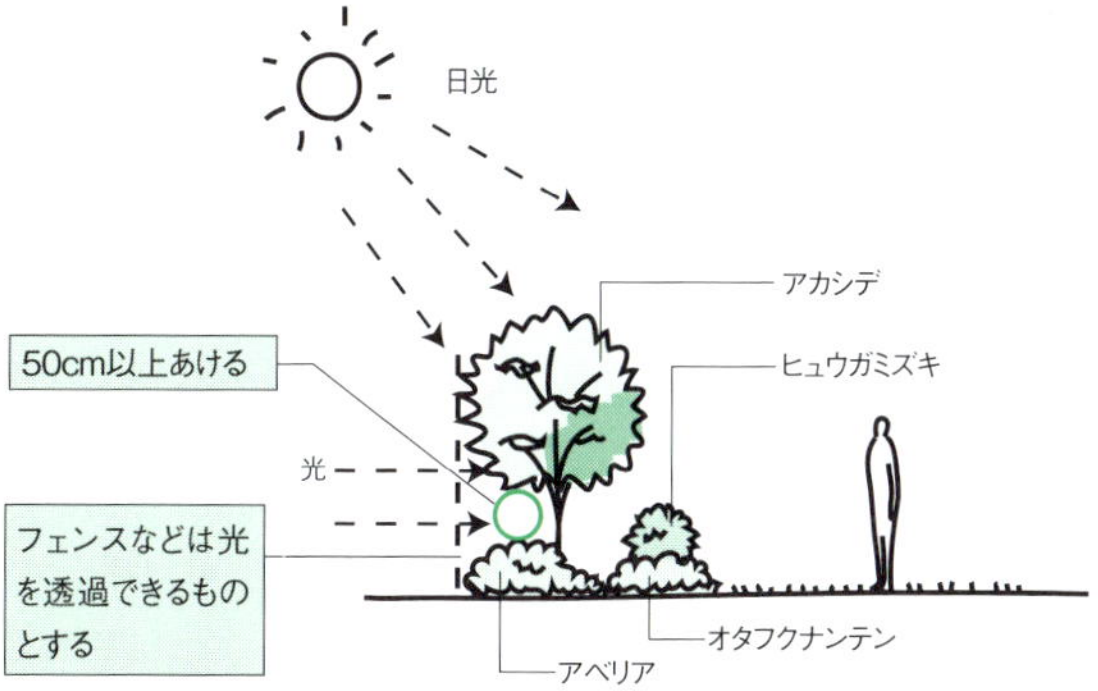
日光
アカシデ
ヒュウガミズキ
50cm以上あける
光
フェンスなどは光を透過できるものとする
オタフクナンテン
アベリア

葉の透明感を効率的に演出するには、光を透過させたい樹木の背後にほかの樹種を植えない。樹木と樹木の間は最低でも50cmの空間をとる

北の庭

北の庭に入れた照葉樹の葉に光が反射するように配植する。十分な日照を得られない場合は、照明などを使う

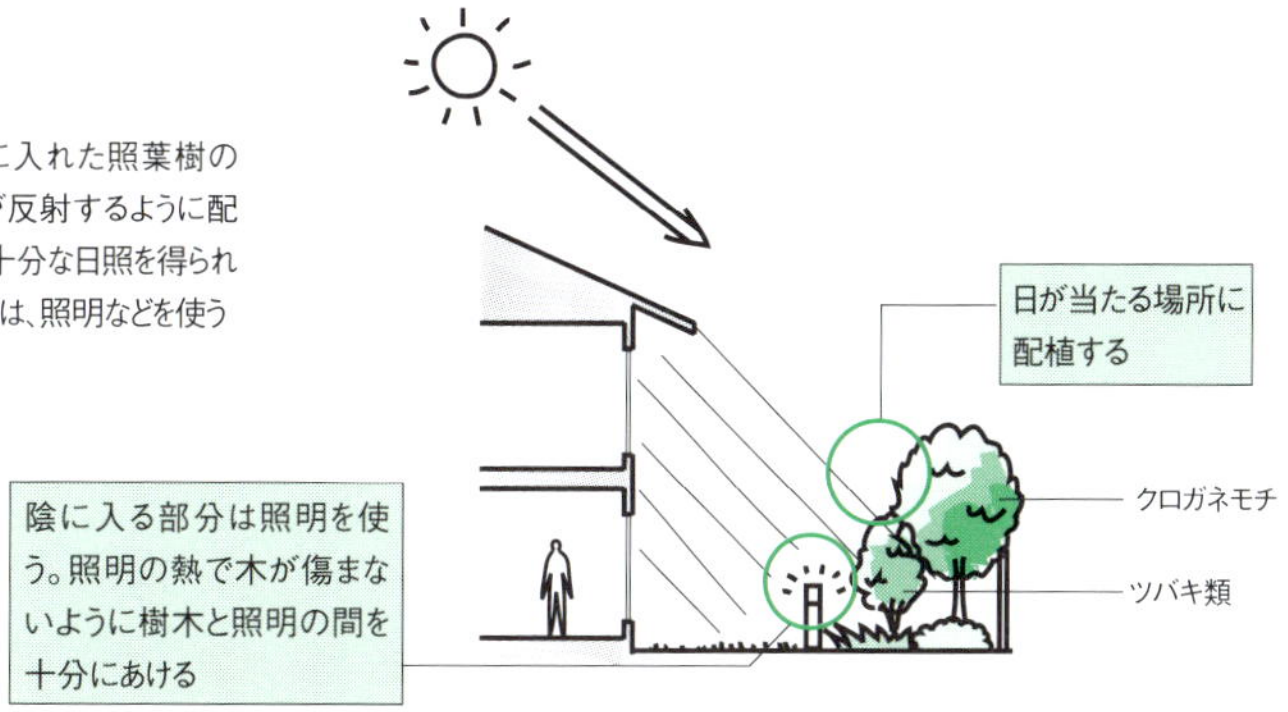
日が当たる場所に配植する
クロガネモチ
ツバキ類
陰に入る部分は照明を使う。照明の熱で木が傷まないように樹木と照明の間を十分にあける

02 紅葉が楽しめる庭

紅葉と落葉の仕組み

日本では、落葉樹《らくようじゅ》は春夏秋冬、四季折々に異なった表情を見せます。

夏に葉緑体《ようりょくたい》によって盛んに光合成《こうごうせい》を行った葉は、寒くなりはじめると紅葉し、やがて落葉します。葉の活動が弱まると、葉の基部（葉柄《ようへい》）［37頁参照］に切れ目が入り、徐々にその切れ目が深くなって葉が落ちます。紅葉は葉の表面でつくられた炭水化物が、切れ目の部分に溜まって変色する現象であるといわれています。切れ目が深くなると水の通路も絶たれるので、乾燥して落葉します。

できるだけ長く美しい紅葉を楽しむには、乾燥があまり進まないような湿度の高い場所に植栽することが重要です。また、昼夜の寒暖差も、きれいに紅葉させるコツ。都会のイロハモミジがきれいに紅葉しないのは、そうした環境にないためです。夜でも暖気や照明が当たり、乾燥しやすい場所では美しく紅葉しないことを覚えておきましょう［図1］。

葉色の濃淡をつける

秋の紅葉は、春の開花期間に比べ長く楽しめます。実際に日本庭園の多くは春の花よりも秋の景色を重要視しています。葉色のタイプは、ニシキギやドウダンツツジなど赤くなる紅葉タイプと、イチョウやカツラなど黄色くなる黄葉タイプに大きく分けられます。

ただし、それぞれに赤茶色、赤銅色、薄黄緑など、微妙な差異があるので、葉色の濃淡をつけると立体的になり、「綾錦《あやにしき》」といわれるような空間に仕上がります。また紅葉をより見映えよくするには、背後に常緑樹《じょうりょくじゅ》を配置すると効果的です［図2］。

紅葉の代表的な樹種はカエデ類ですが、そのなかでも変色するタイプは品種によってさまざまなので、販売会社に確認しておくとよいでしょう。

樹木を美しく紅葉させるには、適度の湿度、寒暖の差がある場所に植栽します

[図1] きれいに紅葉しない環境

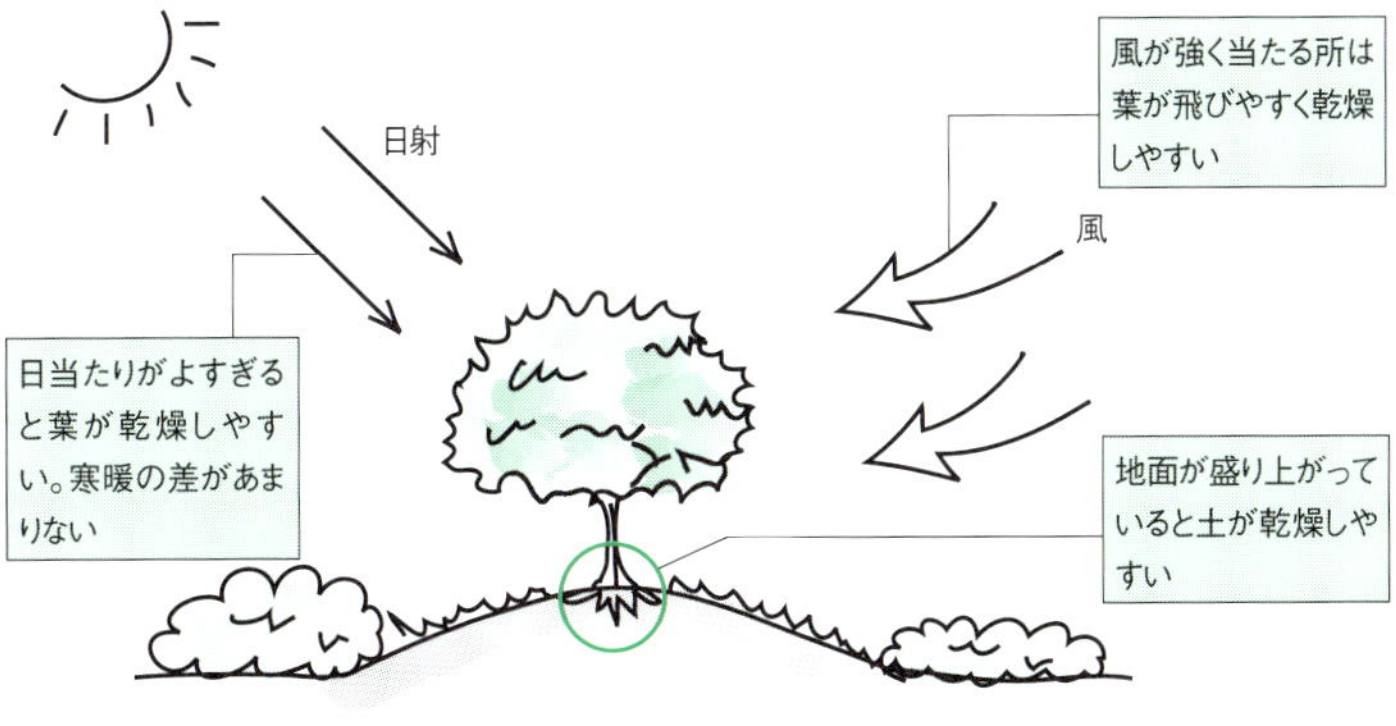
日射
風が強く当たる所は葉が飛びやすく乾燥しやすい
風
日当たりがよすぎると葉が乾燥しやすい。寒暖の差があまりない
地面が盛り上がっていると土が乾燥しやすい

樹木を美しく紅葉させるためには、1日の昼夜の温度差と、土壌の水分が必要。

図のような環境のほか、昼夜を問わず暖気や照明が当たる場所もきれいな紅葉が期待できない

[図2] 紅葉が映える配植例

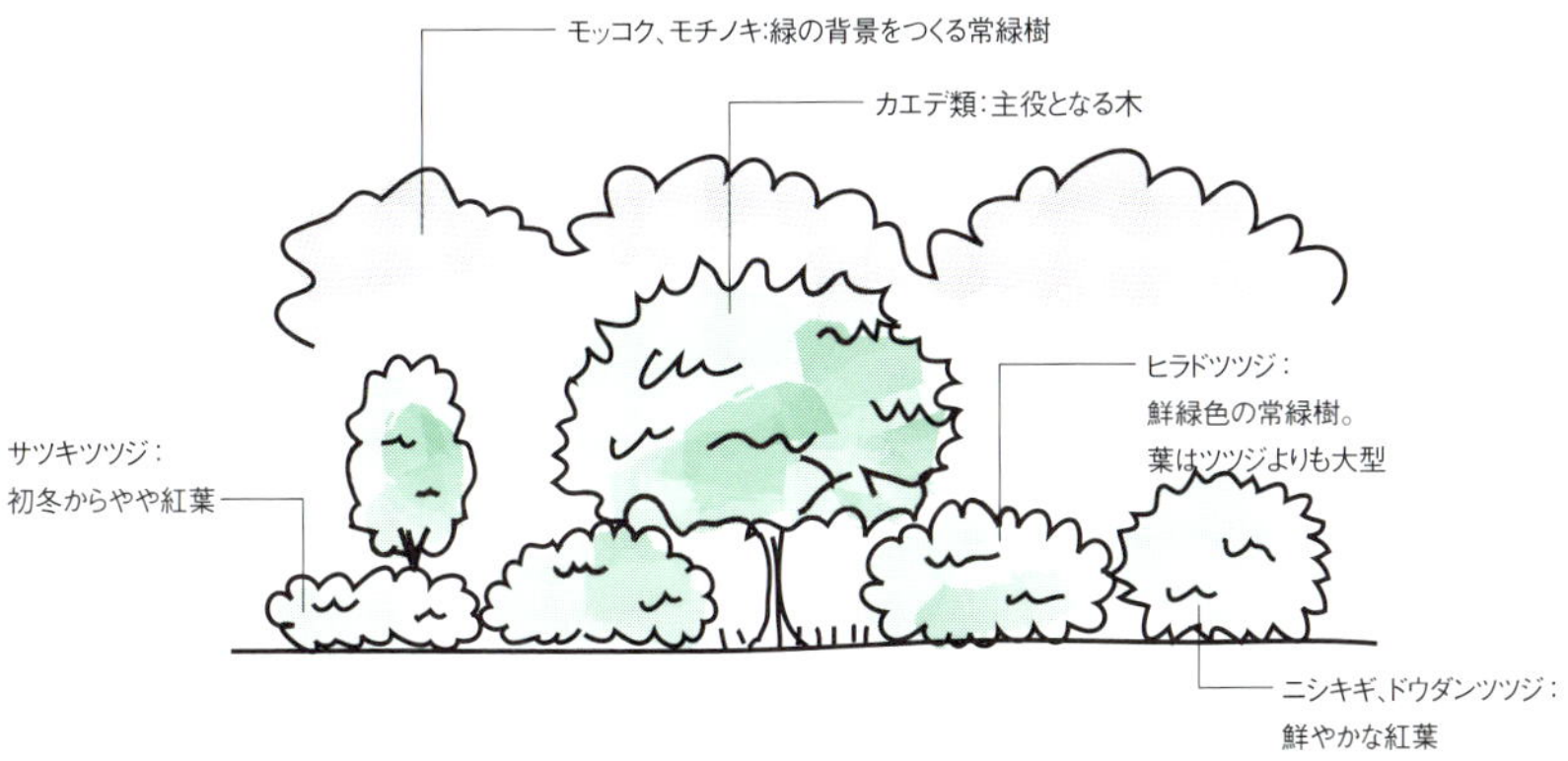
モッコク、モチノキ:緑の背景をつくる常緑樹
カエデ類:主役となる木
ヒラドツツジ:鮮緑色の常緑樹。葉はツツジよりも大型
サツキツツジ:初冬からやや紅葉
ニシキギ、ドウダンツツジ:鮮やかな紅葉

常緑樹などで背後に緑の壁をつくると色の対比で鮮やかに見える

紅・黄葉する樹種

赤色	黄色	赤茶色
イロハモミジ、カキノキ、ナナカマド、ナンキンハゼ、ニシキギ、ハゼノキ、ハナミズキ、メグスリノキ、ヤマモミジ	イタヤカエデ、イチョウ、カツラ、ドロノキ、マンサク	シマサルスベリ、カラマツ、メタセコイア

03 葉や幹《みき》の模様を楽しむ庭

カラーリーフと斑《ふ》入《い》り葉を活かす庭

緑一色の空間のなかに、さまざまな色合いのカラーリーフや斑入り種を上手に取り入れると、たとえ花がなくても、変化に富んだ植栽空間ができます【図1】。

カラーリーフの色の系統は、大きく分けてブルー系、シルバー系、イエロー系、レッド系の4つ。さらに色の濃淡や模様のある種類もあり、白っぽい色の柄が入るものを斑入りといいます。

ヘデラ類は斑の入り方はさまざまで、和洋どちらの庭でも使うことができます。緑が黄色になるグミギルドエッジ、ところどころに赤葉が出るホルトノキやテイカカズラ、白とピンクの斑が出るハツユキカズラなどは、花のようなにぎわいをもたらします。葉の半分が白くなるハンゲショウや、フイリアジサイなどもおすすめです。日当たりの悪い場所では、日陰に強く、斑のバリエーションが多いアオキを利用してもよいでしょう。

葉色や模様によっては病気のように思われることがあるので、植栽する際には建て主への説明を忘れないようにします。

幹肌《みきはだ》を愛《め》でる庭

樹木の幹はたいてい葉に隠れていますが、配置を工夫して、視線をうまく切り取れば庭のデザインに生かすことができます【図2】。色彩的な要素として幹肌を利用できる樹木に、アオキ（緑色）やサンゴミズキ（赤色）などがあります。サルスベリやヒメシャラは、幹にツヤがありオブジェのような見せ方ができます。

幹肌のタイプは多種多様。幹肌が平滑なツバキ類やシラカシ、サカキ、幹肌が縦に裂けるコナラやクヌギ、短冊《たんざく》状に薄く割れが入るシナノキ、横筋が入るヤマザクラ、縦筋が入るイヌシデ、鱗《うろこ》状の代表種はマツで、大木になるほど鱗が大きくなります。斑《まだら》模様があるのはカゴノキやプラタナス、カリンやナツツバキは平滑ですが斑の柄が入ります。シラカバは薄い皮が横にカンナをかけたように剥がれて、個性的な幹肌をもちます。

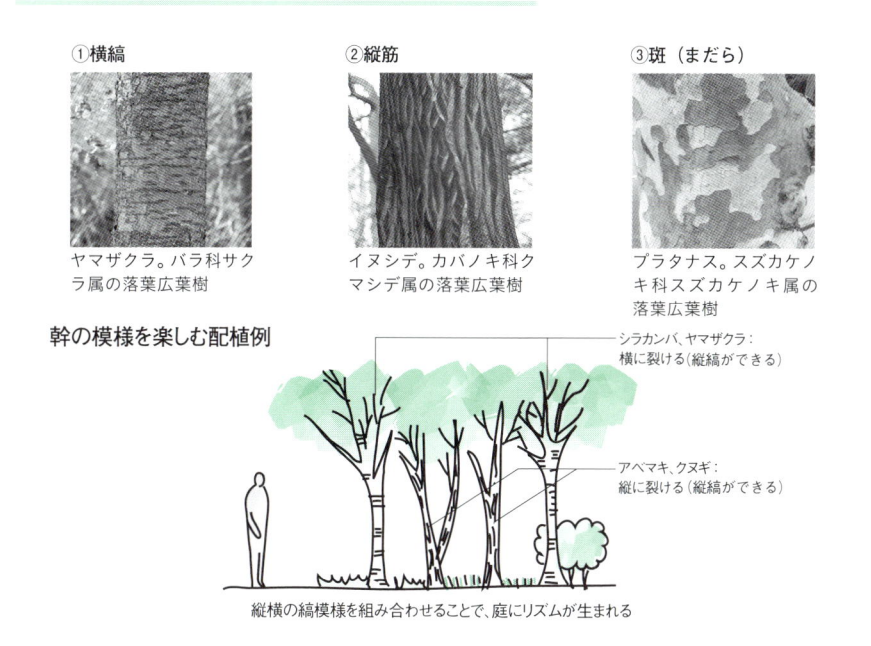

[図1] 斑《ふ》の入り方と配植例

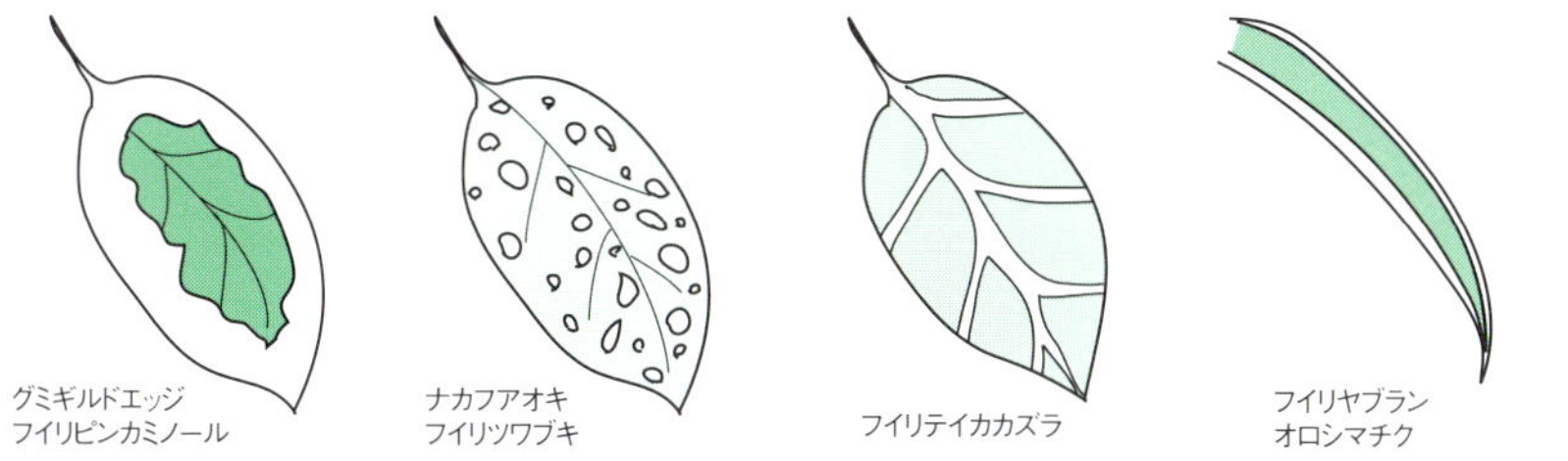
①葉の縁に斑が入る
②葉の中に斑が入る
③葉の脈上に斑が入る
④葉の縁や脈上に斑が入る
グミギルドエッジ
フイリピンカミノール
ナカフアオキ
フイリツワブキ
フイリテイカカズラ
フイリヤブラン
オロシマチク

斑入りの配植例

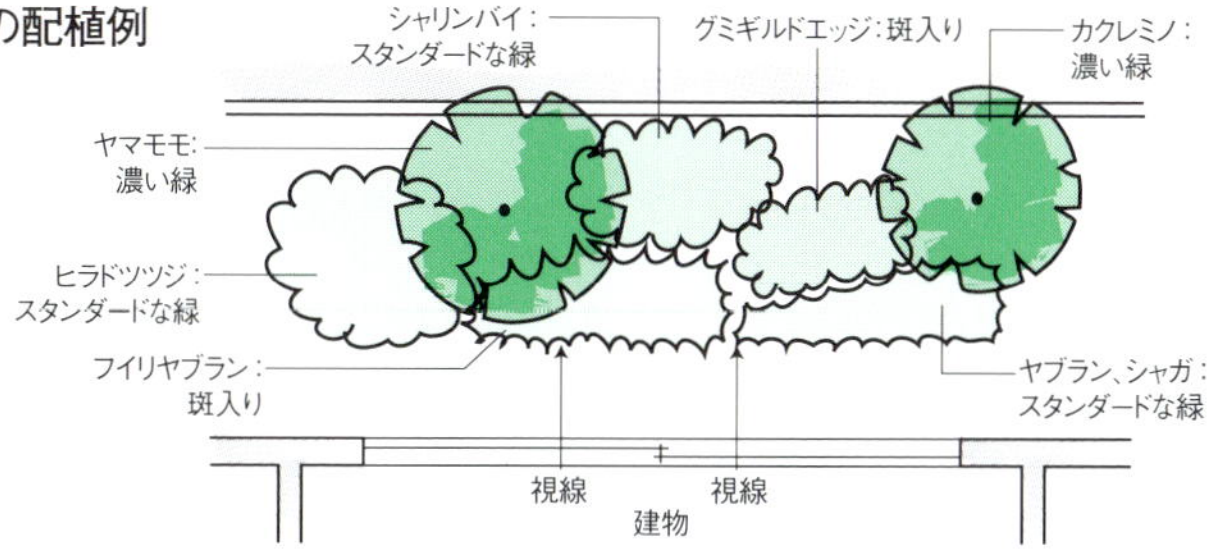
シャリンバイ：
スタンダードな緑
グミギルドエッジ：斑入り
カクレミノ：
濃い緑
ヤマモモ：
濃い緑
ヒラドツツジ：
スタンダードな緑
フイリヤブラン：
斑入り
ヤブラン、シャガ：
スタンダードな緑
視線
視線
建物

花をあしらうように、常緑樹のなかに斑入りの葉を混ぜて配植するのがポイント

[図2] 幹の模様に特徴のある樹種と配植例

①横縞

ヤマザクラ。バラ科サクラ属の落葉広葉樹

②縦筋

イヌシデ。カバノキ科クマシデ属の落葉広葉樹

③斑（まだら）

プラタナス。スズカケノキ科スズカケノキ属の落葉広葉樹

幹の模様を楽しむ配植例

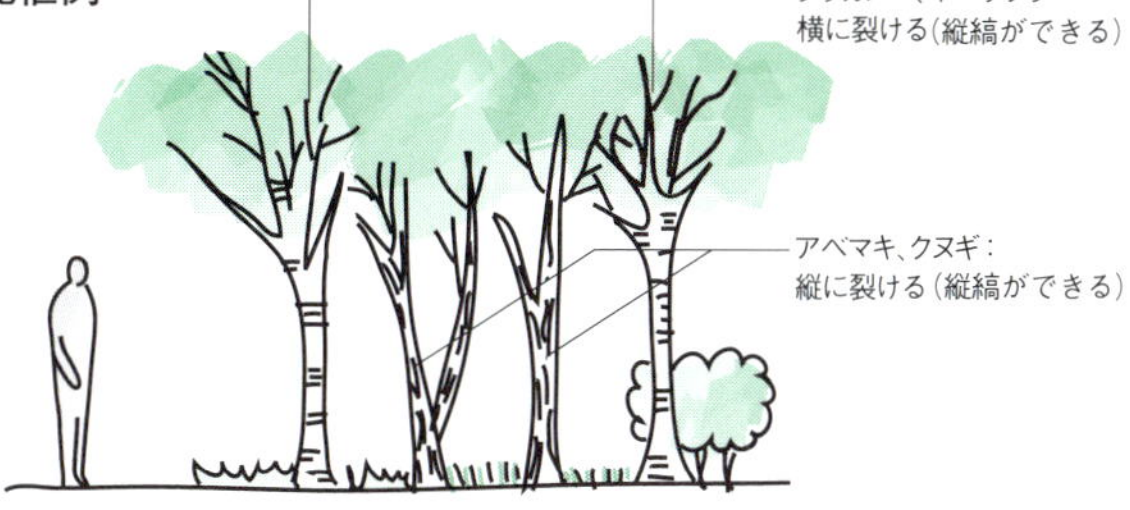
シラカンバ、ヤマザクラ：
横に裂ける（縦縞ができる）
アベマキ、クヌギ：
縦に裂ける（縦縞ができる）

縦横の縞模様を組み合わせることで、庭にリズムが生まれる

04 花を目立たせる庭

目立つ花の条件

庭のなかで花を目立たせるためには、大きさや色、花期の長さなどを考えて植栽します。

大きな花をもつ樹種は、ツバキ類やバラ類、モクレンの仲間、フヨウ類などがあります。どれもさまざまな園芸種がつくり出されていて、花びらの多い八重《やえ》品種もあります。八重は花弁《かべん》が数枚程度のものから200枚くらいのものまであり、豪華な印象を与えます。サクラの場合、日本人には一重《ひとえ》のものが好まれますが、外国では八重咲き品種のほうが好まれる傾向があります。

派手な色をもつ花もよく目立ちます。濃い緑色の葉のなかに咲く真っ赤なヤブツバキの花がとても引き立って見えるように、葉の色合いをうまく利用するとよいでしょう。白い花は濃い緑との対比ではよく目立ちますが、明るい緑のなかでは案外地味に見えることがあります。黄色からオレンジに近い色の花は比較的よく目立ちますが、黄緑がかった花はあまり引き立ちません。

周囲の樹木の葉の色だけではなく、建物の外壁や周囲との配色バランスを考えることもポイントになります【図1】。

花期や咲き方を考慮する

地味な花でも長く咲き続ければ、人の目に留まるものです【図2】。花期の長い樹種を植栽することも花が主役の庭づくりのポイントとなります。たとえば低木《ていぼく》で半落葉樹《はんらくようじゅ》のアベリアは、6月から11月ごろまで花が咲くので、花の印象が強い樹木といえます。

さらに、花の時期に葉が付かない樹木もよく目立ちます。ソメイヨシノ、ハナミズキ、ミツバツツジが代表的な樹種です。ユキヤナギや、レンギョウなど、小花を一斉に咲かせるタイプは、小花がまとまって1つの花のように感じられるため花が目立つといえるでしょう。

目立つ花の条件は、大きいこと、葉色との対比が明確であること、長く咲くことです

[図1] 花を目立たせる配植の基本

背景が樹木

濃緑な常緑樹：
ゲッケイジュ、ニオイヒバ、イヌマキ
シャクナゲ、ツバキ

花は、赤、白などはっきりとした色の大きいもの。
背景は1年を通して濃緑な常緑樹

背景が壁など

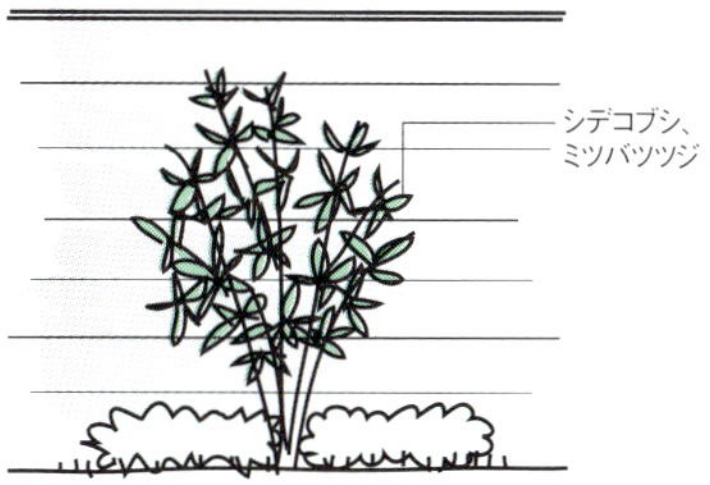
シデコブシ、
ミツバツツジ

背景となる壁や塀の色は、黒や茶など
できるだけ濃い色のものを選ぶ

配植例

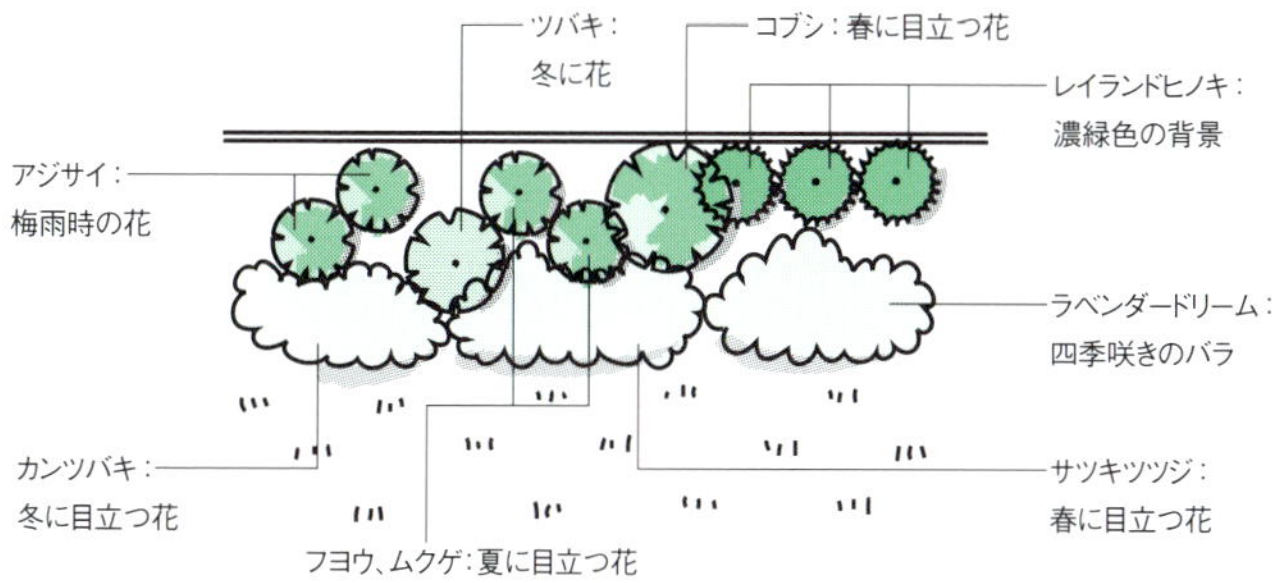
ツバキ：
冬に花
コブシ：春に目立つ花
レイランドヒノキ：
濃緑色の背景
アジサイ：
梅雨時の花
ラベンダードリーム：
四季咲きのバラ
カンツバキ：
冬に目立つ花
サツキツツジ：
春に目立つ花
フヨウ、ムクゲ：夏に目立つ花

[図2] 花がきれいに咲く条件

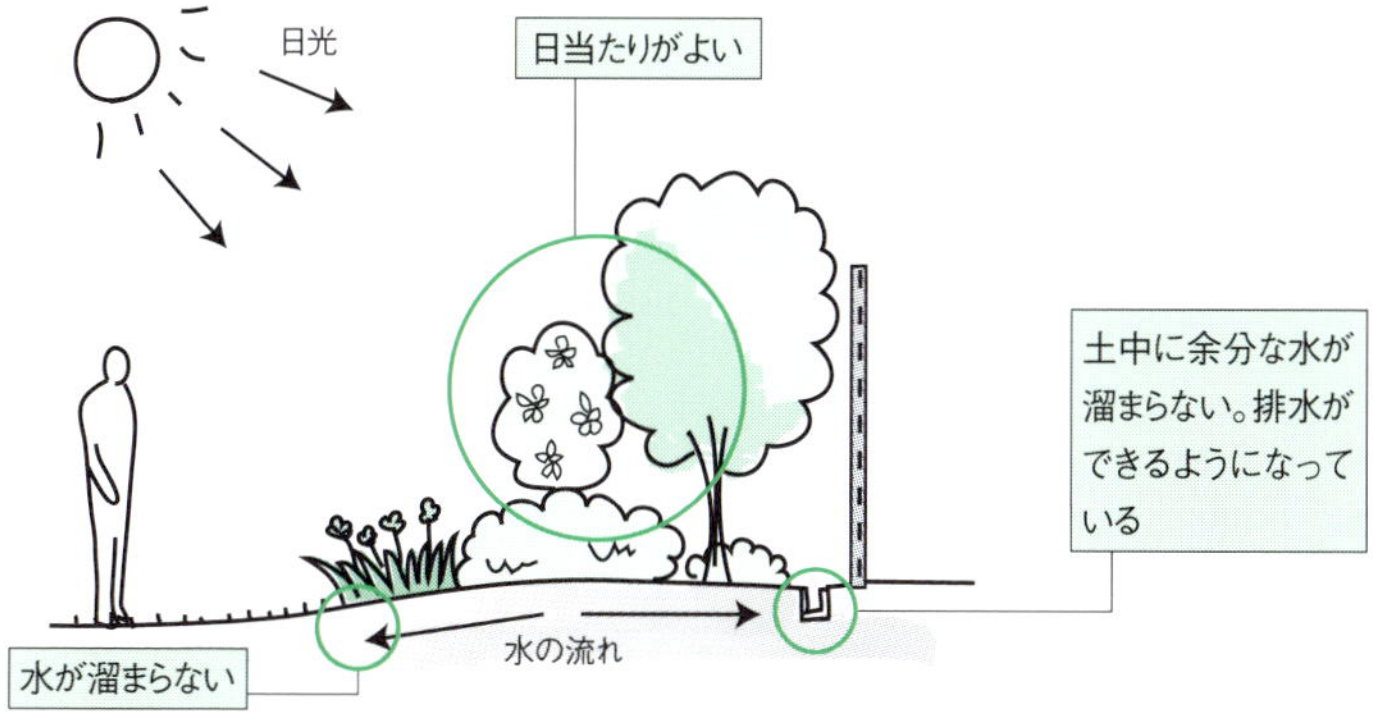
日光
日当たりがよい
土中に余分な水が
溜まらない。排水が
できるようになって
いる
水が溜まらない
水の流れ

日当たりがよいこと、土壌に適度の排水性と保水性があること、
土は有機質を十分含んでいること、などがきれいな花を咲かせる条件となる

05 花や葉の香りを楽しむ庭

香る花を取り入れる

花の香りを意識的に取り入れた庭をフレグランスガーデンと呼びます。

花の芳香が楽しめる樹木は多く、代表的なものは、早春のジンチョウゲ、初夏のクチナシ、秋のキンモクセイなど、季節の移ろいを香りで知らせてくれる花です。本数を抑え、優しく香る程度に取り入れましょう【図1】。ギンモクセイやウスギモクセイ、コブシやモクレンなどのマグノリア類もよい香りがします。

低木《ていぼく》では、ヒイラギやヒイラギモクセイはキンモクセイに似た香りのよい白花を付けます。バラは管理に手間がかかりますが、品種で芳香の種類や強さが異なり、好みの香りを選ぶ楽しみもあります。同じバラ科のハマナスのように原種に近い種類を植栽すれば手入れが比較的楽になるでしょう。ブッドレアやアベリアは甘い蜜の香りを放ちます。ライラックも香りのよい花を咲かせる樹木ですが、暑さに弱いので冷涼な地域で用います。

葉の芳香を楽しむ

古くから、葉の芳香成分はオイルやアルコールに抽出し、医療などに利用されていることからも分かるように、葉に芳香をもつ樹種を取り入れることで、心と身体にやすらぎを与える庭をつくることができます。葉は花のように自然に香りを発散するのではなく、葉が擦れ合い香りが立つものがほとんどです。身体が触れやすい園路や風の通り道などに配植《はいしょく》するとよいでしょう【図2】。

葉に芳香をもつ代表的な樹種はクスノキです。クスノキ科は、クロモジやゲッケイジュなど香りが楽しめるものが豊富にあります。ユーカリ類や、ナツミカン、ユズ、キンカンなどの柑橘《かんきつ》類も葉が独特の香りをもちます。ローズマリーは葉の香りが強いので、ふとしたときに触れて香る程度に利用したほうがよい効果が得られます。また枯葉が香るものもあります。カツラは甘い香り、サクラの枯れ葉を踏みつけると独特の芳香（クマリン）を楽しめます。

[図1] 樹種による香りの強弱・花の香りを楽しむ配植例

代表的な樹種の香りの強弱

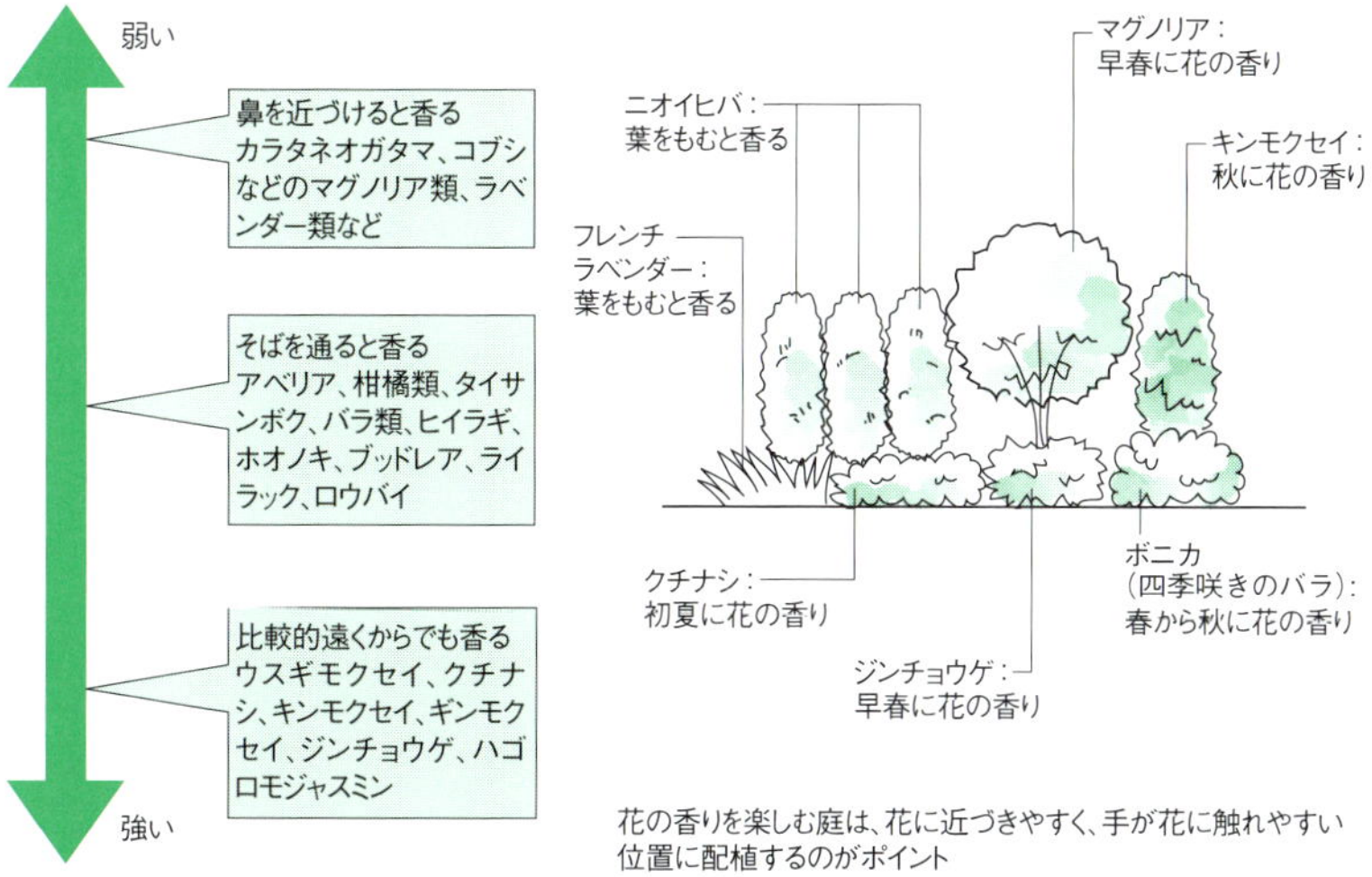
弱い
鼻を近づけると香る
カラタネオガタマ、コブシなどのマグノリア類、ラベンダー類など
そばを通ると香る
アベリア、柑橘類、タイサンボク、バラ類、ヒイラギ、ホオノキ、ブッドレア、ライラック、ロウバイ
比較的遠くからでも香る
ウスギモクセイ、クチナシ、キンモクセイ、ギンモクセイ、ジンチョウゲ、ハゴロモジャスミン
強い
マグノリア：
早春に花の香り
ニオイヒバ：
葉をもむと香る
キンモクセイ：
秋に花の香り
フレンチラベンダー：
葉をもむと香る
クチナシ：
初夏に花の香り
ボニカ
（四季咲きのバラ）：
春から秋に花の香り
ジンチョウゲ：
早春に花の香り

花の香りを楽しむ庭は、花に近づきやすく、手が花に触れやすい位置に配植するのがポイント

[図2] 葉の香りが効果的に楽しめる配植例

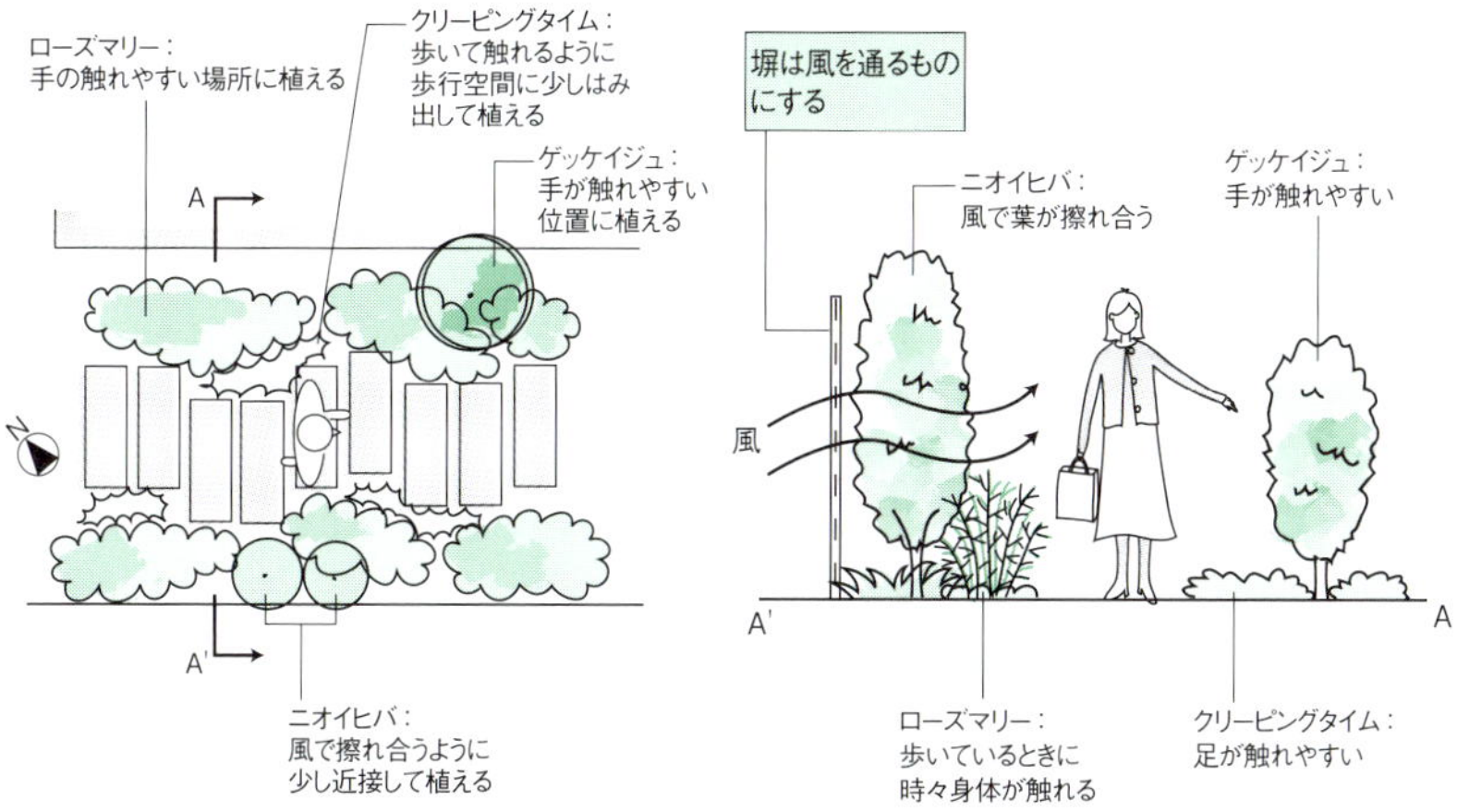
平面
立体（A-A'）
ローズマリー：
手の触れやすい場所に植える
クリーピングタイム：
歩いて触れるように歩行空間に少しはみ出して植える
ゲッケイジュ：
手が触れやすい位置に植える
A
A'
ニオイヒバ：
風で擦れ合うように少し近接して植える
塀は風を通るものにする
ニオイヒバ：
風で葉が擦れ合う
ゲッケイジュ：
手が触れやすい
風
A'
A
ローズマリー：
歩いているときに時々身体が触れる
クリーピングタイム：
足が触れやすい

風が通り抜けたり身体がときどき触れたりすることで葉が擦れ、香りが立つように配植する。

このほかに葉が芳香をもつ樹木には、中高木のカツラ、クスノキ、サンショウ、低木・地被のラベンダー、セイヨウニンジンボクなどがある

06 花の色を楽しむ庭

建物との調和を考える

日本庭園など伝統的な和風の庭では、葉の緑や紅葉をベースにして、落ち着いた雰囲気にまとめることが多く、鮮やかな花を取り入れることはほとんどありません。しかし、近年は洋風の住宅が多くなり、色彩豊かな花を多く植栽する庭が増えました。

たくさんの花木《かぼく》を配植《はいしょく》するなら、色彩を意識することがとても大切なポイントになります。建物や外壁との調和を考えて植栽することが基本です。

花色によって、全体の印象を変化させることができ、より季節性を感じさせることができます。ただし、複数の花色をばらばらに植えるとまとまらないので注意が必要です。色彩の系統を考え、葉の緑とのバランスを見ながら大きなブロックで同系色をまとめるとよいでしょう。もちろん、それぞれの花期も考慮して配植を考えます【図】。

同系色でまとめる

樹種を選ぶときは、まず、メインの色彩を決めるとよいでしょう。白や赤、黄色など好みの花色を主役にして同系色でまとめます。単調になる場合は、アクセントとして反対色の花をバランスよく植栽すると変化が生まれます。

白を基調にした庭はイギリスではよく見られるスタイルです。落葉樹《らくようじゅ》のハクモクレンやサクラ、ハナミズキ、常緑《じょうりょく》樹《じゅ》のタイサンボク、ユキヤナギなどがその代表です。赤やピンクの花をメインにした植栽は、鮮やかで見応えのある庭になります。春のツツジ類、冬のツバキ、四季咲きバラなどを取り入れるとよいでしょう。黄色からオレンジ色を基調にするなら、低木《ていぼく》のヤマブキやレンギョウ、ロウバイのほか、ミモザの愛称で親しまれるフサアカシアやつる性のキングサリなどを植栽します。手入れが簡単な球根植物を利用してもよいでしょう。

［図］花の色と代表的な樹種

花の色	高木・中木	低木・地被
赤	アメリカデイゴ、ウメ、セイヨウシャクナゲ、タチカンツバキ、デイゴ（暖地）、ハイビスカス（暖地）、ブーゲンビリア（暖地）、マキバブラッシノキ、ホウオウボク（暖地）、ヤブツバキ	カンツバキ、クサボケ、ゼラニュウム、チェリーセージ、ツツジ類、バラ類、ヒガンバナ、モミジアオイ、カンナ
紫・青	シモクレン、シコンノボタン、セイヨウシャクナゲ（大輪種の「貴婦人」など）、セイヨウニンジンボク、ハナズオウ、ブッドレア、ボタンクサギ、ムクゲ、ライラック	アガパンサス、アカンサス、アジサイ、アジュガ、ガクアジサイ、ギボウシ類、ツツジ類、バラ類、ビンカミノール、フイリヤブラン、フジ、フジモドキ、ヤブラン、ラベンダー、ルリマツリ、ローズマリー
ピンク	サクラ類（エドヒガン、カンザン、シダレザクラ、ソメイヨシノ、フゲンゾウ）、サラサモクレン、セイヨウシャクナゲ、ツバキ類（オトメツバキ、ワビスケ）、ハナカイドウ、フヨウ、ベニバナエゴノキ、ベニバナトチノキ、ベニバナハナミズキ、ムクゲ、モモ	シモツケ、ジャノメエリカ、ジンチョウゲ、ツツジ類、ニワウメ、ニワザクラ、バラ類、ホザキシモツケ、クリスマスローズ、コクリュウ、シバザクラ、ヒメツルソバ、マツバギク
黄・橙	ギンヨウアカシア、サクラ類（ウコン）、サンシュユ、フサアカシア、マグノリアキンジュ、マグノリアエリザベス、モクゲンジ	ウンナンオウバイ、エニシダ、キンシバイ、ツキヌキニンドウ、ツワブキ、ノウゼンカヅラ、ヒペリカムカリシナム、ビヨウヤナギ、ヘメロカリス、メギ、モッコウバラ、モントブレッチア、ヤマブキ、レンギョウ、レンゲツツジ、ロウバイ
白	アンズ、ウメ、エゴノキ、オオシマザクラ、オオデマリ、コブシ、サザンカ、タイサンボク、トチノキ、ナシ、ナナカマド、ハイノキ、ハクウンボク、ハクモクレン、ハナミズキ、ハンカチツリー、ピラカンサ、ホオノキ、ムクゲ	アセビ、アベリア、オトコヨウゾメ、カシワバアジサイ、キンシバイ、コデマリ、シジミバナ、シロヤマブキ、シャリンバイ、ツツジ類、ハクチョウゲ、バラ類、ユキヤナギ、クリスマスローズ

白い花が映える配植例（立面）

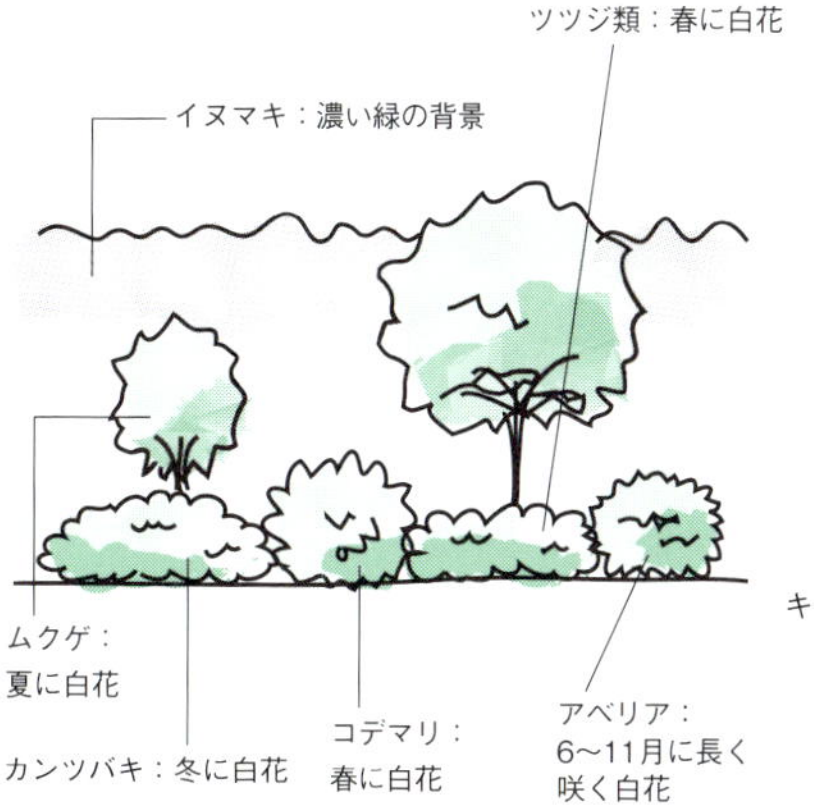
ツツジ類：春に白花
イヌマキ：濃い緑の背景
ムクゲ：
夏に白花
カンツバキ：冬に白花
コデマリ：
春に白花
アベリア：
6～11月に長く
咲く白花

ピンクの花が映える配植例（平面）

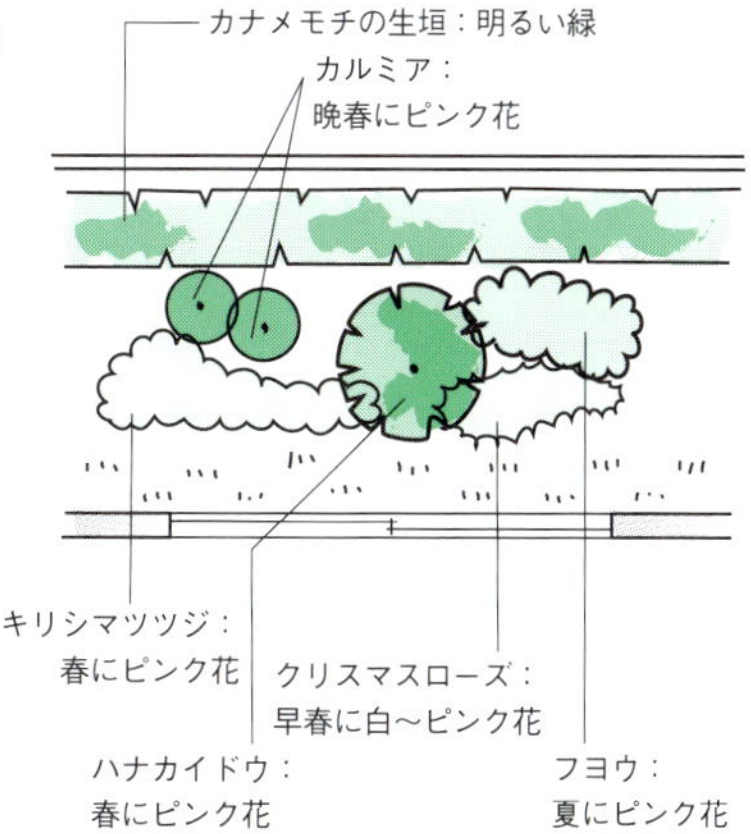
カナメモチの生垣：明るい緑
カルミア：
晩春にピンク花
キリシマツツジ：
春にピンク花
クリスマスローズ：
早春に白～ピンク花
ハナカイドウ：
春にピンク花
フヨウ：
夏にピンク花

07 季節で花を楽しむ庭

○花のない時期をつくる

花は季節感を演出するのに適した要素です。植栽に利用する樹木のほとんどは年に1回以上花を咲かせます。花は、咲きはじめると日々の気温の変化に敏感で、気温が上昇すると開花期間が短くなりますが、一般に樹木の花は、咲きはじめから1～2週間くらいが見ごろになります。

日本では四季の変化のなかで、春は最も多くの樹木が花を付け、夏、秋、冬と少なくなります。季節を通して花を楽しめる庭にするには、それぞれの季節に花を咲かせる花《か》木《ぼく》をバランスよく植栽するのがポイントです【図】。しかし、あえて花のない時期をつくることも重要です。そうすることで開花のインパクトが生まれます。

○季節の花を利用する

春の花は一斉に咲くので、少しずつさまざまな種類を植栽して楽しむとよいでしょう。3～5月にかけて順々に花が咲くように樹種を選びます。異なる色の花を組み合わせるのも大切です。

夏の花は暑い地域が原産の種類が多いので、日当たりのよい場所に植栽し、寒風が当たるところは避けます。ムクゲやフヨウは一日花ですが、次々と咲くので花期が長く感じられます。散った花は、病・虫害の原因【64～65頁参照】になるので、花殻《はながら》摘みはこまめに行います。

秋の花は比較的少なく、キンモクセイがその代表です。黄色い花を付ける多年草《たねんそう》のツワブキは、花のない時期でもつややかな丸い葉が美しく、日陰でも耐える性質があってよく利用されます。

冬の花は、日本人が古くから庭木として親しんできたツバキ類がその主役です。開花が早い品種で12月から、遅い品種では5月ごろまで楽しみます。日本の山に自生《じせい》するヤブツバキ、ユキツバキをもとに数々の品種がつくられ、和洋の庭の植栽に利用できます。

季節の変化に合わせ
次々に花が咲くように。
花のない時期をつくる
のも重要です

[図] 季節の花カレンダー

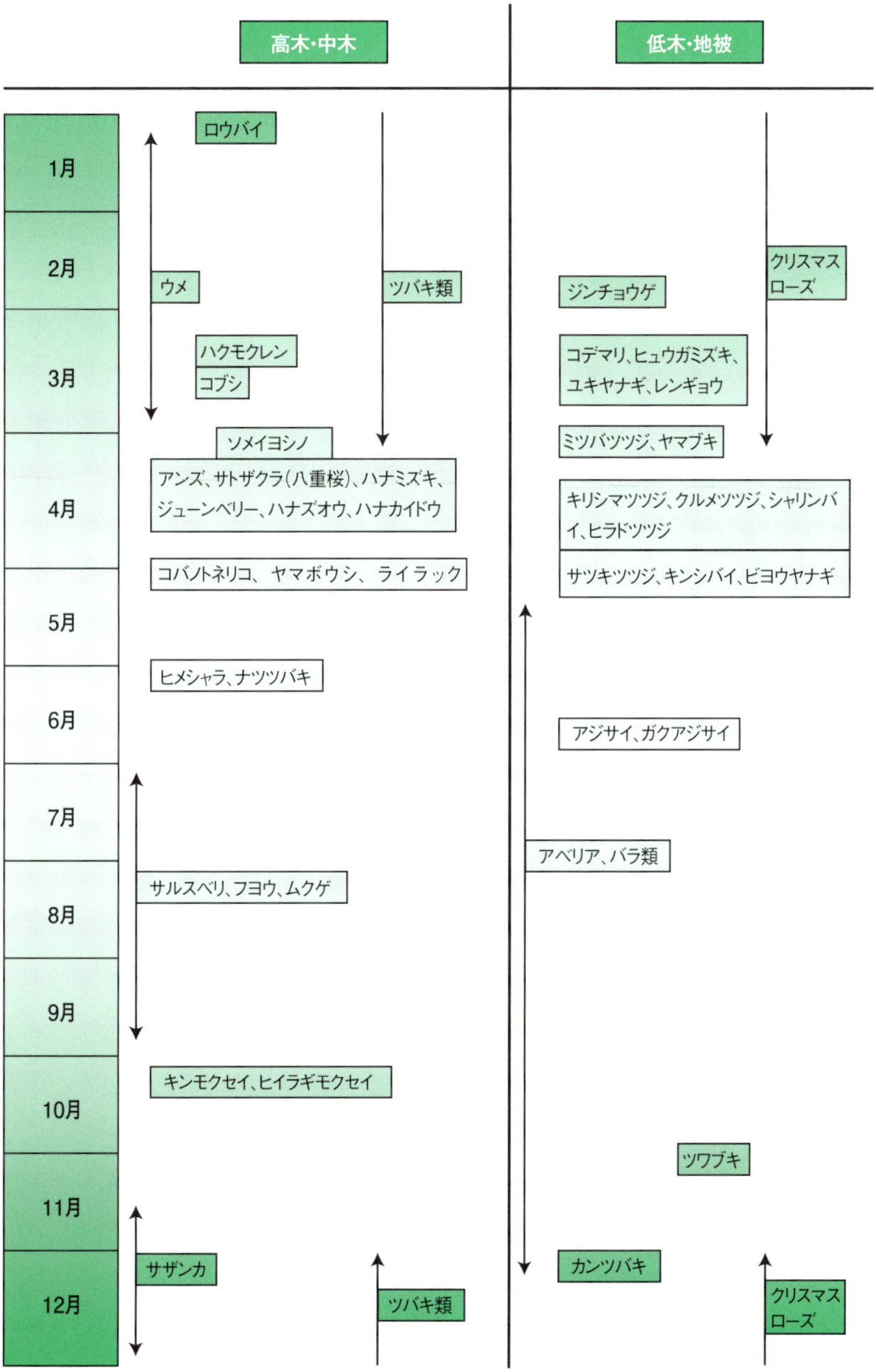
高木・中木
低木・地被
1月
2月
3月
4月
5月
6月
7月
8月
9月
10月
11月
12月
ロウバイ
ウメ
ツバキ類
ハクモクレン
コブシ
ソメイヨシノ
アンズ、サトザクラ(八重桜)、ハナミズキ、ジューンベリー、ハナズオウ、ハナカイドウ
コバノトネリコ、ヤマボウシ、ライラック
ヒメシャラ、ナツツバキ
サルスベリ、フヨウ、ムクゲ
キンモクセイ、ヒイラギモクセイ
サザンカ
ツバキ類
クリスマスローズ
ジンチョウゲ
コデマリ、ヒュウガミズキ、ユキヤナギ、レンギョウ
ミツバツツジ、ヤマブキ
キリシマツツジ、クルメツツジ、シャリンバイ、ヒラドツツジ
サツキツツジ、キンシバイ、ビヨウヤナギ
アジサイ、ガクアジサイ
アベリア、バラ類
ツワブキ
カンツバキ
クリスマスローズ

08

実が目立つ庭・果樹を育てる庭

目立つ実で庭をつくる

花を楽しんだ後に実も観賞できれば、庭の楽しみ方も増えます。実が目立つかどうかは、色と大きさ、分量に左右されます【図1】。

赤い実を上向きに付けるハナミズキ、赤色やオレンジ色の実がなるクロガネモチやピラカンサなど、葉の緑色と反対色になる実がとても際立ちます。茶庭や野趣に富んだ雑《ぞう》木《き》風の庭によく使われるハナイカダは、6㎜くらいの真っ黒な実を緑色の葉の上に1つ付けます。コムラサキはその名のとおり、2㎜くらいの小さな紫色の実を枝いっぱいに付けます。

一方、実が小さく、色彩が地味な種類でも、たくさん実ることで実が目立つ樹木もあります。実が派手なウメモドキは花よりやや大きい実をたくさん付けるので、実をメインで楽しむタイプの樹木といえます。サンゴジュも白い小花がきれいですが、夏にたくさん付く真っ赤な実も印象的です。

植栽に収穫の楽しみを！

鑑賞以外に食用にする楽しみを与えてくれる果樹をアクセントとして取り入れると、魅力的な植栽空間になります。柑橘《かんきつ》類やリンゴ、カキ、ナシ、ビワなどは、家庭でも比較的簡単に栽培できます。

果樹は十分に日が当たる場所を用意することが大切です。葉が効率よく日光を効果的に浴びることができる「エスパリエ」は果樹植栽に最適です【図2】。

果樹はほかの樹種より虫がつきやすいので注意が必要です［64〜65頁参照］。柑橘類はアゲハチョウの幼虫が多く発生します。無農薬で育てるなら、害虫を捕殺するとよいでしょう。カキやビワ、カリン、マルメロなどは比較的病・虫害の少ない果樹として知られます。

庭木として果樹を楽しむには、なるべく手をかけず、できるだけ放任して気長に付き合う気持ちが大切です。肥料を必要以上に与えすぎると、樹木を弱らせることがあるので注意が必要です。

[図1] 実の色や大きさによる見え方

実の色と付き方による見え方

常緑果樹

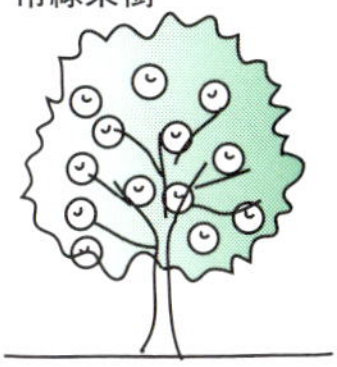

常緑の果樹は黄色やオレンジ色が多いので空の青色と対比させる。
柑橘類など

落葉果樹

落葉の果樹は実だけ残るので、常緑の背景にすると際立つ。
リンゴ、カキ、カリンなど

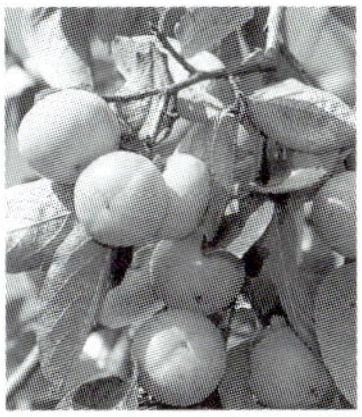

カキノキ。カキノキ科カキノキ属の落葉広葉樹。秋に実

コムラサキ。クマツヅラ科ムラサキシキブ属の落葉広葉樹。秋に実

実の大きさによる見え方

1つで目立つ実

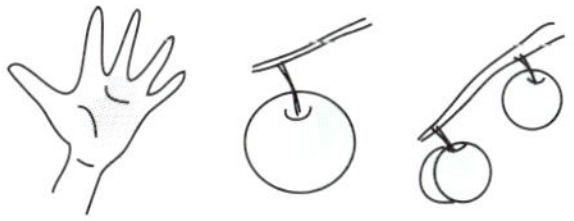

手のひらくらいの大きさだと1つでも目立つ。
リンゴ、カキ、カリン、柑橘類

群れて目立つ実

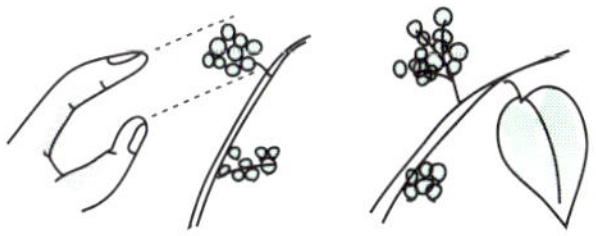

指先くらいの大きさでも粒でまとまると目立つ。
オトコヨウゾメ、ガマズミ、コムラサキ、ナナカマド

[図2] 果樹を育て楽しむ配植例

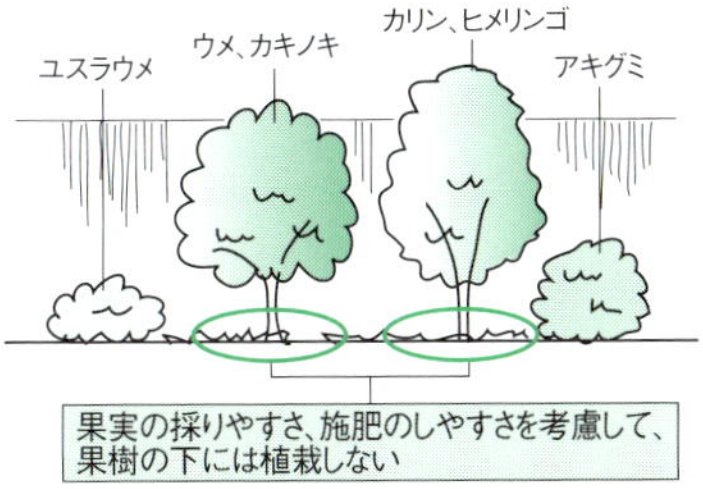
ユスラウメ
ウメ、カキノキ
カリン、ヒメリンゴ
アキグミ
果実の採りやすさ、施肥のしやすさを考慮して、果樹の下には植栽しない

エスパリエの植栽

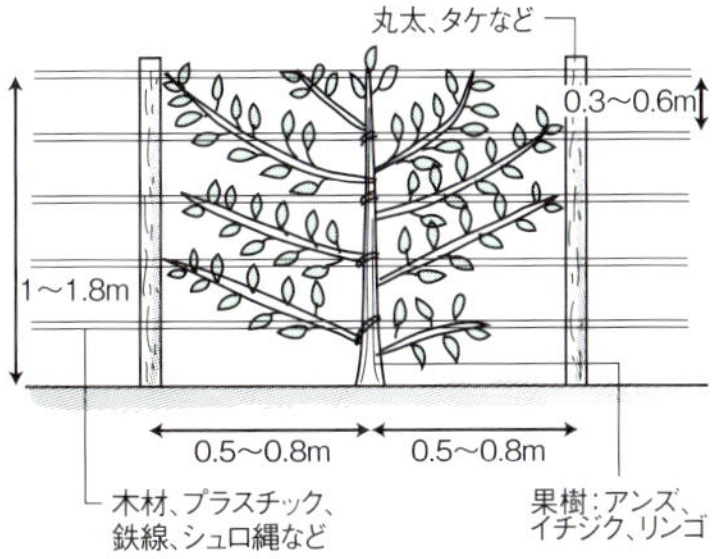
丸太、タケなど
0.3～0.6m
1～1.8m
0.5～0.8m
0.5～0.8m
木材、プラスチック、鉄線、シュロ縄など
果樹：アンズ、イチジク、リンゴ

代表的な果樹

	中高木	低木・地被
実が楽しめる樹種	イチジク、ウメ、カキノキ、カリン、柑橘類、クリ、クルミ、ザクロ、ジューンベリー、ビワ、ボケ、マルメロ、モモ、ヤマボウシ、ヤマモモ、リンゴ	アケビ、キウイ、グミ類、クサボケ、フェイジョア、ブドウ類、ブルーベリー、ユスラウメ
エスパリエに向く樹種	アンズ、イチジク、ウメ、カキノキ、カリン、キンカン、ナツミカン、ヒメリンゴ、マルメロ、リンゴ	クサボケ、ブラックベリー、ユスラウメ

09 樹形を刈り込んでつくる庭

純和風の仕立物《したてもの》

日本庭園や、日本家屋の庭には「仕立物」という樹木を利用することがよくあります。これは自然樹形とは異なり、人工的に樹木を仕立て上げたものです。

マツの横枝を門にかぶるようにつくった門掛《もんが》かりや、主《しゅ》幹《かん》を曲げた曲幹仕《きょくかんじ》立《た》てなどがあります。茶庭に見られるダイスギや、最近ではあまり見かけなくなりましたが、葉を玉のように仕立てたイヌマキの玉作り（玉散らし）なども仕立物です【図】。

仕立物は、専門の職人の手によって維持管理が必要になります。植栽デザインに取り入れる場合は、事前に管理方法を建て主と打ち合わせしておくことが重要です。

西洋風の仕立物

西洋風の仕立て方であるトピアリーは、建物のデザインを比較的選ばず、管理も難しくはありません。樹木を植えるという感覚ではなく、オブジェを配するように植栽デザインに取り入れます。

トピアリーは、フランスで見られる整形式庭園によく利用されています。常緑針葉樹《じょうりょくしんようじゅ》のイチイを使い、幾何学《きかがく》的な円錐形、円筒形、台形などのほか、オブジェのようにチェスの駒、門柱、ゲートなどを模したものなどがあります。正しくは1本の幼樹のときから数十年かけて徐々につくり上げていくものですが、1本の大きな樹木を刈り込んだり、数本を寄せてつくってもよいでしょう。

利用する樹木はイヌツゲなど、強い刈り込みに耐える樹種で、葉や枝が細かく密に出るものを選ぶようにします。葉の色が濃いほうが全体の存在感が増します。

また、針金などフレームをつくり、イタビカズラやヘデラなどのつる性植物を絡ませてつくるものもあります。トピアリーは複数本設置したほうがおさまりがよいでしょう。

和風の仕立ては専門家の管理が必要。洋風は自由に形がつくれて、管理も簡単です

［図］代表的な仕立て

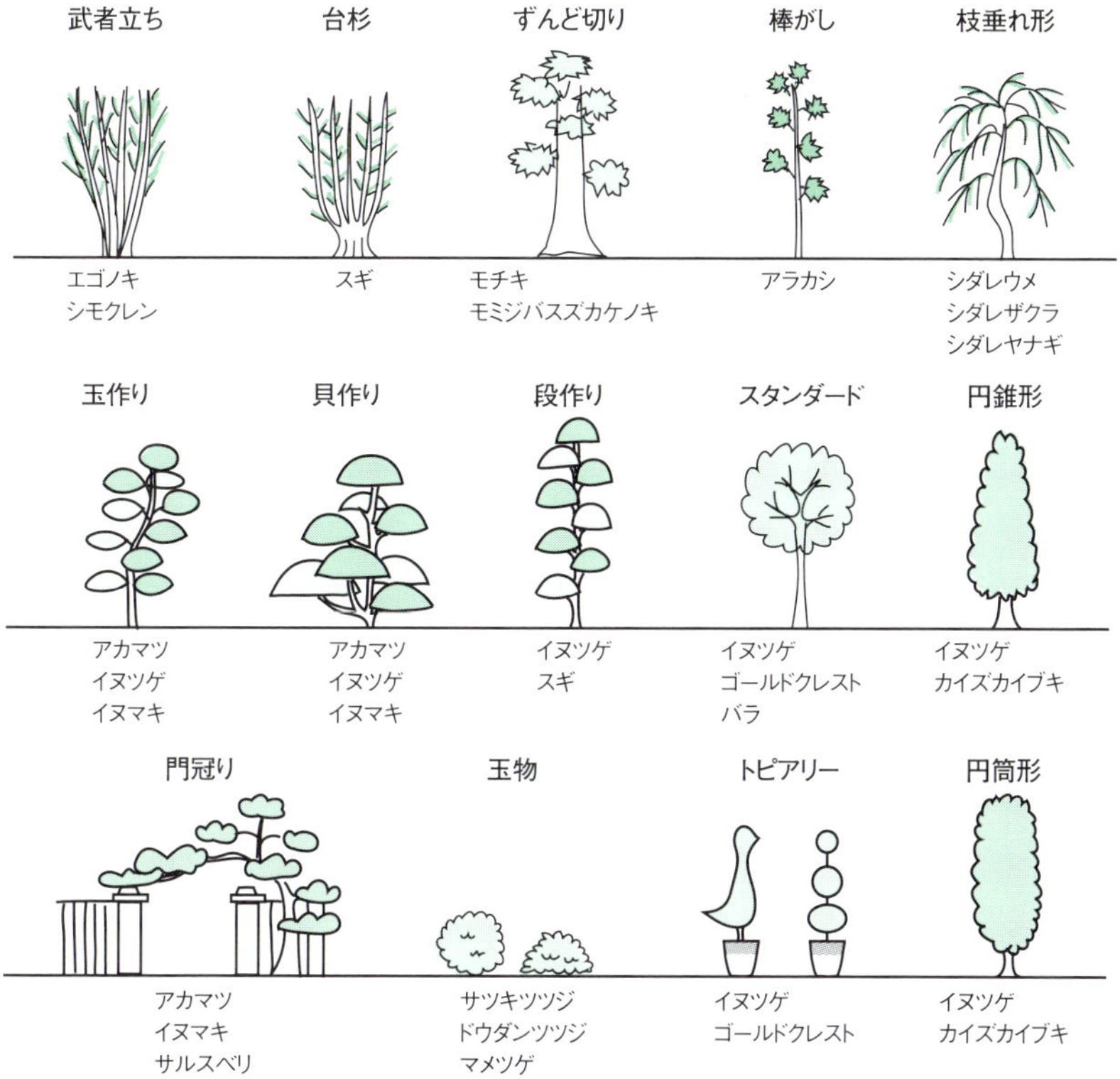
武者立ち
エゴノキ
シモクレン
台杉
スギ
ずんど切り
モチキ
モミジバスズカケノキ
棒がし
アラカシ
枝垂れ形
シダレウメ
シダレザクラ
シダレヤナギ
玉作り
アカマツ
イヌツゲ
イヌマキ
貝作り
アカマツ
イヌツゲ
イヌマキ
段作り
イヌツゲ
スギ
スタンダード
イヌツゲ
ゴールドクレスト
バラ
円錐形
イヌツゲ
カイズカイブキ
門冠り
アカマツ
イヌマキ
サルスベリ
玉物
サツキツツジ
ドウダンツツジ
マメツゲ
トピアリー
イヌツゲ
ゴールドクレスト
円筒形
イヌツゲ
カイズカイブキ

カイズカイブキの玉作り

イタビカズラでつくった象のトピアリー

10 自然の趣きを生かした庭

不規則・不連続が基本

庭のスタイルはさまざまで、伝統的な和風庭園や、西洋の平面幾何学《きかがく》式庭園（フランス式庭園）など、人の手によってつくり込んでいく庭もありますが、最近では、雑木《ぞうき》や宿根草《しゅっこんそう》などを使ってよりナチュラルな、野趣《やしゅ》に富んだ庭づくりを指向する人が多くなっています。

このスタイルの庭は、和風や洋風のどちらの建物にも合わせやすく、失敗の少ないデザインといえます。基本的には落葉樹《らくようじゅ》を中心にした構成になるので、冬は暖かい日差しを部屋に取り込めるのも特徴のひとつです。

野趣のあるイメージをつくるポイントは、樹木を規則的に配置しないことです。同じ大きさの樹木を左右対称にしたり、3本以上直線に並べたりしないようにします。植える本数は奇数とし、できるだけ不連続を心がけて樹木を配置するとよいでしょう【図1】。

高木《こうぼく》は株立《かぶだ》ちを選ぶ

植栽する樹種は、大きな花に改良された園芸種や、葉に模様が入ったものは避け、樹形も刈り込んだものではなく自然樹形をうまく配置させます【図2】。

落葉広葉樹《らくようこうようじゅ》のクヌギやコナラ、イヌシデ、アカシデなどの高木を中心に、中木《ちゅうぼく》のマユミ、エゴノキ、ムラサキシキブなどのいわゆる雑木を組み合わせるとよいでしょう。高木は株立ちを取り入れると雰囲気が出ます。

落葉樹が中心なので、脇役として常緑樹《じょうりょくじゅ》を取り入れると、冬の時期に寂しさが和らぎます。高木ではシラカシ、中木ではアラカシなどは、全体の雰囲気を壊さず、冬でも緑の景色を構成できるのでおすすめです。

低木《ていぼく》は密植せず、ウツギやヤマツツジなどを適度に配置させるとよいでしょう。

ヤブランやキチジョウソウ、ササ類も野趣の雰囲気が出ます。

雑木を主体に、高さや並びを不規則・不連続にするのがポイントです

[図1] 樹木の人工的な配置と野趣のある配置

人工的な配置の基本

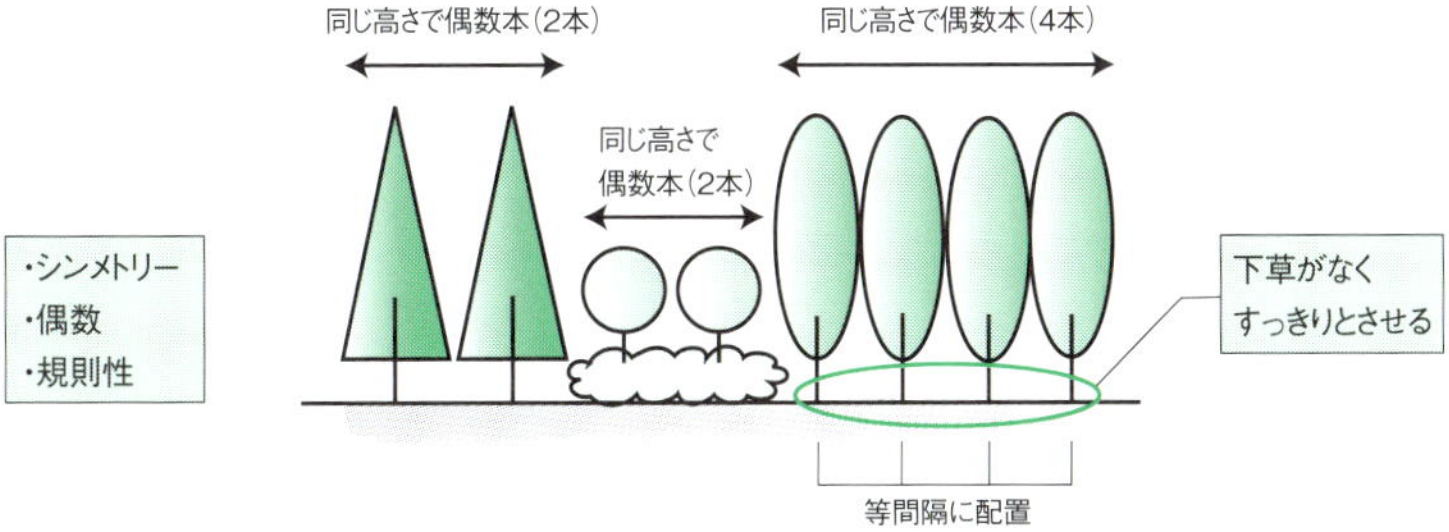
同じ高さで偶数本(2本)
同じ高さで偶数本(4本)
同じ高さで
偶数本(2本)
・シンメトリー
・偶数
・規則性
下草がなく
すっきりとさせる
等間隔に配置

野趣のある配置の基本

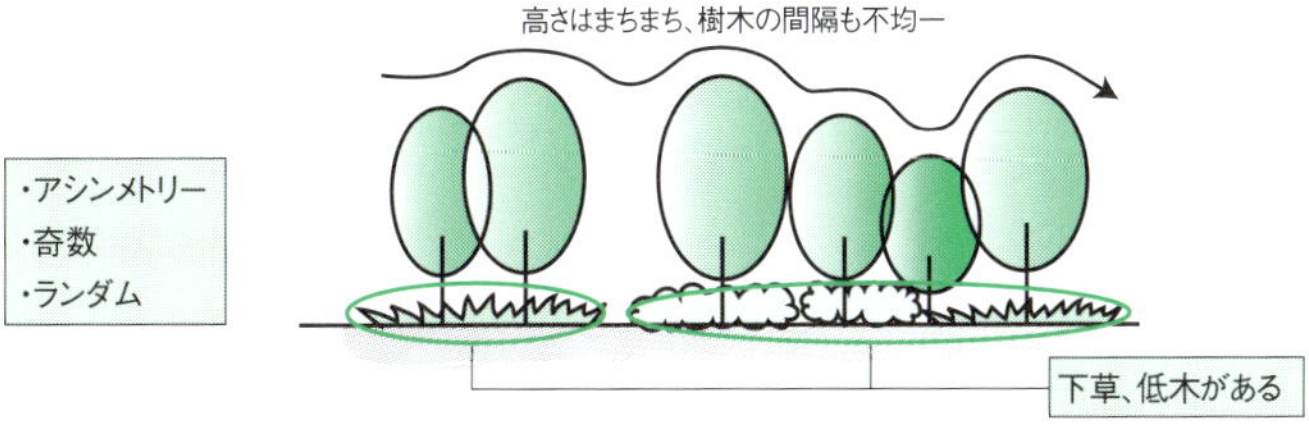
高さはまちまち、樹木の間隔も不均一
・アシンメトリー
・奇数
・ランダム
下草、低木がある

[図2] 野趣溢れる庭の配植例

立面

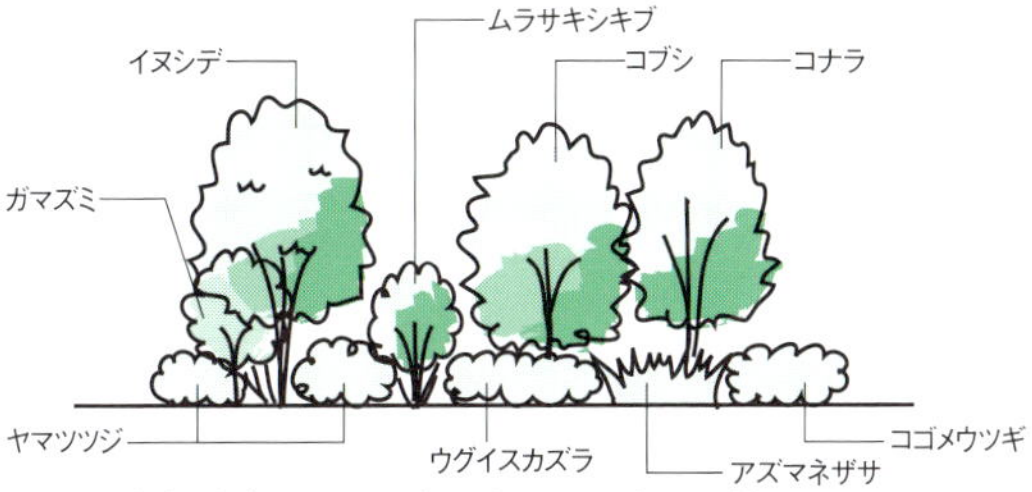
ムラサキシキブ
イヌシデ
コブシ
コナラ
ガマズミ
ヤマツツジ
ウグイスカズラ
アズマネザサ
コゴメウツギ

そのほかにも、高木・中木ならアカシデ、エゴノキ、クヌギ、ヤマボウシ、
低木・地被ならばウツギ、オトコヨウゾメ、ヤマブキ、ヤブランなどが野趣溢れる庭に合う

平面

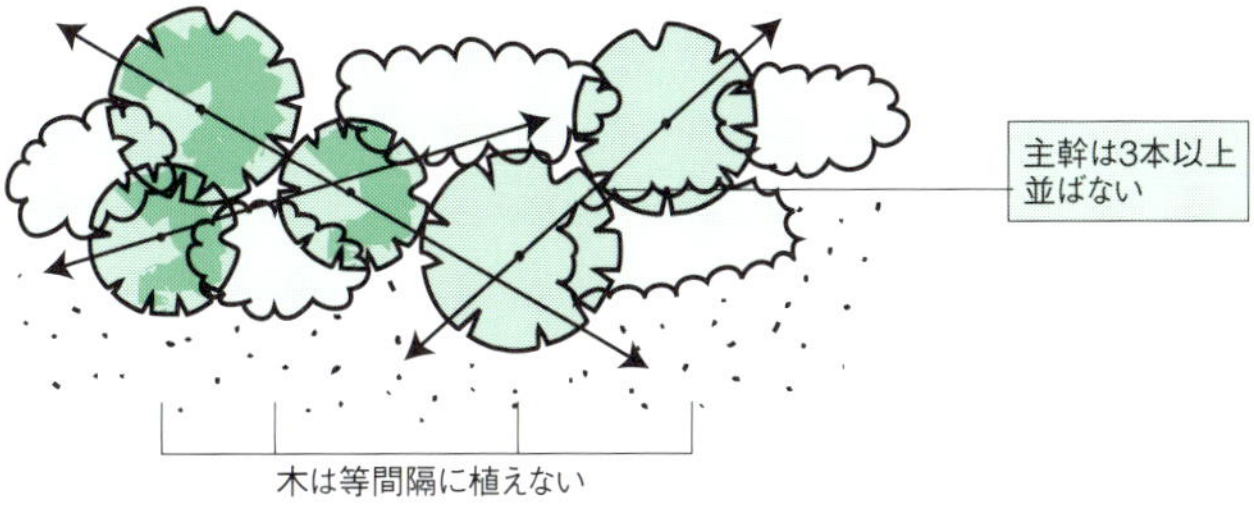
主幹は3本以上
並ばない
木は等間隔に植えない

11 和風の庭

樹木を配置するポイント

和風のイメージで庭をつくるには、カエデやマツ、ツツジなど「和」をイメージさせる樹木で構成します。さらに石や灯籠《とうろう》などの添景物《てんけいぶつ》をうまく利用すると効果的です。高《こう》木《ぼく》は落葉樹《らくようじゅ》のカエデ類を中心に、花木《かぼく》のウメ、サクラなどをアクセントとし、高さの異なるモッコクやモチノキ、ヤブツバキなどの常緑樹《じょうりょくじゅ》で緑の背景をつくると、主役となる樹木をより際立たせることができます。

配植《はいしょく》のポイントは、季節の主役になる落葉広葉樹《らくようこうようじゅ》を景色の中央に植えないことです。左右のバランスが6対4、もしくは7対3くらいになる位置に配置して、間隔は不均等に、かつ直線状に並ばないようにします。同じ樹種をまとめて植える際には、高さを変え、奇数本で1つのまとまりとなるように植栽します【図】。

純和風のスタイル

より和風のイメージを強くするには、常緑針葉樹《じょうりょくしんようじゅ》のマツやマキを玉散《たまちら》しなどに仕立《した》て［136～137頁参照］、ポイントとなる場所に配置します。低木《ていぼく》を仕立てる場合は、サツキツツジ、キリシマツツジなど、常緑で葉の比較的細かいものを選んで刈り込みます。樹木を丘のようにつなげて配置し、ところどころ丸く仕立てたマツやマキを植えてもよいでしょう。常緑樹が主体となるので、ドウダンツツジやレンギョウなどの落葉広葉樹を少し取り入れると季節の変化が生まれて変化が出ます。

苔《こけ》むした庭は湿度の高い日本庭園特有の景観。コケを脇役に用いてもよいでしょう。コケは常に湿度が高い場所か、半日陰～日陰の環境を好みます。強風の当たるところや西日を避け、落葉樹の根際などに設置します。水はけのよい環境をつくるように地形を少し盛り上げて緩やかな山を形成して植栽するとコケのよさが際立ちます。通常は張りコケ法といった手法で、マット状に加工されたコケを植栽します。

主木を落葉樹、それ以外は常緑樹を中心に配植。添景物を置くと雰囲気が出ます

[図] 和風の庭の配植列

立面

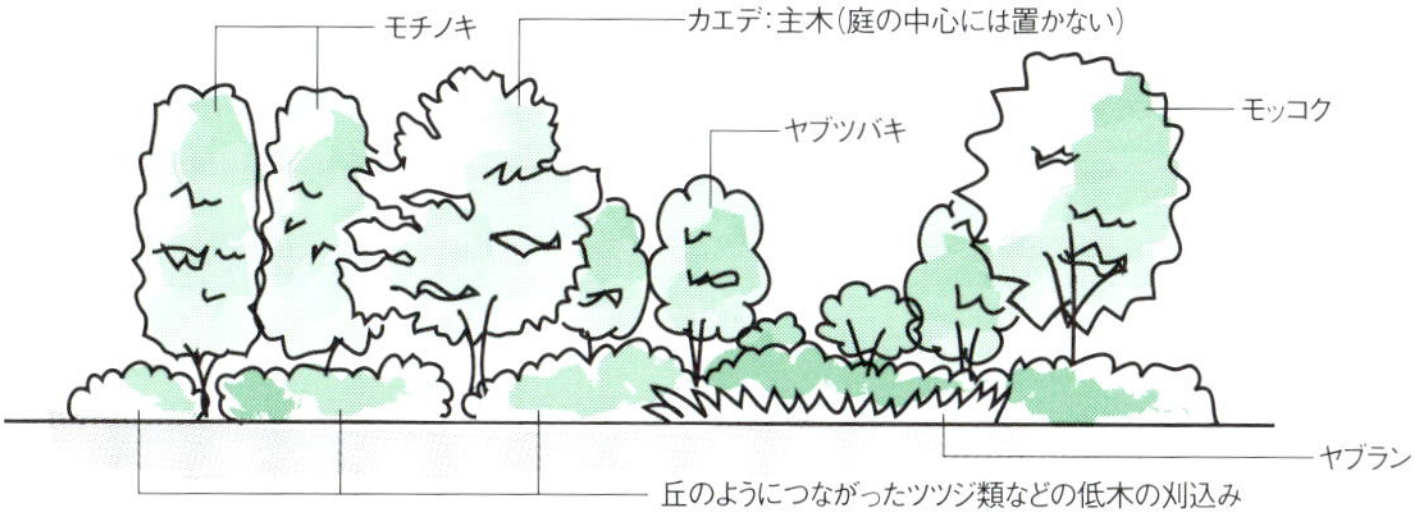
モチノキ
カエデ：主木(庭の中心には置かない)
ヤブツバキ
モッコク
ヤブラン
丘のようにつながったツツジ類などの低木の刈込み

ところどころに空間を設けるように配植する

平面

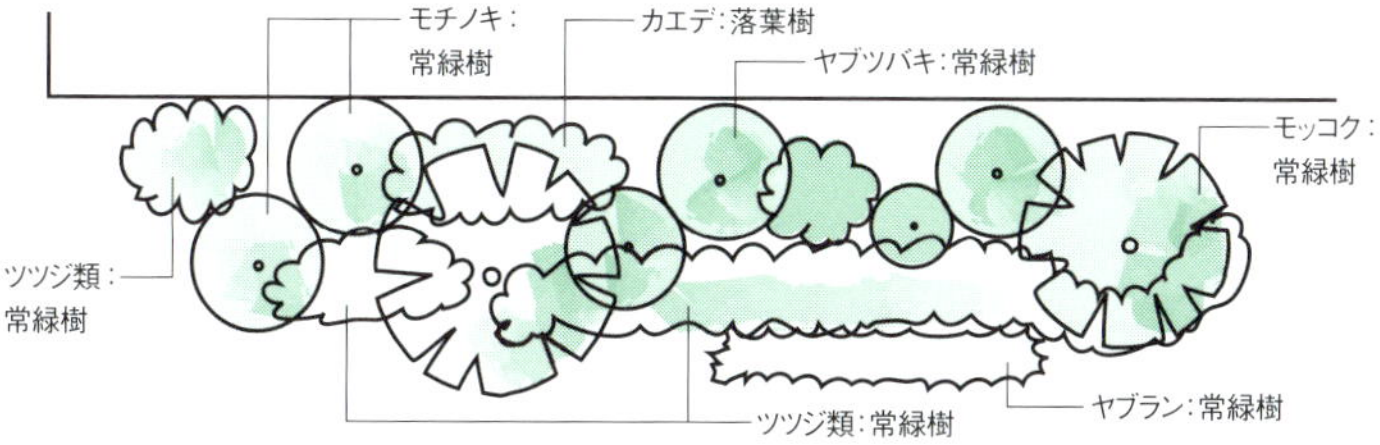
モチノキ：常緑樹
カエデ：落葉樹
ヤブツバキ：常緑樹
モッコク：常緑樹
ツツジ類：常緑樹
ツツジ類：常緑樹
ヤブラン：常緑樹

常緑樹主体で不均一に配置する

添景物の配置

灯籠
景石

灯籠や景石などの添景物を配置すると、さらに和風の雰囲気が増す

灯籠

景石

代表的な樹種

高木・中木	アカマツ、アラカシ、イヌマキ、イロハモミジ、ウメ、サカキ、サザンカ、シダレザクラ、シラカシ、モチノキ、モッコク、ヤブツバキ
低木・地被	カンツバキ、キャラボク、キリシマツツジ、サツキツツジ、チャノキ、ナンテン、ヒサカキ、ヤブコウジ、ヤブラン

12 北欧風の庭

常緑針葉樹《じょうりょくしんようじゅ》で構成する

スウェーデンやフィンランド、ノルウェーなどの北欧圏は、北海道よりずっと寒いため、植えられる樹木も寒さに強いものに限られます。

オウシュウアカマツやシラカンバ、モミ類がその代表ですが、自生《じせい》の高木《こうぼく》の種類は少なく、自然植生も日本ほど多様ではありません。

北海道の自然植生はエゾマツやトドマツなどの亜寒帯針《あかんたいしん》葉樹林《ようじゅりん》が中心で、それらが庭木でも使われています。北欧風の庭の植栽も常緑針葉樹が主な構成樹種となります。

雰囲気に合う樹種と配置

北欧風の庭に適した常緑針葉樹は、ドイツトウヒなどのトウヒ類やモミ、アカエゾマツなどです。常緑針葉樹でもマキ類はあまり適していません。アカマツは和風のイメージが強いものの、北欧ではその仲間が豊富に自生しています。仕立物《したてもの》ではなく、すらっとした樹形の1本ものを植栽に用いるとよいでしょう。青銅《せいどう》色の葉をもつプンゲンストウヒは、北欧風のイメージにぴったり合います。また、常緑針葉樹のセンペルセコイアやニオイヒバは北米原産ですが、雰囲気が合うので、織り交ぜてもよいでしょう。

樹木の足もとはあまり低木《ていぼく》で固めず、シバや地被《ちひ》（スノードロップなどの球根類）で仕上げるようにします。また、ハイビャクシンのような針葉樹を地被として取り入れてもよいでしょう。

常緑針葉樹は円錐形になり、やや人工的な趣になるので、ランダムに配置してもよいのですが、等間隔に植栽するとまとまりやすくなります。開口部が等間隔であるようなシンメトリーな建物なら等間隔に、開口部の位置や建物の形状に規則性がないならば、間隔や高さを変えて配置します【図】。

常緑針葉樹を主体に、足もとは地被程度であっさりとまとめます

[図] 北欧風な庭の配植例

シンメトリーな配置

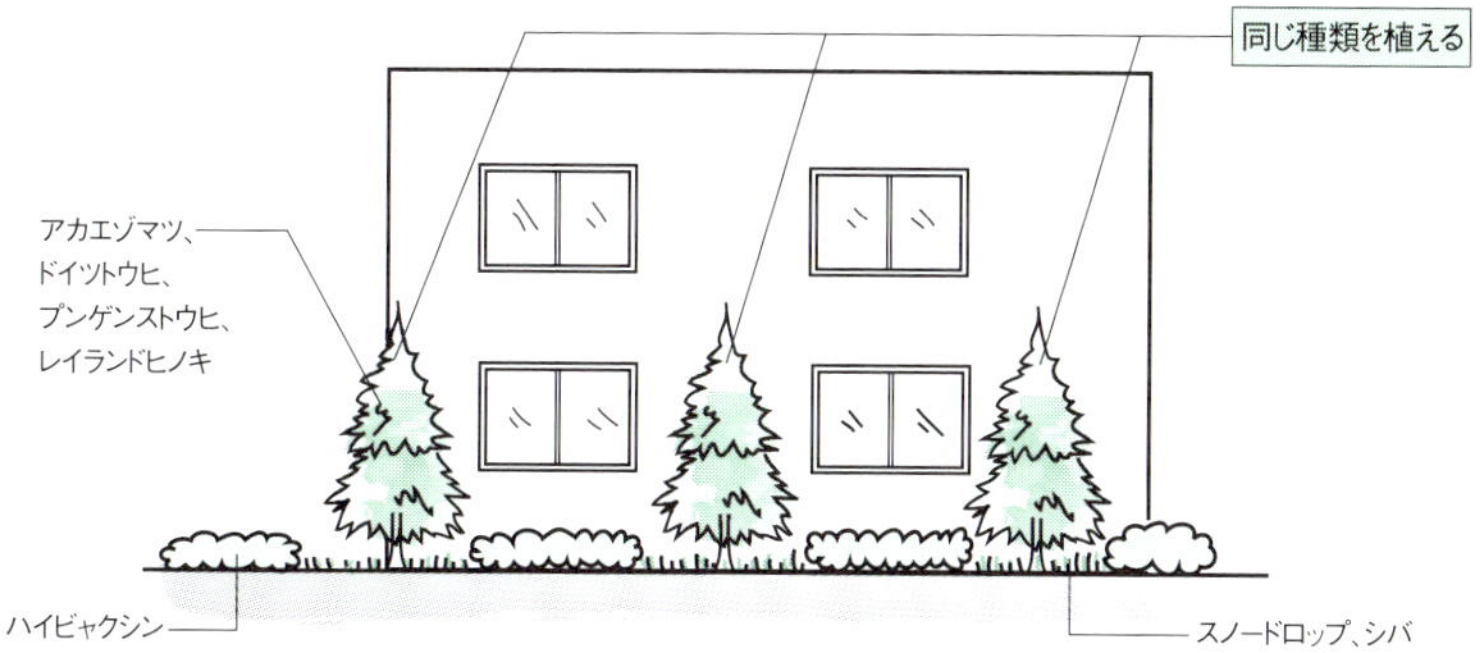
同じ種類を植える
アカエゾマツ、
ドイツトウヒ、
プンゲンストウヒ、
レイランドヒノキ
ハイビャクシン
スノードロップ、シバ

建物のデザインに規則性がある場合は、樹木の選択や配置に規則性をもたせる

アシンメトリーな配置

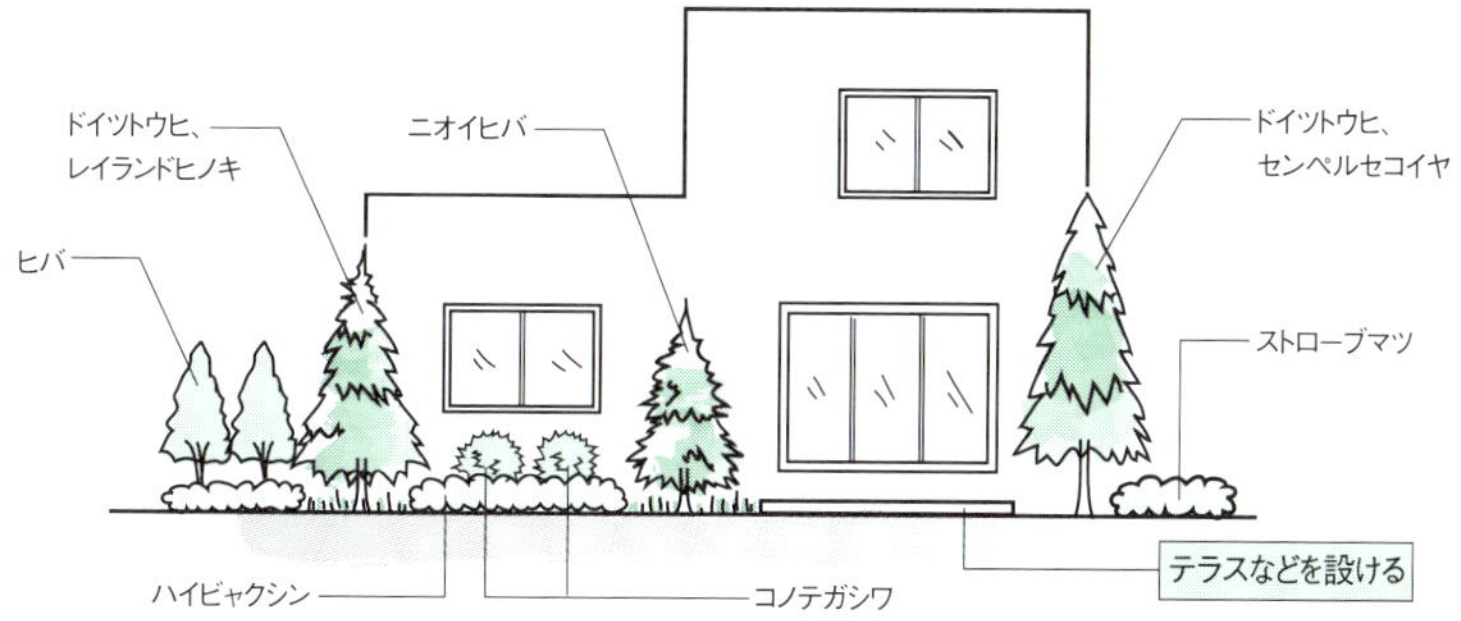
ドイツトウヒ、
レイランドヒノキ
ニオイヒバ
ドイツトウヒ、
センペルセコイヤ
ヒバ
ストローブマツ
テラスなどを設ける
ハイビャクシン
コノテガシワ

建物の開口部やフォルムに規則性がない場合、ランダムに配植する

ドイツトウヒ。
マツ科トウヒ属の常緑針葉樹

代表的な樹種

高木・中木	アカエゾマツ、イチイ、センペルセコイア、ドイツトウヒ、ニオイヒバ、ヒマラヤスギ、プンゲンストウヒ、モミ
低木・地被	エリカ類（ヒース）、シラー、スズラン、スノードロップ、セイヨウシバ、ミヤマビャクシン

13 地中海風の庭

細かい葉の樹種で構成

近年のヒートアイランド現象など、温暖化の影響で、首都圏を中心とした都市部では、もともと暖かい地方でしか育てられなかった樹木が、屋外でも栽培できるようになりました。たとえば、レモンなどの柑橘《かんきつ》類やオリーブなどがその代表的な例です。

このため、南欧・地中海風の庭はつくりやすくなったといえます。地中海風といえば、常緑《じょうりょく》広葉樹《こうようじゅ》が主な構成樹になります。比較的乾燥した地域なので、大きくボリュームのある花を付けるものは少なく、細かくて厚みのある葉をもつ樹種が主体になります【図】。

地中海風の庭をつくるには、風通しがよく、日差しが溢れるような空間づくりがポイントになります。オリーブやフサアカシア（ミモザ）、ローズマリー、ラベンダー、サルビア類などを取り入れるとよいでしょう。

花色も地中海風に

オリーブや柑橘類はもともと大きくなる樹種ではないので、植栽樹ではおよそ2m前後の高さのものを選びます。一方、フサアカシアは初めは1m前後の高さのものを植栽しますが、3年ほどで高さ3m、幅3mにも生長《せいちょう》し、6年ほどでその倍になります。大木の移植《いしょく》ができないので、あらかじめその広がりを考えて植栽することが大切です。

柑橘類ではレモンやオレンジなどを用いるとよいのですが、寒さに耐えられない場合は、黄色い実がなるナツミカンやキンカンで代用します。

低木《ていぼく》や地被《ちひ》でも地中海らしい雰囲気が出せるので、ローズマリーやラベンダー、サルビア類をバランスよく配置します。

低木や地被、草本《そうほん》類は花の色で決めてもよいでしょう。花色は赤ではなく、白やバイオレット、黄色が地中海風の庭には合うでしょう。

柑橘類や細かい葉の樹木を主体に、日当たりがよく、乾いた印象を演出します

［図］地中海風の庭の配色例

立面

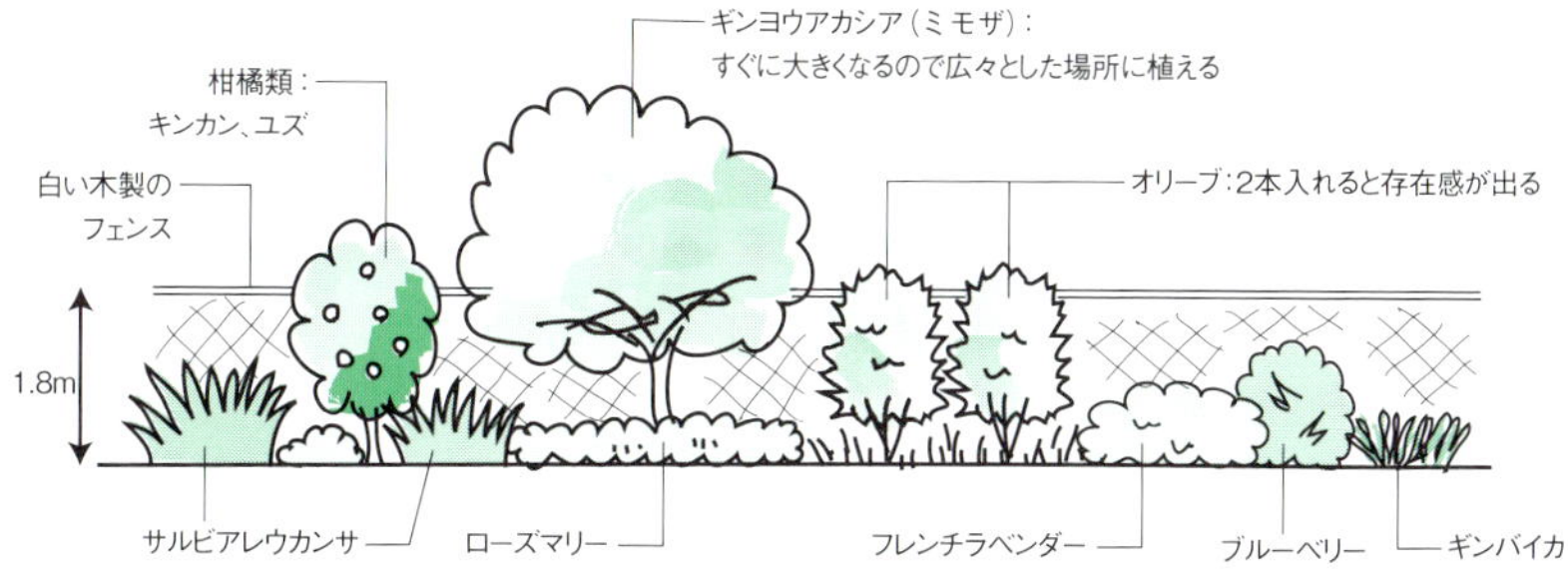
ギンヨウアカシア（ミモザ）：
すぐに大きくなるので広々とした場所に植える
柑橘類：
キンカン、ユズ
白い木製の
フェンス
オリーブ：2本入れると存在感が出る
1.8m
サルビアレウカンサ
ローズマリー
フレンチラベンダー
ブルーベリー
ギンバイカ

平面

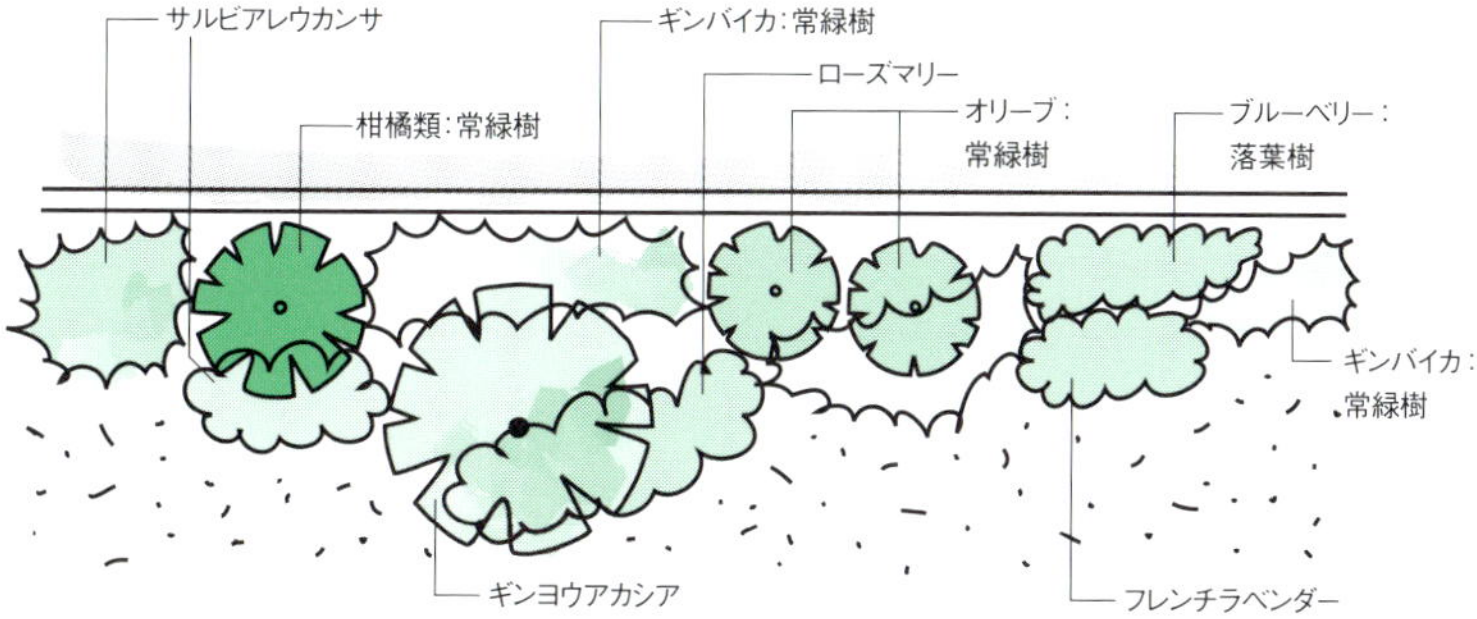
サルビアレウカンサ
ギンバイカ：常緑樹
ローズマリー
柑橘類：常緑樹
オリーブ：
常緑樹
ブルーベリー：
落葉樹
ギンバイカ：
常緑樹
ギンヨウアカシア
フレンチラベンダー

地中海風の庭は常緑樹主体で構成。大きな葉や花の樹種ではなく、細かい葉の樹種を使うのがポイント

フサアカシア（花）。マメ科アカシア属の常緑広葉樹。別名はミモザ

代表的な樹種

高木・中木	オリーブ、キンカン、ギンヨウアカシア、ザクロ、ナツミカン
低木・地被	ギンバイカ、サルビアグアラニティカ、サルビアレウカンサ、ブッドレア、フレンチラベンダー、ブルーベリー、ラベンダー、ローズマリー

14 オージー系の庭

温暖化で導入可能になった

東京23区や大阪市などの都市部は温暖化の影響で気温が高くなり、さらに夜間の気温も下がりにくくなっているため、屋上庭園やテラスといった建物の上に土を敷いてできる植栽地は乾燥しやすくなってしまいました。そのため、暑さと乾燥に強い樹種のニーズが高まっています。

しかし、日本に自生する樹木のほとんどは水を欲しがるタイプのため、対応できるものが少ないのが実情。そこで近年、ウェストリンギア（別名オーストラリアン・ローズマリー）やニューサイランなどのようなオーストラリアやメキシコの乾燥地帯に自生、植栽されている植物に注目が集まっています。これらの植物は葉の形にも個性があり、さらに葉の色も白っぽい緑や青っぽい緑など、日本に自生する植物とはかなりニュアンスが違うものが多く、狭い緑地でもインパクトのある空間をつくれます。

日当たりと気温がポイント

オーストラリア系の植物はきっちりとした樹形ではなく、ぼわーっと広がる傾向があります。また、ユーカリ類をはじめとして、成長が非常に旺盛なものが多いため、低く剪定しながら使いましょう。特に土中の根は、上部の幹や葉の生長に比べて発達が遅いため、幹と根のバランスが悪いです。そのため、強風などの影響で倒れやすく、剪定は必須となります。

庭に採用する際は、日当たりが良いことが第一条件。じめじめとした空間も苦手なので、土は排水性が高い方が良く、砂利などで表面を仕上げましょう。アガベが代表的な人気のリュウゼツラン属は、葉が堅くとがっているため、通路際や人が触れやすいところに設置しないなどの注意が必要です【図】。

常緑で大きな葉の樹木を主木に、あまり密植させず、スペースをつくります

［図］オージー系の庭の配植例

オージー系の庭の配植

①立面

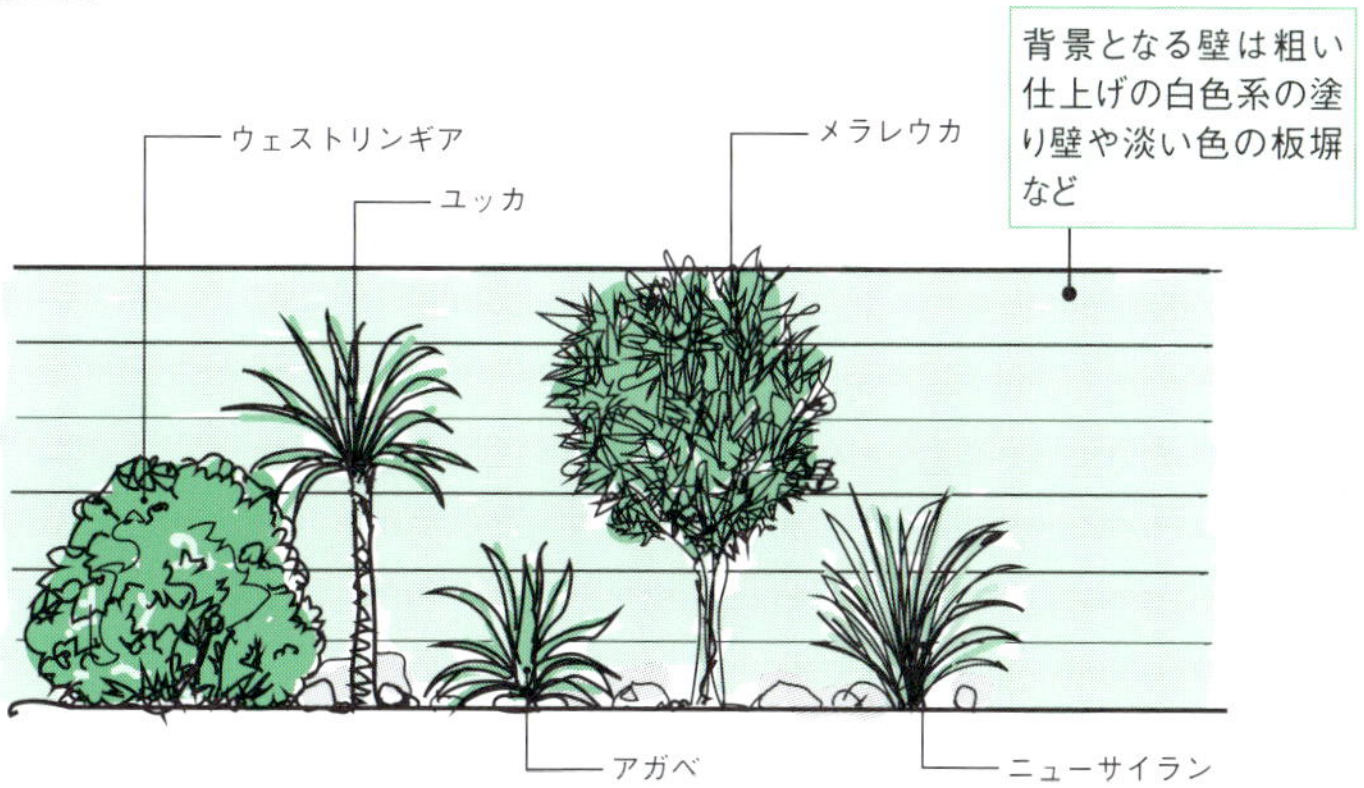
背景となる壁は粗い仕上げの白色系の塗り壁や淡い色の板塀など
ウェストリンギア
ユッカ
メラレウカ
アガベ
ニューサイラン

②平面

ウェストリンギア
ユッカ
アガベ
メラレウカ
ニューサイラン
石

乾燥地帯で自生、植栽される樹種を配植

代表的なアガベ（アオノリュウゼツラン）はメキシコ原産

オージー系の庭に向く樹種

高木・中木	オリーブ、ドドナエア、フェイジョア、ブラシノキ、メラレウカ、マルバユーカリ、ユッカ類、レモンユーカリ
低木・地被	アガベ類、ウェストリンギア、ギョリュウバイ、ニューサイラン、ハーデンベルギア、パンパスグラス

15 収穫を楽しむ庭（エディブルガーデン）

○収穫が楽しめるガーデン

菜園やハーブ園は1㎡ほどの小さなスペースがあれば手軽につくることができます。日当たりのよい場所を確保し、肥料や腐葉土《ふようど》をたっぷり含む土を用意します。ただしハーブ類であれば、土をそれほど肥沃《ひよく》にしなくても問題はありません。

野菜が生長《せいちょう》すると、庭は雑多な雰囲気になりやすく、イギリスの修道院の庭のように、レンガブロックや枕木、常《じょう》緑低木《りょくていぼく》（クサツゲ、マメツゲ）で菜園のエッジをつくると美しく仕上がります。トマトやナス、マメ科の野菜などは連作を嫌うので、土が入れ替えやすいようにつくっておくことも重要です【図1】。

地表のスペースがあまりとれない場合は、壁面を活用します。日当たりのよい壁にネットを設置し、ゴーヤやヘチマなどのつる性植物を這《は》わせれば、夏の間収穫が楽しめます。また、壁面緑化【116〜117頁参照】として夏の日差しを和らげ、省エネ効果も期待できます。

○生活に利用するハーブ

ハーブは薬用や調理などに利用される植物の総称です。草《そう》本《ほん》タイプと樹木タイプがあり、植物の性質を理解して土づくりや水遣《みずや》りを行えば、栽培・管理が容易で、誰でも簡単に収穫が楽しめます。

樹木タイプは一年を通して管理が簡単です。肉料理の香味付けなどに使われるローズマリー、葉の香りが魅力のギンバイカ、サンショウも庭の片隅に植栽しておくと便利です。シチュー料理に使えるゲッケイジュは、生垣《いけがき》やシンボルツリーにもなります。草本タイプで最も丈夫なのがミント類です。1株植えただけで勢いよく広がります。タイムは乾燥気味の場所を好むので、石積みの間に植栽しても面白いでしょう。カモミールはかわいい白い花を咲かせ、花も葉も利用できますが、暑さを嫌うので注意が必要です【図2】。複数のハーブを同時に育てる場合、種類ごとにレンガなどで区切って植栽すると管理しやすくなります。

[図1] 菜園の設計

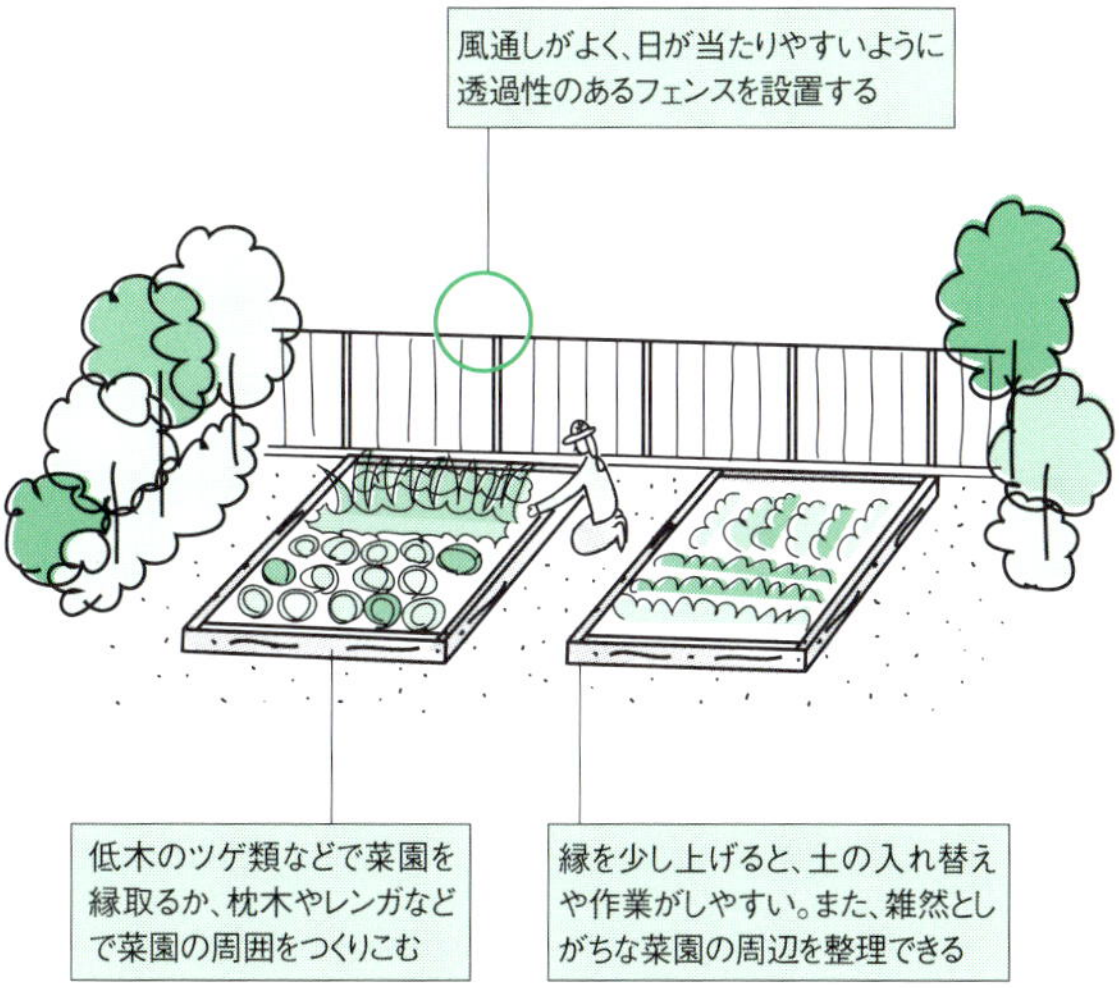
風通しがよく、日が当たりやすいように透過性のあるフェンスを設置する
低木のツゲ類などで菜園を縁取るか、枕木やレンガなどで菜園の周囲をつくりこむ
縁を少し上げると、土の入れ替えや作業がしやすい。また、雑然としがちな菜園の周辺を整理できる

菜園で比較的簡単に育てられる野菜

葉を食べる	イタリアンパセリ、クーシンサイ、コマツナ、シソ、シュンギク、スイスチャード、チンゲンサイ、ホウレンソウ、バジル、パセリ
実を食べる	イチゴ、エダマメ、カボチャ、トウモロコシ、ナス、ミニトマト
根を食べる	サツマイモ、ダイコン、ニンジン、ラディッシュ

[図2] ハーブを使った庭の配植例

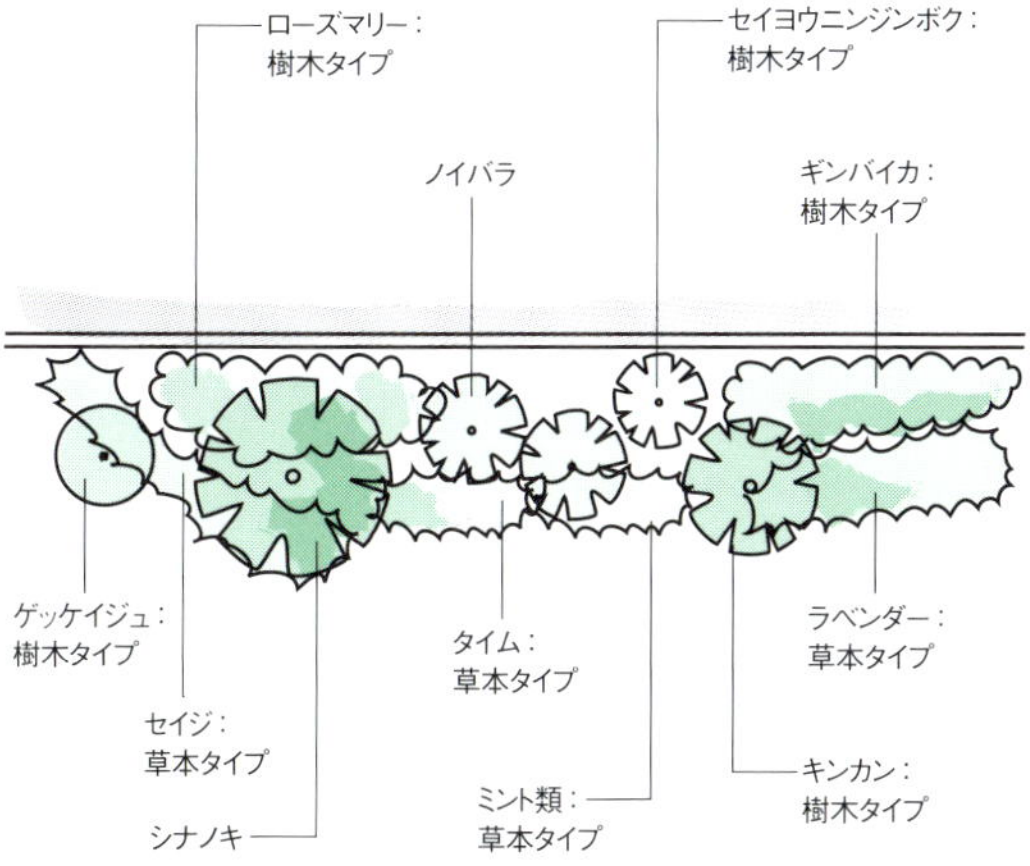
ローズマリー：樹木タイプ
セイヨウニンジンボク：樹木タイプ
ノイバラ
ギンバイカ：樹木タイプ
ゲッケイジュ：樹木タイプ
セイジ：草本タイプ
シナノキ
タイム：草本タイプ
ミント類：草本タイプ
ラベンダー：草本タイプ
キンカン：樹木タイプ

日当たりの良い場所で草本タイプと樹木タイプを混ぜながら植栽する

植栽できるハーブ

使用部分	植物名
花を使う（葉も使える）	ジャーマンカモミール、ナスタチウム、ハイビスカス・ローゼル（実も利用）、ベルガモット、マロウ、ヤロウ（セイヨウノコギリソウ）、ラベンダー類（夏の蒸し暑さに弱いものがあるため購入時に植栽場所の気候に合ったものを選ぶ）
葉を使う	イタリアンパセリ、エキナセア、オレガノ、ゲッケイジュ、コリアンダー（パクチーのこと）、セージ類、タイム（クリーピングタイムは乾燥気味の場所でも繁殖力旺盛）、バジル、ヒソップ、フェンネル、ミント類（ミント類はどれも繁殖力旺盛）、レモンバーム、ローズゼラニウム、ローズマリー（横に這うタイプや直立するタイプなど樹形がいろいろある）

16 子どもが楽しめる庭

○子どもが楽しめる樹種

子どもがいる家庭では、樹木を植栽する部分と、それ以外に自由に遊べるスペースをつくると喜ばれます。動き回れるスペースは舗装材で覆うか、シバを植える［158頁参照］のが無難でしょう。シバは常に踏みつけられると弱ってしまうので、よく運動する部分はシバを植えず土を固めておく程度でもよいでしょう。

花や実、葉などが個性的なものを選ぶと、子どもが興味をもち、遊びにも取り入れられます【図】。チョウやカブトムシが寄ってくる樹木を入れてもよいでしょう。子どもが遊びやすいものには、ブナ科のカシ類（シラカシ、アラカシ）とナラ類（コナラ、クヌギ）などドングリがなるものがあります。スダジイのドングリは加熱すると食べることもできます。

変わった形の葉やきれいな花は、押し花に使うことができます。

木登りに利用するものは、枝が太くなって折れにくく、幹肌が荒れていない樹種を選びます。クスノキやエノキ、ケヤキなどが向いています。ただ大木で横に広がるので、狭い空間には向いていません。また、2階の開口部近くに配置すると、外部から侵入されやすくなるので注意が必要です。

○有毒の樹種は避ける

植栽を考えるに当たって、身体に害のある虫がつきにくいもの、有毒でないものを基本にします。

身体に害のある虫の代表はチャドクガです。これがつきやすいツバキ類は避けたほうがよいでしょう。また、庭木でよく使われるもので有毒なものはキョウチクトウ、ミヤマシキミ、シキミ、キダチチョウセンアサガオなどです。このほかアセビ、エゴノキ、レンゲツツジにもやや毒性があり、実や枝など子どもが直接手に触れる場所には植栽しないほうがよいでしょう。

変わった形の葉、きれいな花、実がなる木を植栽して、有毒植物やトゲのある樹木はさけよう

［図］子どもが楽しめる庭の配植例

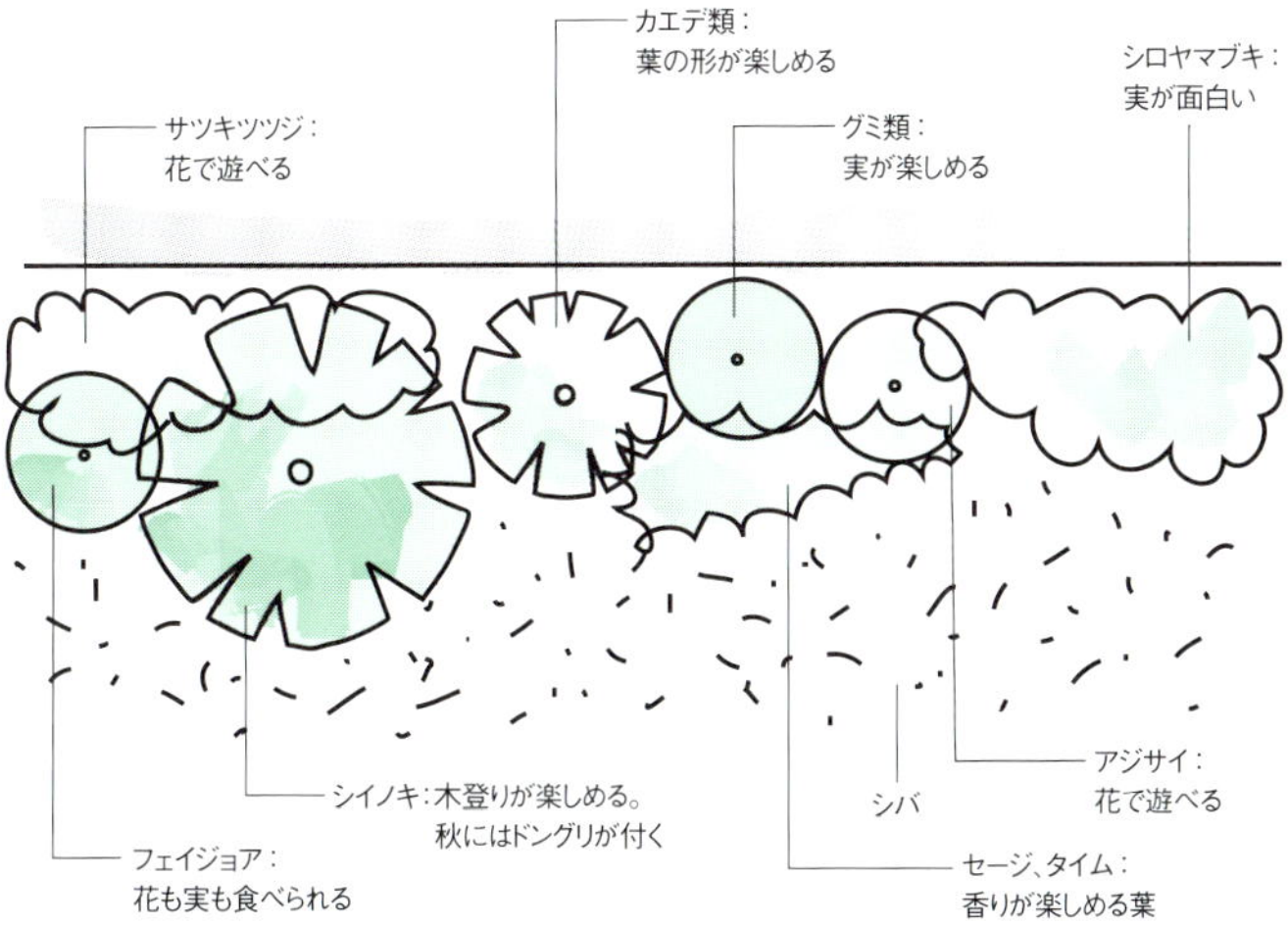
カエデ類：
葉の形が楽しめる
シロヤマブキ：
実が面白い
サツキツツジ：
花で遊べる
グミ類：
実が楽しめる
シイノキ：木登りが楽しめる。
秋にはドングリが付く
シバ
アジサイ：
花で遊べる
フェイジョア：
花も実も食べられる
セージ、タイム：
香りが楽しめる葉

子どもが楽しめる庭は葉や花、実に特徴のある樹種を選択するのがポイント

子どもが楽しめる樹種

	高木・中木	低木・地被
花を楽しむ	ウメ、サクラ類、シコンノボタン	アジサイ、ツツジ類
実を楽しむ	①遊ぶ素材（ドングリなど） アラカシ、クヌギ、コナラ、シラカシ、スダジイ、ムクロジ ②食べる アンズ、ウメ、カキ、キンカン、クワ、ジューンベリー、ナツミカン、ビワ、ヒメリンゴ	①遊ぶ素材（色を楽しむ他） アオキ、コムラサキシキブ、シロヤマブキ、ジュズナ、センリョウ、ヘチマ、マンリョウ ②食べる ウグイスカグラ、キウイ、ナワシログミ、ブドウ、ブルーベリー、　ユスラウメ
葉っぱを楽しむ	イロハモミジ、カシワ、シュロ、ヤツデ	キヅタ、ツワブキ、ナツヅタ

子どもに危険な樹種

	高木・中木	低木・地被
トゲなどがあって危ない	カラスザンショウ、カラタチ、サンショウ、ハリギリ	アザミ類、サルトリバラ、ジャケツイバラ、ノイバラ、ハマナス、メギ
毒がある	イチイ（赤い実の中ほど）、エゴノキ、キョウチクトウ、シキミ	アセビ、キダチチョウセンアサガオ、スズラン、ドクウツギ、ヒョウタンボク、ミヤマシキミ、レンゲツツジ

17 池の植栽

水生《すいせい》植物を植える

和風庭園などで見られる池は、コイが泳いでいることが多いのですが、コイは草を食べてしまうため、池に直接植栽することは避けます。しかし、メダカなどの小型魚であれば、水中にも植栽することが可能です。水生植物を植えることで、水中の生物は隠れ場所ができ、さらに水質の浄化や水温上昇の緩和にも役立ちます。

水生植物には、水面に浮かぶ浮遊《ふゆう》植物や、水面に葉を広げる浮葉《ふよう》植物、地上に茎《くき》を伸ばして葉を展開させる抽水《ちゅうすい》植物などがあります。それぞれの生長《せいちょう》形態を把握して、バランスよく植栽することを心がけます【図】。

鉢に植えて沈める

水深が1mを超えない程度の池ならば、池底の土に根を張って育てられる植物は豊富にあります。ただし、ほとんどの水生植物は日光を好みますから、日当たりのよさがポイントになります。また、水生植物や湿性植物は、最適な環境がそろうと繁茂しすぎるので注意が必要です。

水はポンプなどを使って循環させるか、あるいは常に新鮮な水が入るようなシステムをつくっておきます。よどみができると藻《も》が発生するためです。藻は水温が高くなる夏によく発生します。水質をよくするといわれるヨシやガマ、黄色い花がきれいなキバナショウブなどを取り入れるとよいでしょう。

池底が石やコンクリートである場合は、植木鉢に植え、水の中に沈めて植栽します。繁茂しやすい水生植物をあえて鉢に植栽して生長をコントロールしてもよいでしょう。また、水面に浮くホテイアオイなどの浮遊植物であれば、手軽に取り入れられます。水生植物や湿性《しっせい》植物などの水辺の植物はほとんどが冬に枯れるので、水質の維持のために、枯れた部分を刈り取るようにします。

水生・湿生植物は、鉢植えにすると生長のコントロールができます

[図] 池の植栽

池底が土の場合

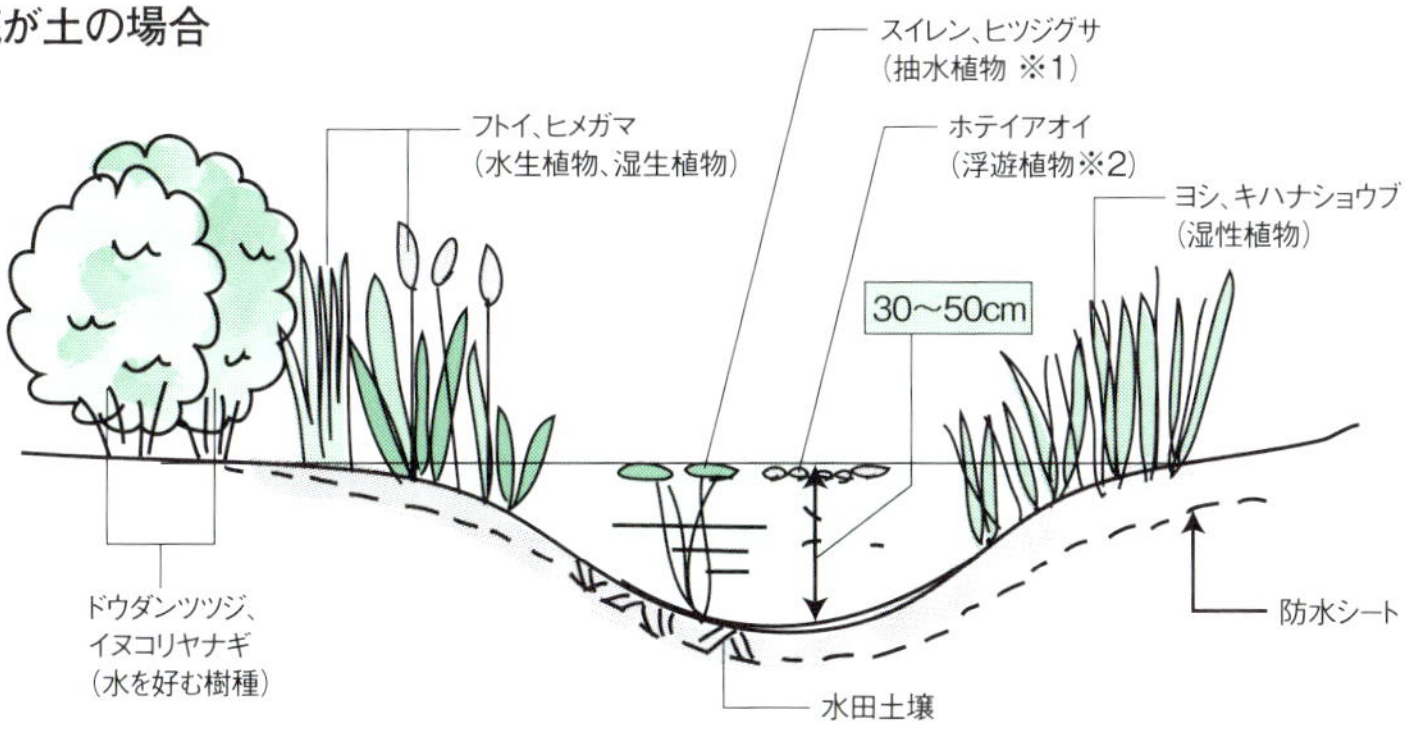
スイレン、ヒツジグサ
(抽水植物 ※1)
フトイ、ヒメガマ
(水生植物、湿生植物)
ホテイアオイ
(浮遊植物※2)
ヨシ、キハナショウブ
(湿性植物)
30〜50cm
ドウダンツツジ、
イヌコリヤナギ
(水を好む樹種)
防水シート
水田土壌

※1 水生植物の一種で、根を水底に張り、茎の下部は水中だが、茎か葉の一部が水上に突き出ている植物のこと
※2 水生植物の一種で、根が水底に張らず、水中や水面を浮遊している植物のこと

池底がコンクリートの場合

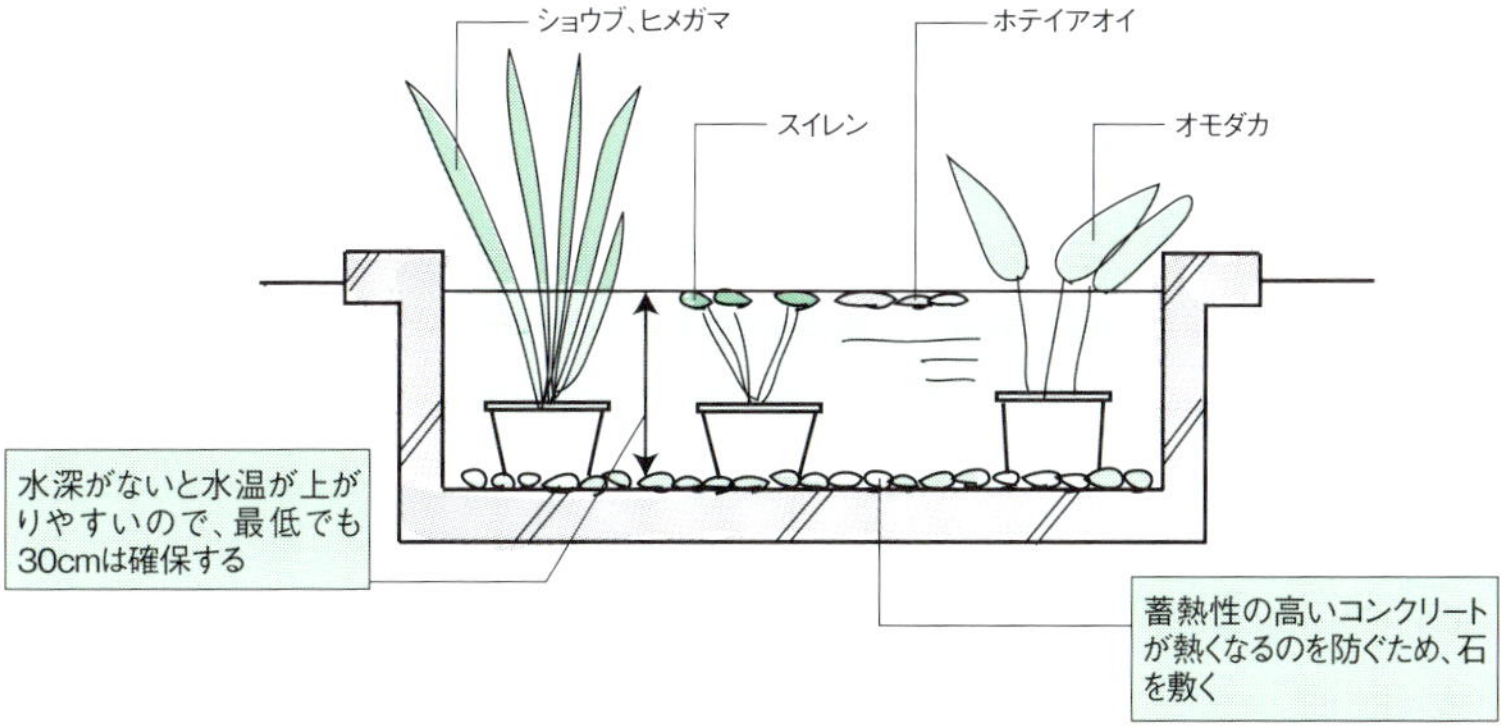
ショウブ、ヒメガマ
ホテイアオイ
スイレン
オモダカ
水深がないと水温が上がりやすいので、最低でも30cmは確保する
蓄熱性の高いコンクリートが熱くなるのを防ぐため、石を敷く

池に使える植物

	湿生植物	抽水植物	浮葉植物	浮遊植物	沈水植物
樹種名	カキツバタ、キハナショウブ、クサレダマ、サギソウ、サワギキョウ、タコノアシ、ノハナショウブ、ミズトラノオ、ミソハギ、ミミカキグサ	アギナシ、オモダカ、ガマ、コウホネ、サンカクイ、ショウブ、スイレン(ハス)、ヒメガマ、フトイ、マコモ、ミズアオイ、ミクリ、ミツガシワ、ヨシ(アシ)	アサザ、オニバス、ガガブタ、ジュンサイ、デンジソウ、ヒシ、ヒツジグサ、ヒルムシロ	ウキクサ、タヌキモ、トチカガミ、ホテイアオイ、ムジナモ	セキショウモ、ホザキフサモ、マツモ、ミズオオバコ

18 生態系が宿るビオトープ

生態系が宿る庭

都市部では開発が優先され、緑豊かな自然が失われつつあります。そこで身近な自然を再現するような植栽を考え、生態系が息づく場所をつくろうという運動が盛んになっています。これがビオトープの概念を取り入れた庭です。

ビオトープとはギリシャ語で、生命（Ｂｉｏ）と場所（Ｔｏｐｏｓ）という2つの言葉を組み合わせた造語です。ドイツで生まれた考え方で、生物社会の生息空間を指しています。広い意味では豊かな自然環境すべてがビオトープといえますが、もっぱら人が生活する場所に集約されています。昆虫、魚類、鳥類、小動物が生息できる、あるいは飛来できる空間づくりを目指すものです。

日本でビオトープというと、主にメダカが泳ぎ、トンボがやってくる水辺の空間に限定されたイメージになりがちですが、生物が暮らす場所であれば、水辺だけではなく、野原でも樹林でもよいのです。ただ、水辺があると多様な生物が暮らしやすくなるので、本格的なビオトープを目指すのであれば、池や水鉢などで水辺環境をつくりたいものです［図］。

植物は在来種《ざいらいしゅ》を取り入れる

生物を呼ぶためには、そのエサになるものや、棲《す》み家《か》になるものを設置します。植物、水、石、土のような自然素材を利用する以外に、人工物でも昆虫や鳥類などの棲み家になります。

ビオトープは見た目の管理が行き届いた空間より、自然なテイストで、生物が棲みやすい環境をつくることが先決です。園芸種ではなく、周囲に自生《じせい》する在来種を取り入れてみるとよいでしょう。

生物が棲みやすい場所を設けると、たとえばハチやカラスなど、あまり喜ばれない生物もやってきます。造園する際には、住宅周辺の事情も考えておく必要があります。

植物と小動物、鳥、魚、昆虫が共存できる水辺環境を再現。適度に維持管理します

[図] ビオトープの配植例

立面

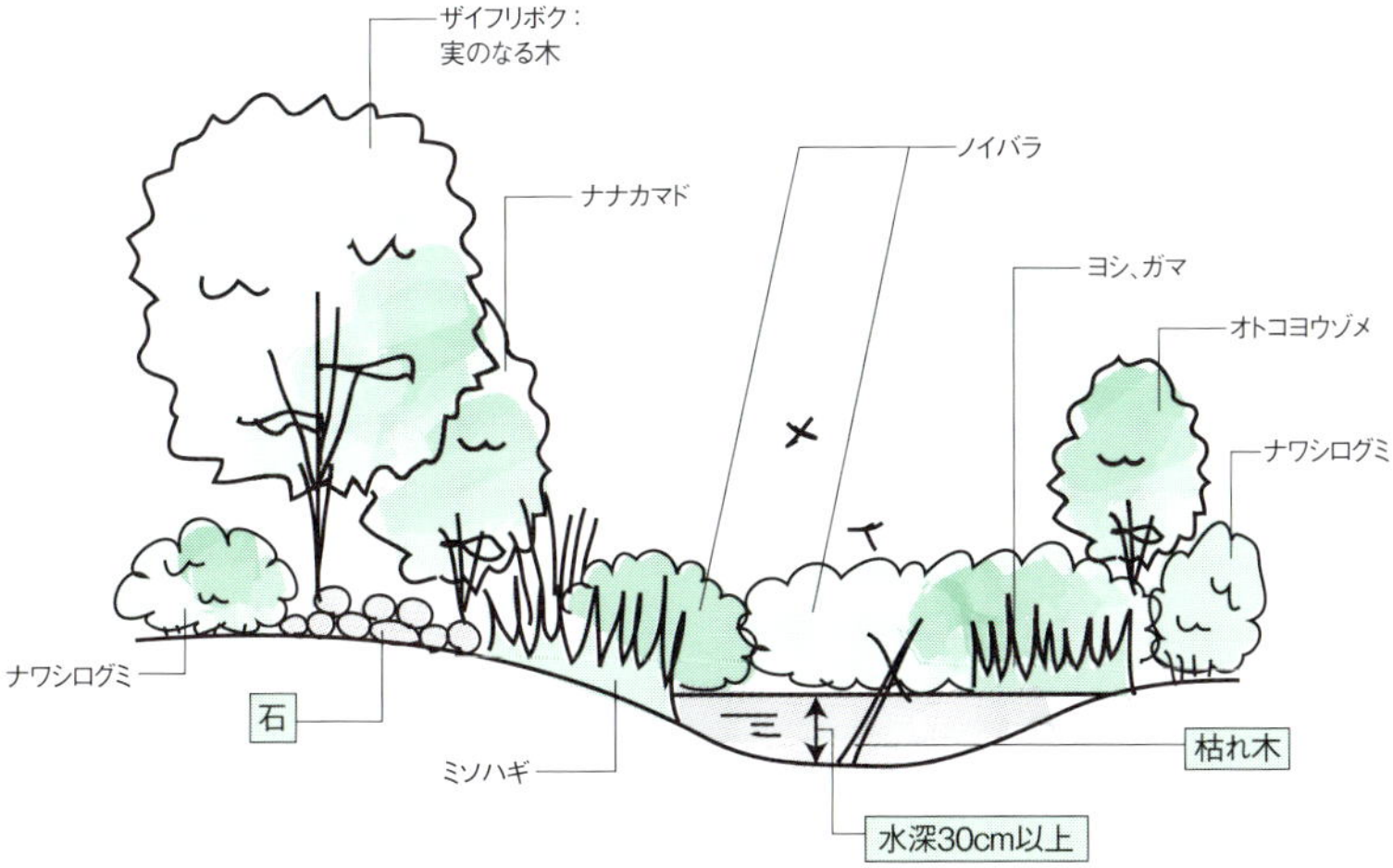
ザイフリボク：
実のなる木
ナナカマド
ノイバラ
ヨシ、ガマ
オトコヨウゾメ
ナワシログミ
ナワシログミ
石
ミソハギ
枯れ木
水深30cm以上

平面

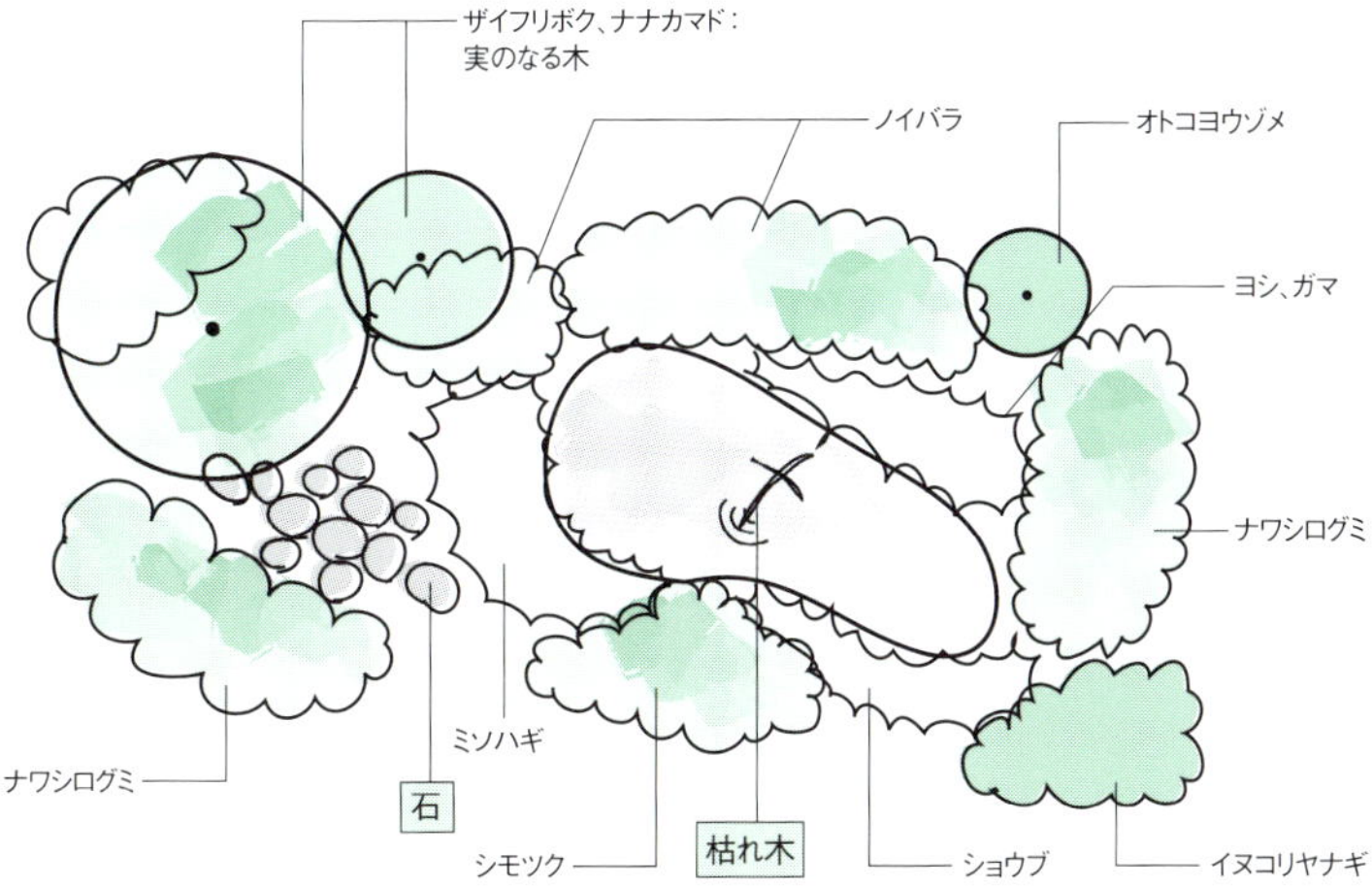
ザイフリボク、ナナカマド：
実のなる木
ノイバラ
オトコヨウゾメ
ヨシ、ガマ
ナワシログミ
ミソハギ
ナワシログミ
石
シモツケ
枯れ木
ショウブ
イヌコリヤナギ

樹木だけでなく、石や枯れ木なども取り込んで、生物が暮らしやすい環境をつくることがポイント

19 タケやササを使った庭

タケやササは上方向にすらっと伸びるため、狭い空間でも効率的に緑化できる素材として、住宅用植栽によく用いられます［104頁参照］。ただし、地下茎《ちかけい》が横に広がるため、根が近隣へ伸びないよう対策が必要になります［図1］。

ちなみにタケとササの違いは、タケ分類の第一人者の室井綽氏によると、生長《せいちょう》後に稈《かん》（幹《みき》の部分）の皮が落ちるのがタケ類で、落ちないのがササ類とされています。また、ササ類のなかでもほとんど地下茎を出さないのがバンブー類です。

タケとササの利用法

タケは生長が速く、春芽が多く出て2カ月ほどで生長形となり、1年もすると6m程度に伸びます。1本の寿命が短く、7年程度で枯れます。枯れたタケは地際《じぎわ》で切り倒します。タケは稈に直射日光が当たるのを嫌いますが、葉には光を当てたほうがよいので、タケの真上に光が当たるような中庭が生育環境として適しています。ただし、風通しが悪いとカイガラムシがつきやすいので注意します。

通常植栽に使われるタケで背の高いものはモウソウチクとマダケ。高さ7m前後で植栽でき、2階の窓からも葉が観賞できます。地下茎が広がるタイプなので、地面から1m程度の深さまでゴムシートやコンクリートで区切るような仕組みをつくると安心です［図2］。ボリュームを抑えたいときはクロチクやダイミョウチク、シホウチクなどがおすすめです。

植栽でよく使われるササ類は、カンチクとヤダケで、生長するとヤブ状になります。また地被《ちひ》によく利用されるクマザサは刈り込むと緑鮮やかなグランドカバーになり、和・洋の庭によく似合います。

なお、タケ類は横に根を張るものが多いので、土留めの効果が期待できます。ただし、根が新しい環境に落ち着くまでは表土は流れやすく、施工初期は土で排水層がつまらないように注意が必要です。

タケは狭い空間でも植栽可能。ただし、地下茎の広がり対策は不可欠です

[図1] タケが育つ環境

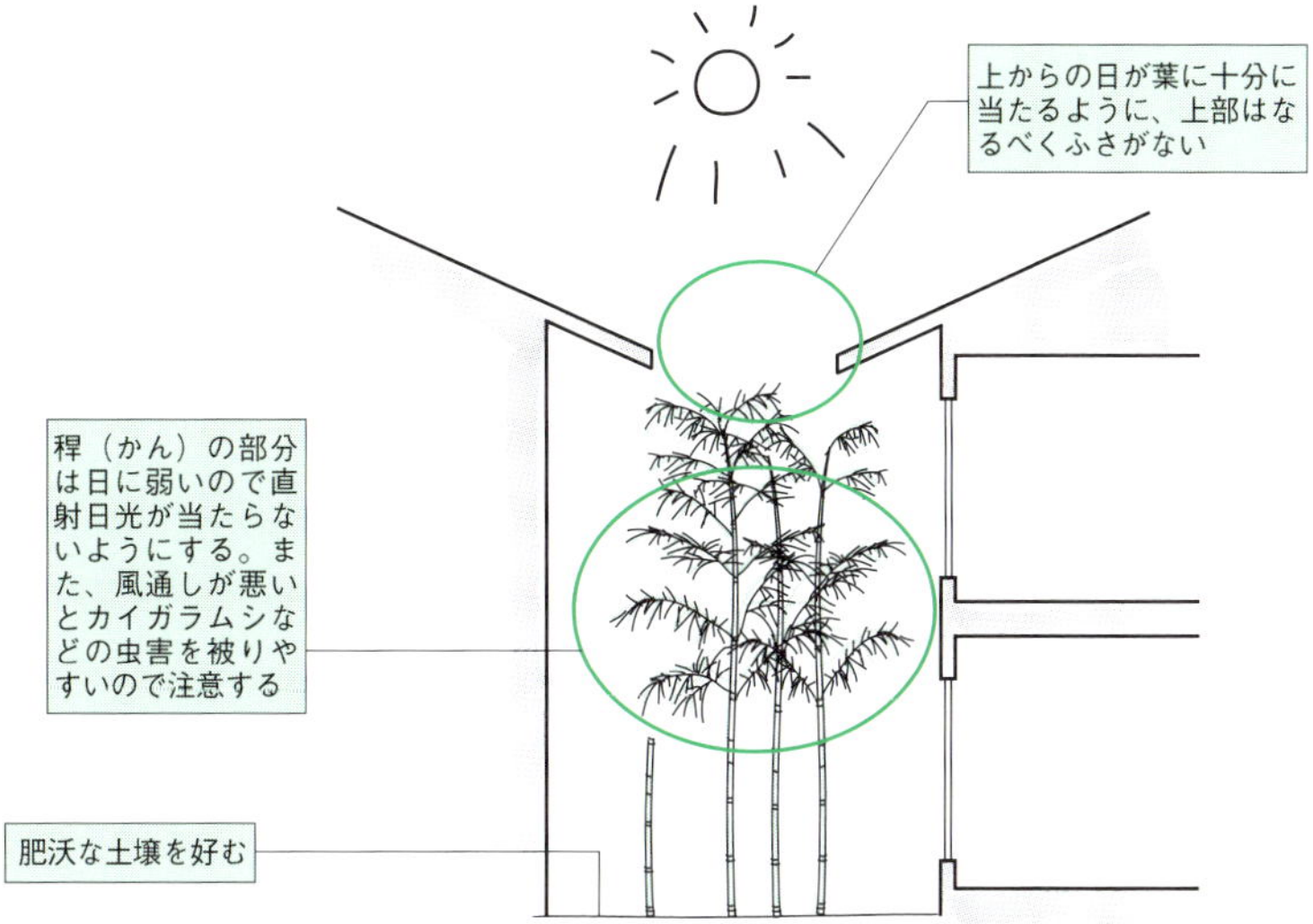
上からの日が葉に十分に当たるように、上部はなるべくふさがない
稈（かん）の部分は日に弱いので直射日光が当たらないようにする。また、風通しが悪いとカイガラムシなどの虫害を被りやすいので注意する
肥沃な土壌を好む

住宅用植栽に向くタケの種類は、キッコウチク、キンメイモウソウチク、クロチク、シホウチク、シュチク、ナリヒラダケ、ハチク、ホウライチク、ホテイチク、マダケ、モウソウチク、などである

[図2] タケの根張りを抑える方法

タケは根が横に広がるため、植栽には注意が必要。地面よりも1m程度の深さまでコンクリートなどで遮蔽すると、根の広がりはある程度抑えられる

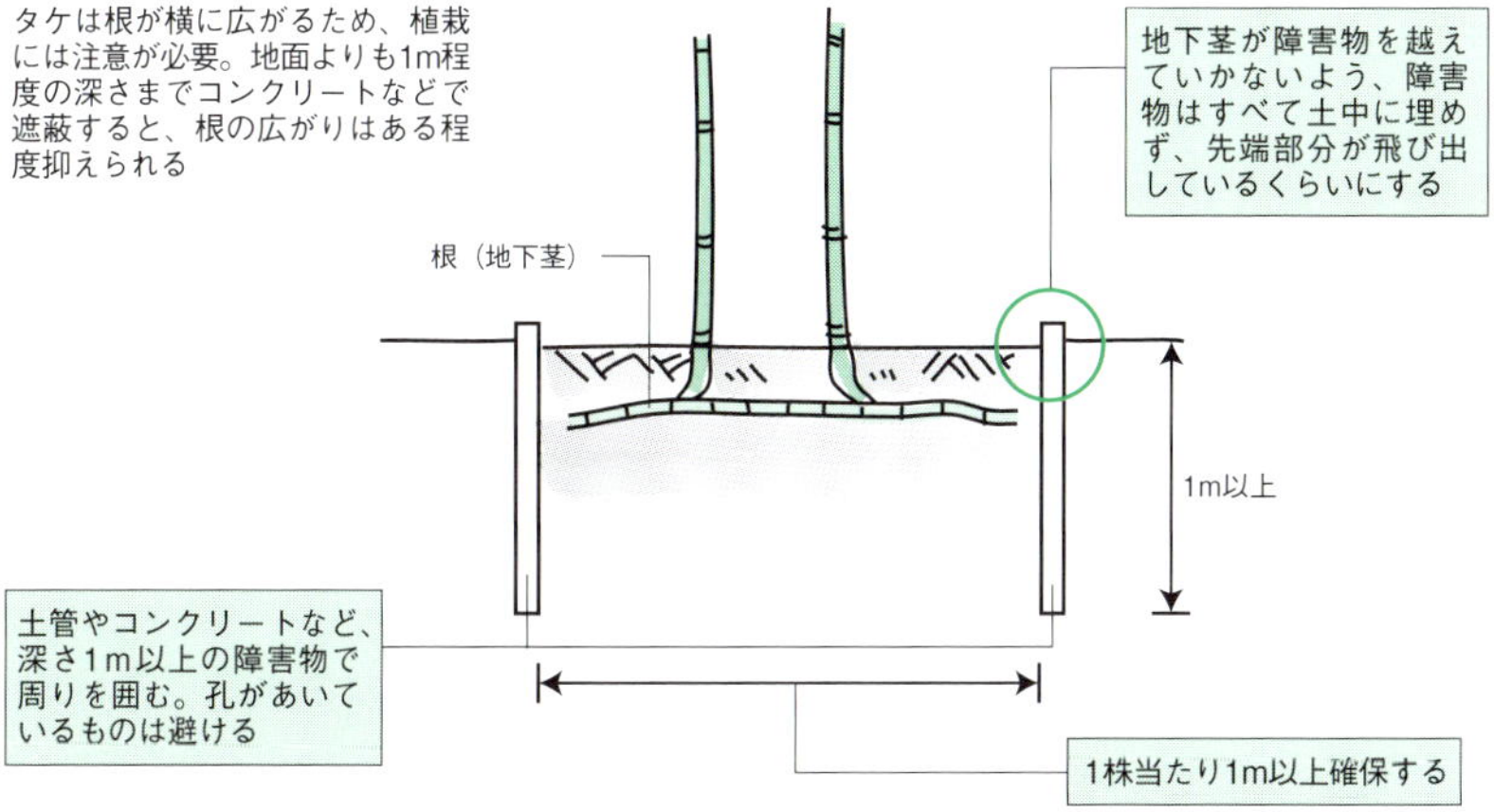
根（地下茎）
地下茎が障害物を越えていかないよう、障害物はすべて土中に埋めず、先端部分が飛び出しているくらいにする
1m以上
土管やコンクリートなど、深さ1m以上の障害物で周りを囲む。孔があいているものは避ける
1株当たり1m以上確保する

20 シバ・シダを使った庭

シバを使った庭

シバは大きく分けて、ノシバやコウライシバのように冬に枯れる夏型種と、コロニアルベントグラス、ケンタッキーブルーグラスのように夏の暑さに弱いが冬に緑色を保つ冬型種があります。根を広く張り巡らせるので、敷地の土留めにも利用されています。

夏型のシバは、地下茎《ちかけい》で広がるので、マット状に加工されたシートを張って施工します。冬型シバは毎年、秋に種をまいて育てます。草丈が30㎝以上になるため、カーペット状にするには刈込み回数を増やさなければなりません。

夏型、冬型とも日光を好み、半日以上日陰になると生育不良になります【図1】。シバをきれいに保つには刈込み、目土《めつち》入れ、雑草とり、施肥《せひ》など、意外と手間がかかるもの。シバ以外を除草する薬剤もありますが、使用に当たっては管理者と十分協議し、散布範囲を決めて利用しましょう。

シダを使った庭

シダは樹木の足もとや景石《けいせき》の添え、飛び石の脇に植えると自然な雰囲気を演出することができます。水分を好みますが、水が滞《とどこお》る場所は苦手なため、水はけのよい土壌で、水を切らさず管理するのがポイントです【図2】。

住宅では常緑《じょうりょく》のシダがよく用いられます。生長《せいちょう》は比較的緩やかで、草丈も30㎝程度に収まります。柔らかい雰囲気のイノモトソウや、やや硬い印象のベニシダ、色が濃く硬いイメージのヤブソテツ類は丈夫で取り入れやすい代表種です。クサソテツはボリューム感があり、密植すると低木《ていぼく》のように扱うことができます。コケのように地面に這《は》うクラマゴケもシダの仲間です。オニヤブソテツやタマシダを多用するとトロピカルなイメージもつくり出すことができます。ジュウモンジシダは国内に広く自生《じせい》し、丈夫で形も美しく、和洋を問わず、どのような庭にも導入できます。

刈込み、目土、施肥、雑草とりなど、シバの管理は意外と大変です

[図1] シバが好む環境・嫌う環境

シバが好む環境

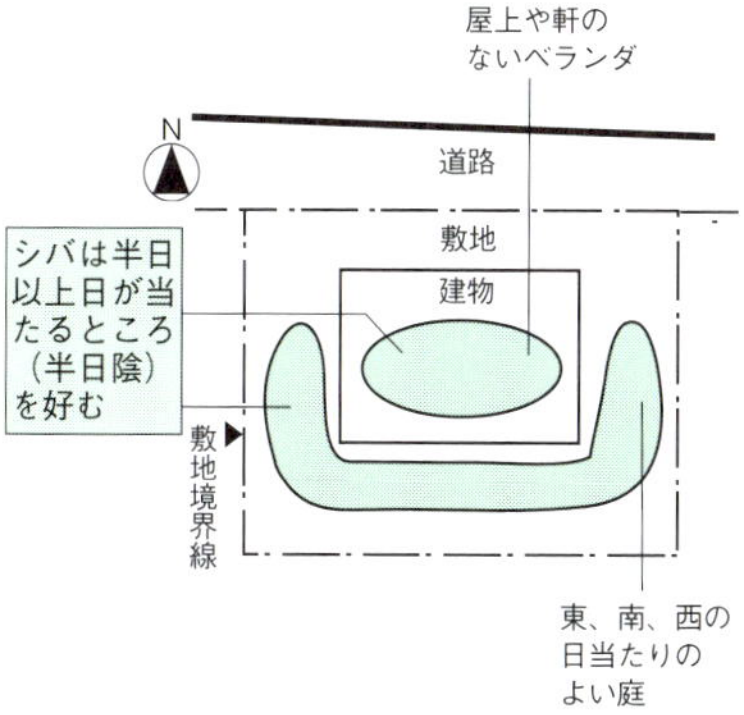

シバが嫌う環境

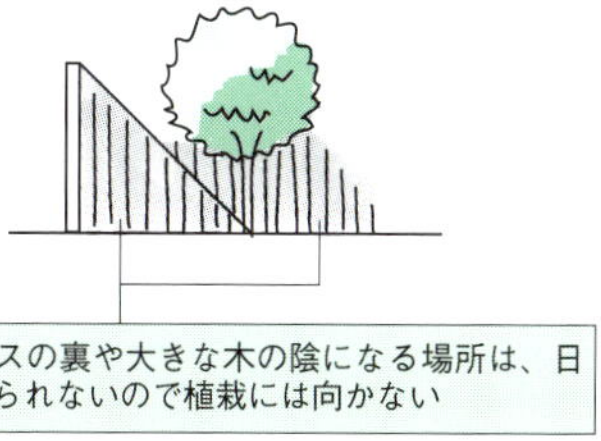
フェンスの裏や大きな木の陰になる場所は、日
照が得られないので植栽には向かない

日照を好むシバの植栽は日当たりがよい場所であることが基本。半日以上日陰になったり、水分が多くじめじめした環境では生育不良となる。また、通路など常時人や物が通るところは、踏み圧で根が傷み枯れるおそれがあるので、植栽は避けたほうがよい

代表的なシバ

夏型シバ	冬型シバ
ウィーピングラブグラス、ギョウギシバ、コウライシバ、セントオーガスチングラス、ノシバ、ティフトンシバ、バッファローグラス、バミューダグラス、ヒメコウライシバ	クリーピングベントグラス、ケンタッキーブルーグラス、コロニアルベントグラス、ファインフェクス

[図2] シダの植栽

シダが好む環境

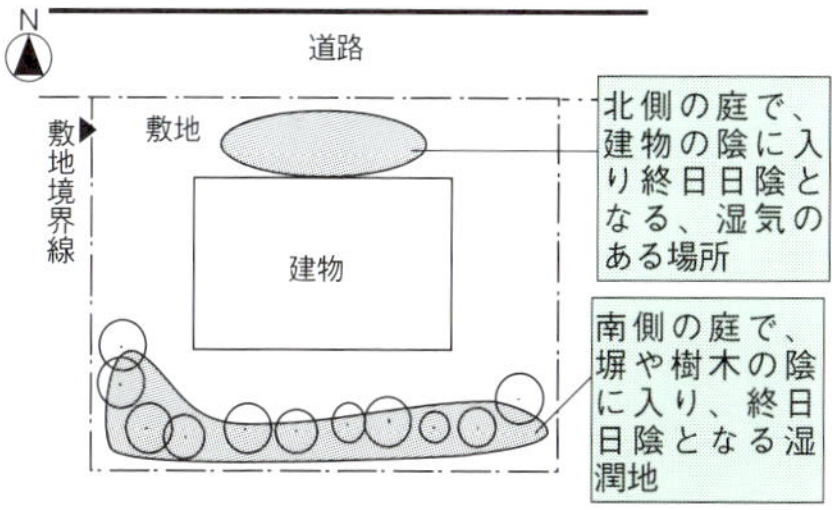

シダは湿気が多い日陰を好むが、日当たりがある程度あっても育つことができる。また水分が多すぎると生育不良になるので、水を切らさず溜めずという状態が続くようにする

シダの配植例

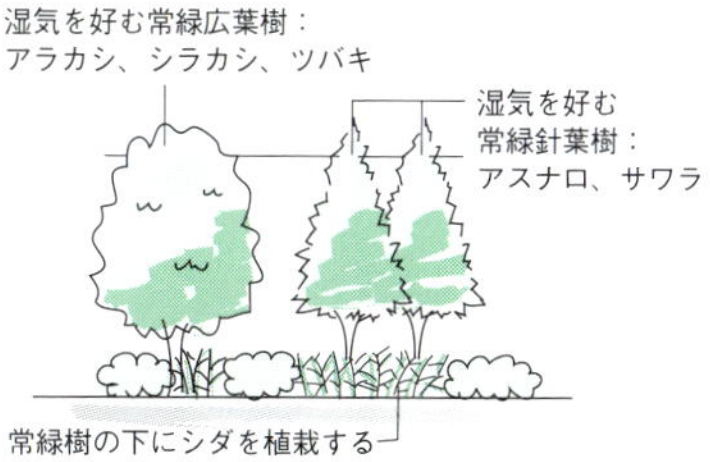

シダは和風の庭でよく使われる。高木や添景物の足もとに入れると野趣溢れる庭をつくることができる[138〜139頁参照]

代表的なシダ

イノモトソウ、イワヒバ、オオタニワタリ、クサソテツ、クジャクシダ、クラマゴケ、ジュウモンジシダ、タニワタリ［熱］、タマシダ［熱］、トクサ、ハコネシダ、ベニシダ、ヤブソテツ、ヤマソテツ ※［熱］は、室内か沖縄の屋外に向くもの

クサソテツ。オシダ科クサソテツ属。飛石や景石の脇に植栽

21 コニファーを使った庭

冬場に魅力を発揮

コニファーは針のような葉と、コーン（CONE）を付ける針葉樹の総称です。コーンとは球果《きゅうか》という果実のことで、マツボックリはその一種です。ほとんどは常緑《じょうりょく》ですから、コニファーだけでつくった庭は一年を通してほとんど変化が見られません。しかし、周囲の緑がなくなる冬場にその魅力が発揮されます。品種改良が進み、葉の色は豊富で、バリエーションが楽しめます【図1】。

ほとんどのコニファーは蒸《む》れるような湿度を嫌うので、日当たりと風通しのよい場所に植栽することがポイントです。コニファーは剪定《せんてい》しなくても自然樹形でカチッとした形に保たれるものが多いため、手のかからない樹木です［66～67頁参照］。中《ちゅう》～高木《こうぼく》の高さの異なるものや樹形の幅や形などもさまざまですから、パズルを組み合わせるようにバランスよく配置するとよいでしょう【図2】。

豊富な樹形と色彩

狭いスペースに向いているコニファーは、細仕立《ほそじた》ての狭《きょう》円錐形《えんすいけい》や円筒形（ファスティギャータ形）のジュペルススエシカ、イタリアンサイプレスなど。低木《ていぼく》で、寄せ植えして見せるようなものに、キャラボクやタマイブキなどがあります。

また、小さな半球形の樹形には、キンキャラやプンゲンストウヒゴロボーサのほか、小型のコノテガシワ、オウレアナナなどがあります。横にはうように広がるジュペルスブルーパシフィック、ミヤマハイビャクシン、フィリフェラオーレアナナは、地被《ちひ》のように利用できます。

葉色は緑の濃淡のほかに、ニオイヒバヨーロッパゴールドのように黄色を帯びたもの、ジュベルスプルーヘブンのように青味がかったもの、あるいは白っぽいものもあり、樹形や色彩が違うとさまざまな構成を考えることができ、より立体的な庭をつくることができます。

コニファーは、パズルを組み合わせるようにバランスよく配置

[図1] ユニファーの樹形と代表的な樹種

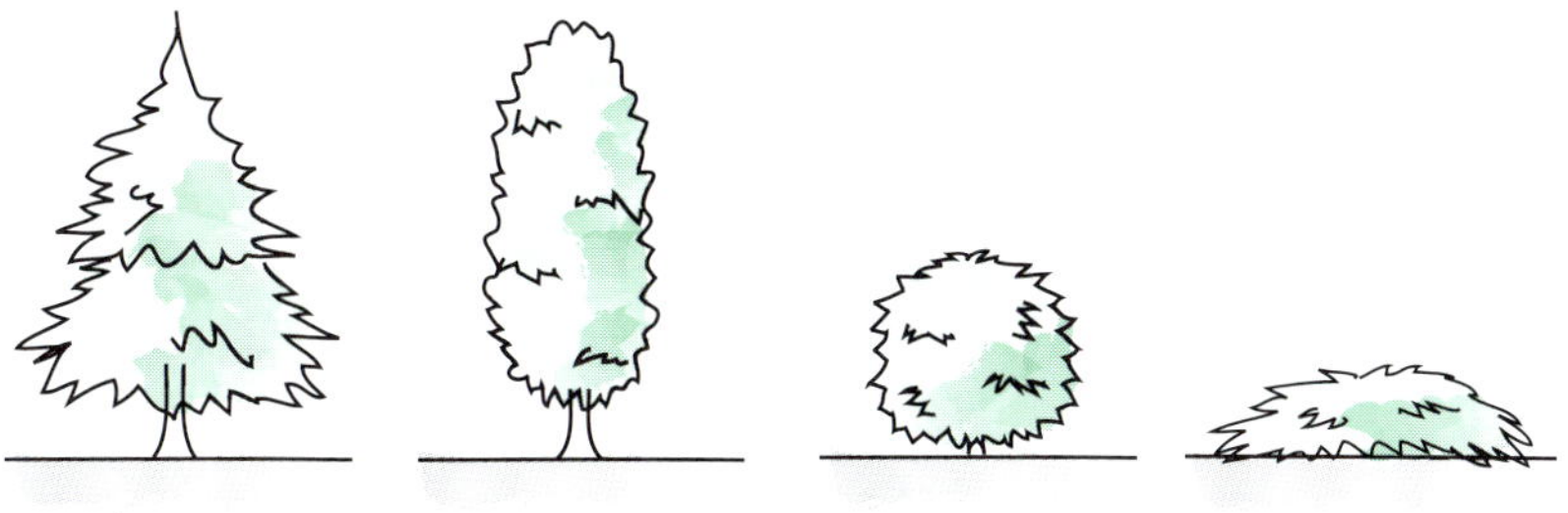
円錐形（広・狭）
狭円錐形（ペンシル形）
半球形・球形
匍匐（ほふく）形

円錐形（広・狭）	狭円錐形（ペンシル形）	半球形・球形	匍匐（ほふく）形
アカエゾマツ、イチイ、コノテガシワエレガンテシマ、サワラ、ジュニペルスブルーヘブン、ニオイヒバグリーンコーン、ニオイヒバヨーロッパゴールド、ヒノキ、プンゲンストウヒホープシー、レイランドサイプレスなど	イタリアンサイプレス、ジュニペルススエシカ、ジュニペルスセンチネル、ヨーロッパイチイファスティギアータ、ネグンドカエデオーレオマルギナタムなど	キンキャラ、ニオイヒバゴールデングローブ、ニオイヒバダニカ、ニオイヒバラインゴールド、プンゲンストウヒグロボーサなど	ジュニペルスゴールドコースト、ジュニペルスブルーパシフィック、ミヤマハイビャクシンなど

[図2] コニファーの配植例

立面

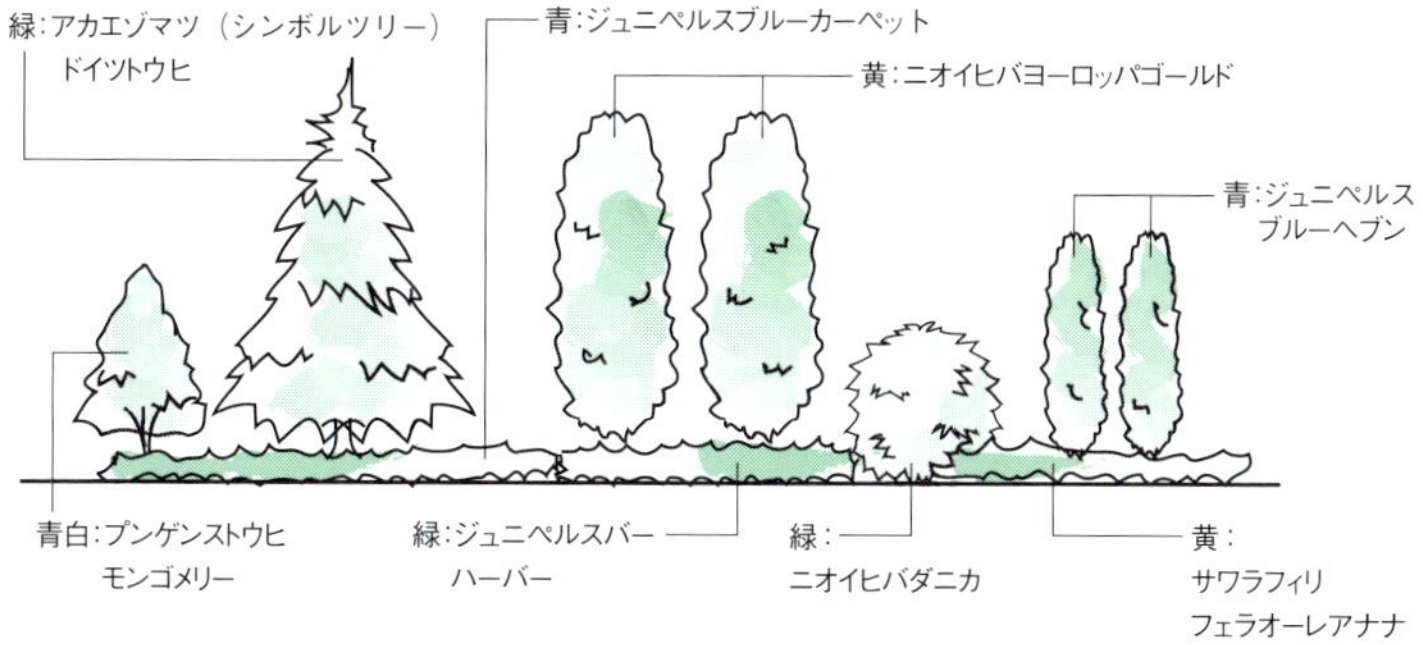
緑：アカエゾマツ（シンボルツリー）
ドイツトウヒ
青：ジュニペルスブルーカーペット
黄：ニオイヒバヨーロッパゴールド
青：ジュニペルス
ブルーヘブン
青白：プンゲンストウヒ
モンゴメリー
緑：ジュニペルスバー
ハーバー
緑：
ニオイヒバダニカ
黄：
サワラフィリ
フェラオーレアナナ

平面

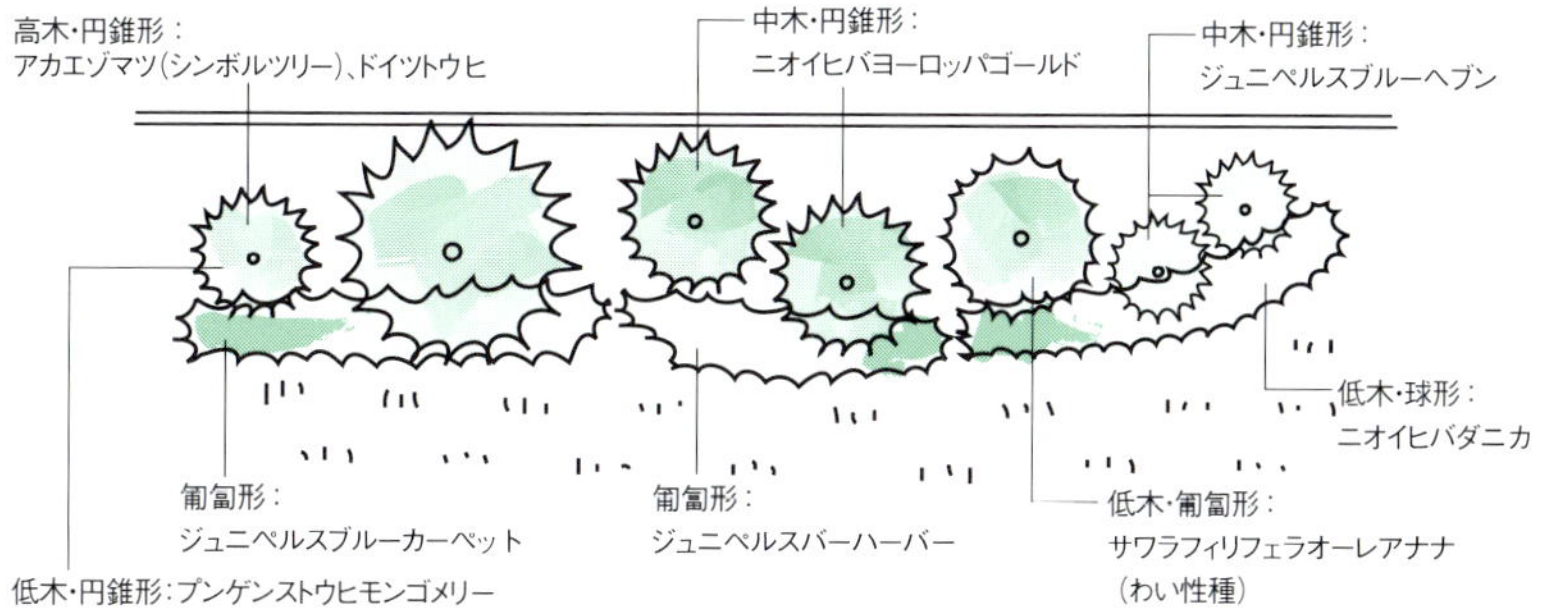
高木・円錐形：
アカエゾマツ（シンボルツリー）、ドイツトウヒ
中木・円錐形：
ニオイヒバヨーロッパゴールド
中木・円錐形：
ジュニペルスブルーヘブン
低木・球形：
ニオイヒバダニカ
匍匐形：
ジュニペルスブルーカーペット
匍匐形：
ジュニペルスバーハーバー
低木・匍匐形：
サワラフィリフェラオーレアナナ
（わい性種）
低木・円錐形：プンゲンストウヒモンゴメリー

COLUMN

高知県立牧野植物園

牧野博士の業績を称える植物園

高知県出身の植物学者・牧野富太郎博士（1862〜1957年）の業績とその歩みが分かる、高知県で多く見られる植物を中心にした植物園。市内を見渡す五台山に位置し、敷地は約６ha。博士ゆかりの植物約1500種13000株が四季を彩り、憩いの場を提供しています。

標高1000m以上の冷温帯から温暖な海岸線までの植生《しょくせい》を、４つの気候帯のゾーンに区切って再現した土佐の植物生態園をはじめ、さくら・三つ葉つつじ園、空木園、あじさい園、薬用樹木園などが整備されています。このほか、貴重な資料を紹介する展示や、生涯学習の場となる博物館も併設しています。

バイカオウレン。本州東北以西〜四国の山地の湿った日陰に生息する多年草

DATA

住所／高知県高知市五台山4200-6
電話／088-882-2601
開園時間／9：00〜17：00（最終入園は16：30）
休園日／年末年始（12/27〜1/1、そのほかメンテナンスのため休園あり）
入園料／一般730円（団体割引あり）、高校生以下無料

第6章

植栽の工事・管理

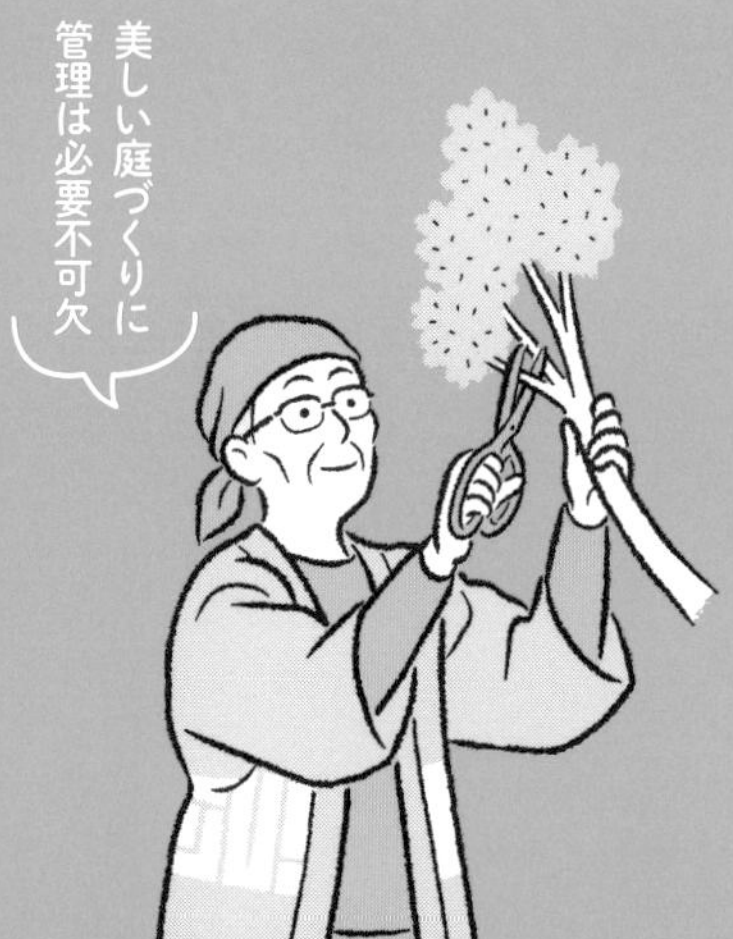
美しい庭づくりに
管理は必要不可欠

01 植栽工事の内容

基本的な植栽の手順

植栽設計が終わると、植栽工事に取りかかります。通常、植栽工事は建物の工事があらかた終了してから行うのが理想的です。建物の工事と同時進行すると、外壁仕上げの塗装が樹木にかかったり、設備機器の搬入で樹木が踏みつけられたりするなど、樹木が傷む原因となるからです。

基本的なプロセスは、植栽する場所を整備し、高木《こうぼく》や中《ちゅう》木《ぼく》を植えた後に、低木《ていぼく》、次に地被《ちひ》を植え、土の表面を均《なら》して完了します【図】。場所の整備は、植物の生長《せいちょう》に適した土壌や地形をつくり、さらに植物や資材の運搬動線を確保し、土などで汚れないように養生《ようじょう》するために行います。２ｍを超える樹木で枝張りの大きいものを植えるときは、不用な枝を剪定《せんてい》し幹《ね》巻《ま》きするとよいでしょう。水極《みずぎ》め【マメ知識】でしっかり水を与え、樹種によっては支柱を設置します。

運搬による枝葉の剪定

住宅のシンボルになる樹木は、庭の印象を大きく変えるので、施工者と十分に協議したうえで決定します。樹木は施工会社が手配する場合と、植栽設計者が別途、購入するケースがあります。施工する場所が遠い場合は、写真から植栽する樹木を判断することになります。

樹木が現場に届くと、思いのほか貧弱に見えます。運搬や植えつけの手間を減らすために枝をなるべく少なくしてしまうからです。

また、根を張っていた樹木を掘り上げる際、根は本来の半分程度に整理されるので、植栽後の生育バランスを考え、その分地上部の枝葉もボリュームダウンさせます。とくに株もと近くの枝は、運搬の際に邪魔になることから剪定される場合が多いのです。枝ぶりのイメージが大切になる場合は、事前にその旨を伝えておきます。

植栽は、高木→中木→低木→地被の順に植えます

[図] 植栽工事の基本的な流れ

高木・中木の植栽

地面を均し、高木・中木を植えてデザインのフレームをつくる

低木の植栽

高木や中木の足もとを固めるように低木を植栽していく

地被の植栽（部分）

植栽デザインのなかでポイントとなる部分の地被を植栽する

地被の植栽（全体）

最後に敷地全体をシバなどの地被で覆って植栽工事は完了となる

マメ知識

水極《みずぎ》めの方法

①植え穴に樹木を置いて、根鉢の1／2〜1／3ほど土を埋め戻したら、水を注ぎ、根鉢の周囲に十分土や水が行き渡るように棒でよく突いて、樹木を上下に揺らす。

②鉢底まで水が回り、泥水となったら順次残った土を戻す。

①・②の作業を繰り返して植栽をすることを水極めという。低木の場合は、埋め戻した上からさらに注水し、株を上下に動かして泥水が細根の間に回るようにする。

02 支柱の設置

支柱で樹木を安定させる

樹木を運搬する際、根は整理され小さくなっているので、植栽後は全体を支える力が減り、倒れやすくなります。また、風が強い場所では、倒れないまでも始終風に揺れて、地下部分も落ち着かない状態になります。植栽後、根は生長《せいちょう》を始めますが、根の先端はとても繊細なので、木全体が揺れると、思うように根が張りません。そこで樹木を安定させ、しっかり根づくように支柱を立てるのです。

いろいろな支柱のタイプ

支柱は樹木の高さや幹《みき》の太さ、周辺環境などにより、いくつかのタイプがあります【図】。たとえば、いつも歩行するような場所で支柱が立てられないところでは、土中タイプの支柱を利用します。支柱自体を地下に設置するもので、景観を崩さずに樹木を安定させることができます。しかし一度施工すると、樹木を入れ替えるときや、生長後の撤去に手間がかかります。

樹木の高い位置で固定し、風による揺れを最小限にすることができるのは、八《や》つ掛《が》け支柱と呼ばれるタイプです。八の字を描くようにして、樹木の上方で支柱をクロスさせるので、周辺にそれなりのスペースが必要になります。

施工範囲が狭い場合には、鳥居《とりい》支柱が比較的コンパクトに収まるのでよく利用されています。このほか、樹木を並べるように植える場合は、1本の横竿《よこざお》を支えに固定し、そこへ数本ずつ取り付ける布掛《ぬのが》け支柱［83頁参照］があります。

建物の近くに大木《たいぼく》を植栽する場合は、ワイヤー支柱を利用することも可能です。これは建物や工作物などにフックを設置し、鉄やカーボンファイバーなどのワイヤーを使って枝を固定するものです。ただし、ワイヤーは細く見えづらいので、人の往来がある場所では設置しないほうがよいでしょう。

支柱は用途や樹種に合わせて。ワイヤー支柱は通行があるところは避けます

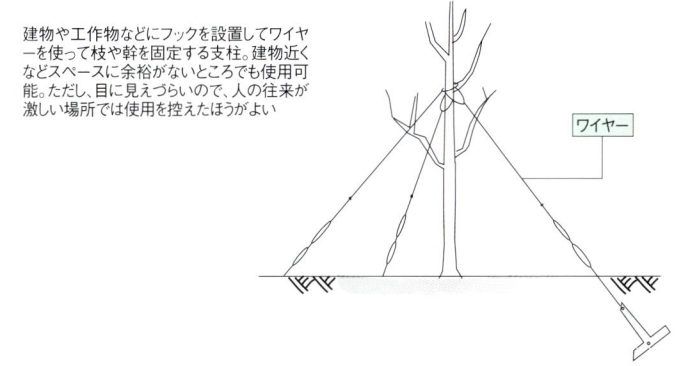

[図] さまざまな支柱のタイプ

土中支柱

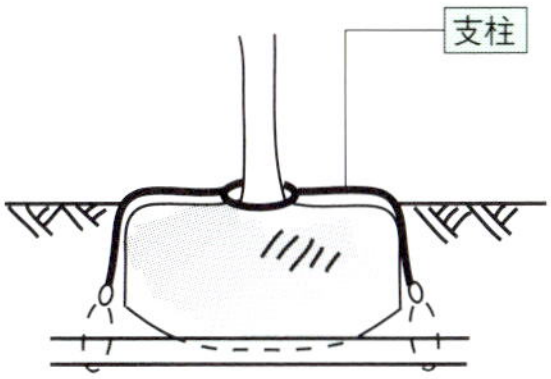
支柱

支柱が立てられないところに設置。
施工後のメンテナンスが難しい

八つ掛け支柱

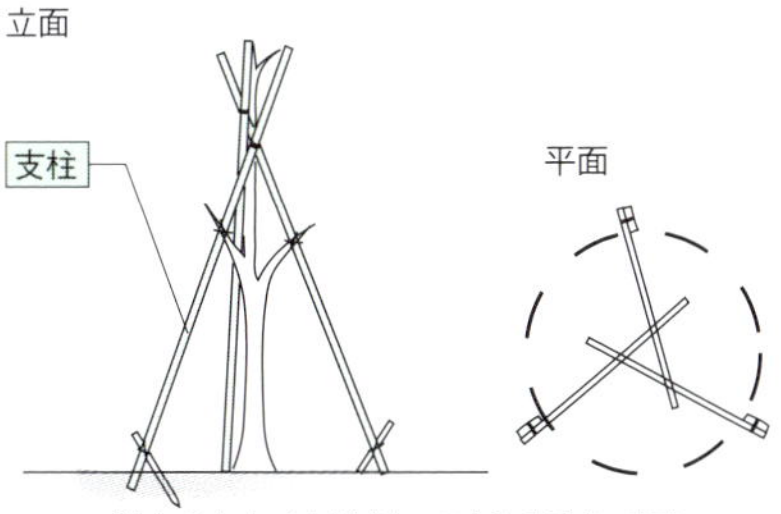
立面
支柱
平面

樹木の上方で支柱をクロスさえて固定。安定
しているが、周囲にそれなりのペースが必要

鳥居支柱

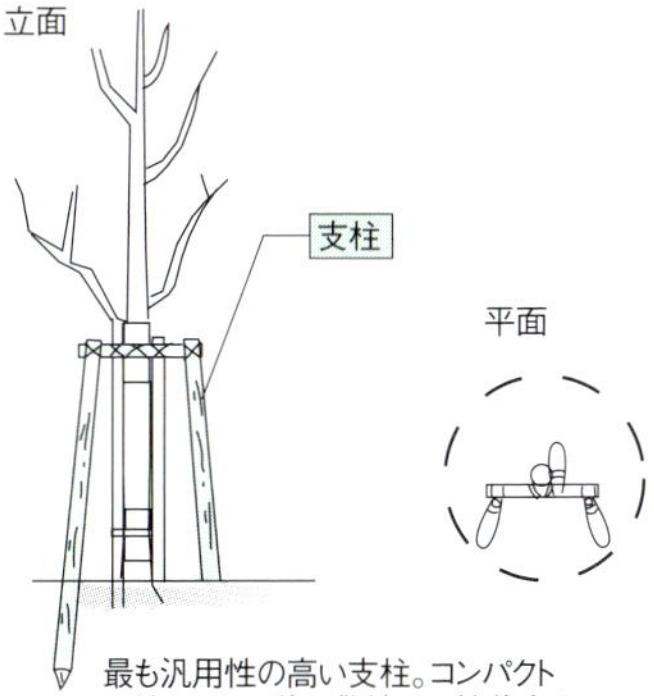
立面
支柱
平面

最も汎用性の高い支柱。コンパクト
に納まるので狭い敷地での植栽向き

布掛け支柱

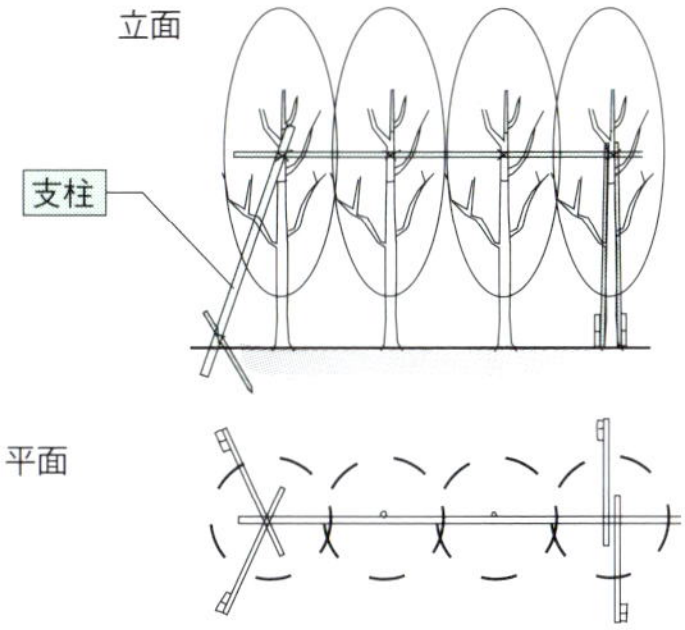
立面
支柱
平面

1本の横竿に数本ずつで固定。
生垣の列植などに用いられる

ワイヤー支柱

建物や工作物などにフックを設置してワイヤーを使って枝や幹を固定する支柱。建物近くなどスペースに余裕がないところでも使用可能。ただし、目に見えづらいので、人の往来が激しい場所では使用を控えたほうがよい

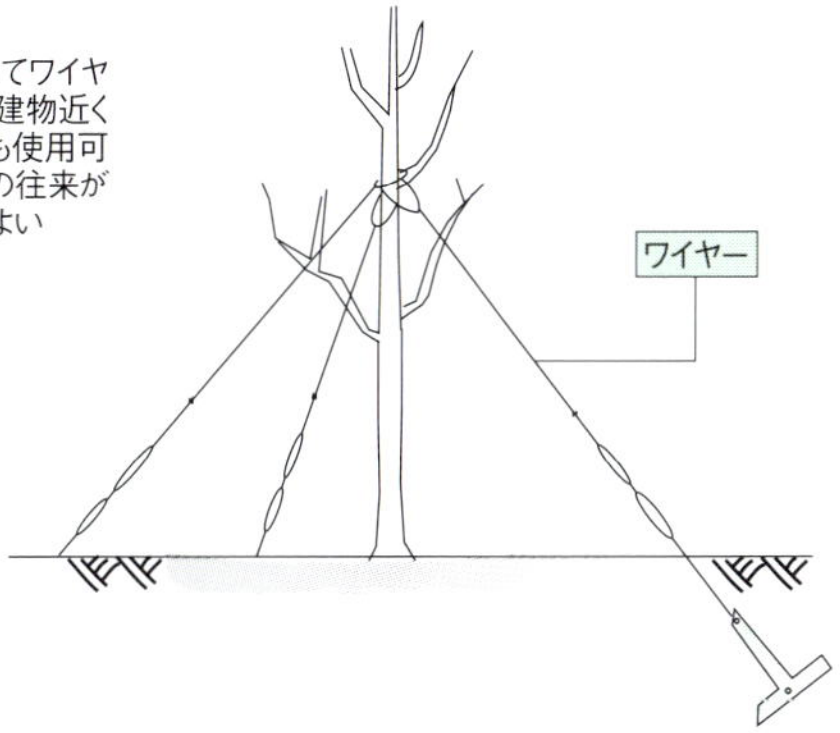
ワイヤー

03 植栽工事の前後に行う作業

配線や配管は事前に

植栽工事は植物を植えつけ、整地するまでの一連の作業をいいますが、植栽だけで外構《がいこう》空間がすべて整う場合は少なく、修景《しゅうけい》や管理のために他の工事も同時、あるいは前後に進める必要があります。

植栽工事の前に行うべき作業は、築山《つきやま》、景石《けいせき》、石積《いしづみ》など修景にかかわる添景物《てんけいぶつ》の設置です。石や土は非常に重量があるため、人力だけで移動するのが難しく、植栽後では作業スペースが確保できないことがあります。

また、電気、ガス、水道などの配管も植栽工事の前に行います。庭園灯を設置する場合、器具自体は植栽後でも可能ですが、土中部分は配線しておかなければ、せっかく植えた樹木を掘り返すはめになります。滝や水路、蹲踞《つくばい》、手《ちょう》水鉢《ずばち》を設置する場合は、水道の配管工事を先に行います。樹木の水遣《みずや》りのための水栓を設置しておくことも大切です。

建築工事終了間近に植栽工事にかかわる材料を搬入しますが、門扉《もんぴ》がついていたり、ほかの作業で通路が狭められるなど、想定外の事情でスムーズな作業ができない場合も多くあります。植栽工事の直前までに、搬入口を再確認しておくとよいでしょう【図1】。

室外機の場所も確認

植栽工事の後に行うのが砂利などの舗装仕上げです。植栽工事中では土がこぼれ汚れる可能性があるため、必ずこのタイミングで行います。

植栽計画で意外と忘れられがちなのが、室外機などの外側に置く機械の位置です。植栽後、樹木の近くに室外機を設置すると、温風や熱が発生するため、樹木に悪影響を及ぼすことがあります【図2】。

室外機などを設置する際は、周囲の植栽との位置を確認し、問題があるようならば、どちらかの位置をずらすなどで対処します。

建築工事との調整がキー。配線や配管工事は植栽工事前に完了させておきます

[図1] 建築後の樹木の搬入経路の目安

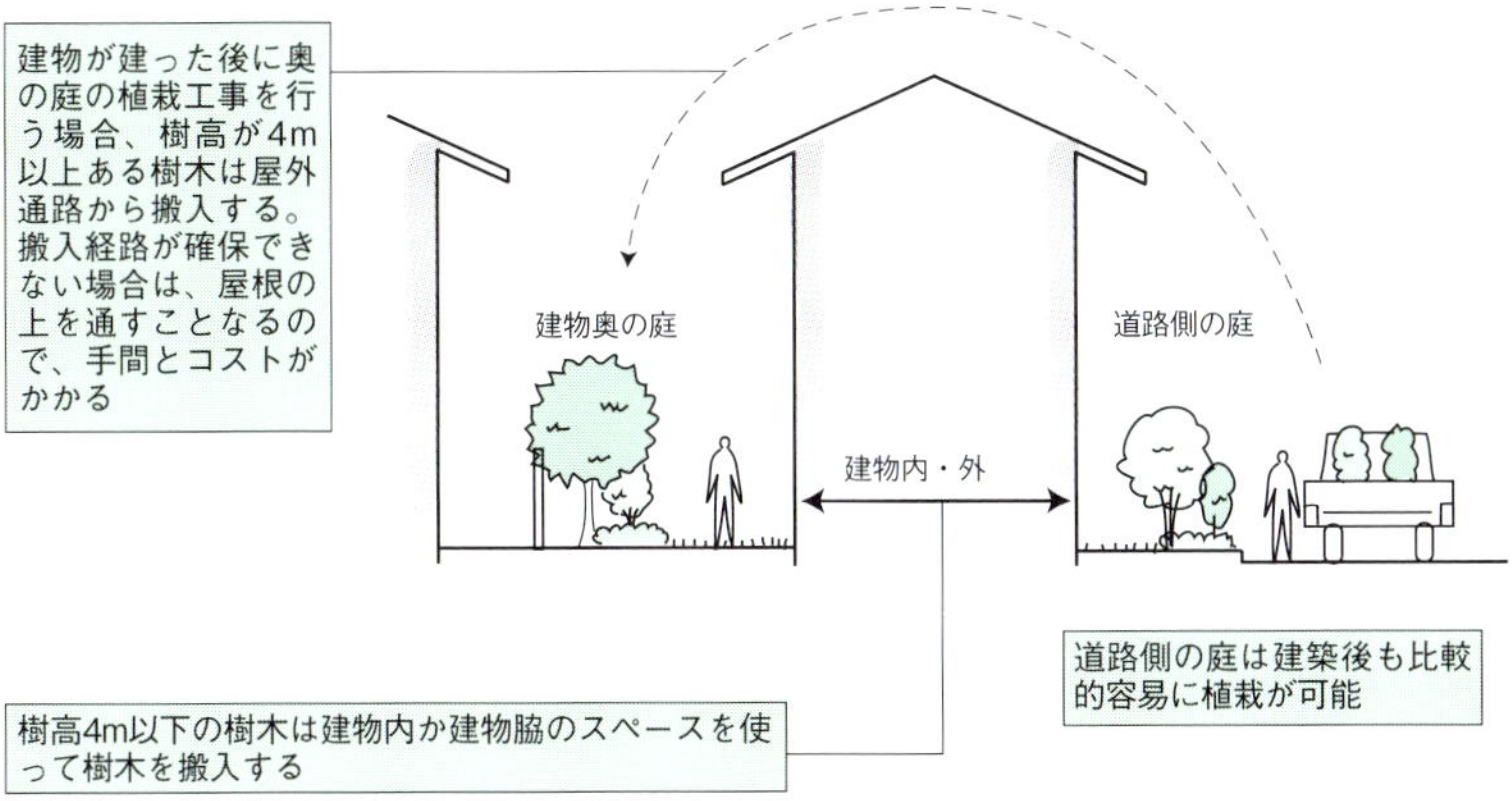
建物が建った後に奥の庭の植栽工事を行う場合、樹高が4m以上ある樹木は屋外通路から搬入する。搬入経路が確保できない場合は、屋根の上を通すことなるので、手間とコストがかかる
建物奥の庭
道路側の庭
建物内・外
道路側の庭は建築後も比較的容易に植栽が可能
樹高4m以下の樹木は建物内か建物脇のスペースを使って樹木を搬入する

[図2] 植栽工事前の施工関連チェックポイント

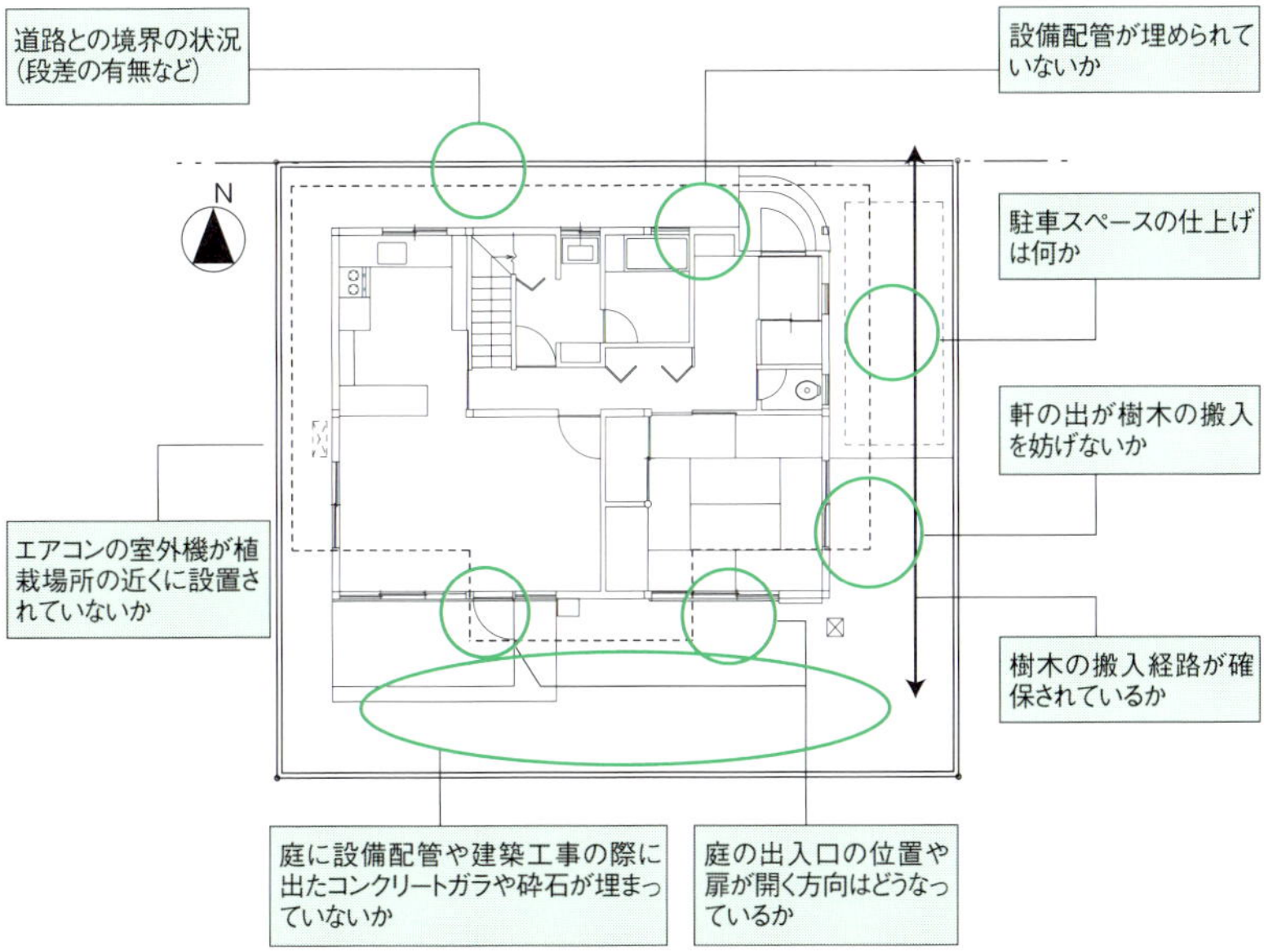
道路との境界の状況(段差の有無など)
設備配管が埋められていないか
N
駐車スペースの仕上げは何か
軒の出が樹木の搬入を妨げないか
エアコンの室外機が植栽場所の近くに設置されていないか
樹木の搬入経路が確保されているか
庭に設備配管や建築工事の際に出たコンクリートガラや砕石が埋まっていないか
庭の出入口の位置や扉が開く方向はどうなっているか

以上のような点を確認し、問題があれば、樹種を変えたり植栽デザインを検討しなおす

04 植栽工事が終わった後の管理

水遣《みずや》りが管理の基本

植栽直後の植物は、根が切られたり、傷んだりしているため、水を吸い上げる力が低下しています。管理のポイントは、植栽工事直後からしっかり水を遣《や》ることです。植栽工事が完了したときに、その庭を管理する住人がいれば問題ないのですが、入居するまでに期間があく場合には、誰が水遣りをするのかを決めておく必要があります。

土に水をかけてすぐに浸透するのであれば問題ありませんが、水が溜まるようだと水はけが悪く、根腐《ねぐさ》れする可能性があるので改善する必要があります。砂や砂利を混ぜ込んだり、地形に勾配《こうばい》をつけたり、排水桝《はいすいます》などの設備を整えたりして対処します【図】。

枯《か》れ保証とは

大規模な植栽工事の場合は大抵、施工会社と「枯れ保証」の契約が行われます。

枯れ保証とは、工事後の1年以内は、持ち主がしっかり管理しているにもかかわらず植物が枯れてしまった場合に無償で植え直すというものです。植栽工事を契約する際に、保証の有無と、保証の範囲などについて確認しておきます。

「しっかりとした管理」というのは、水遣りが適宜行われているかどうかです。通常、植栽空間には雨水のみで育つような樹木が多く選択されていますから、それほど水遣りに神経質にならなくてもよいのですが、狭いスペースにつくる植栽空間では注意が必要です。土の容量や面積が少なく、水分を蓄える場所が限られ乾燥しやすいので、定期的な水遣りを心がけます。とくに都市部は、表土が舗装されて雨の吸収ができませんから、夏の暑い間は注意する必要があります。

通常、雨が当たらない軒《のき》や、天井があるような半屋外では保証の対象になりません。また、草花も同様に保証がつかない場合が多いです。

大規模工事では、枯れ保証の有無と保証の範囲を契約時に確認したいね

[図] 水遣りの目安

水遣りの基本

樹木の根の先まで水が届くよう、しっかりとかける。中木ならば５分程度が目安

不適切な水遣り

表面が濡れる程度では、土中の根まで十分に水が行き渡らないのでＮＧ

窪んだ場所での水遣り

敷地が窪んでいる場所は水が溜まりやすい。水が多すぎると樹木の根が腐り、枯れてしまうので、水遣りの際は、水が引く様子を見ながら遣りすぎないように注意する

軒近くでの水遣り

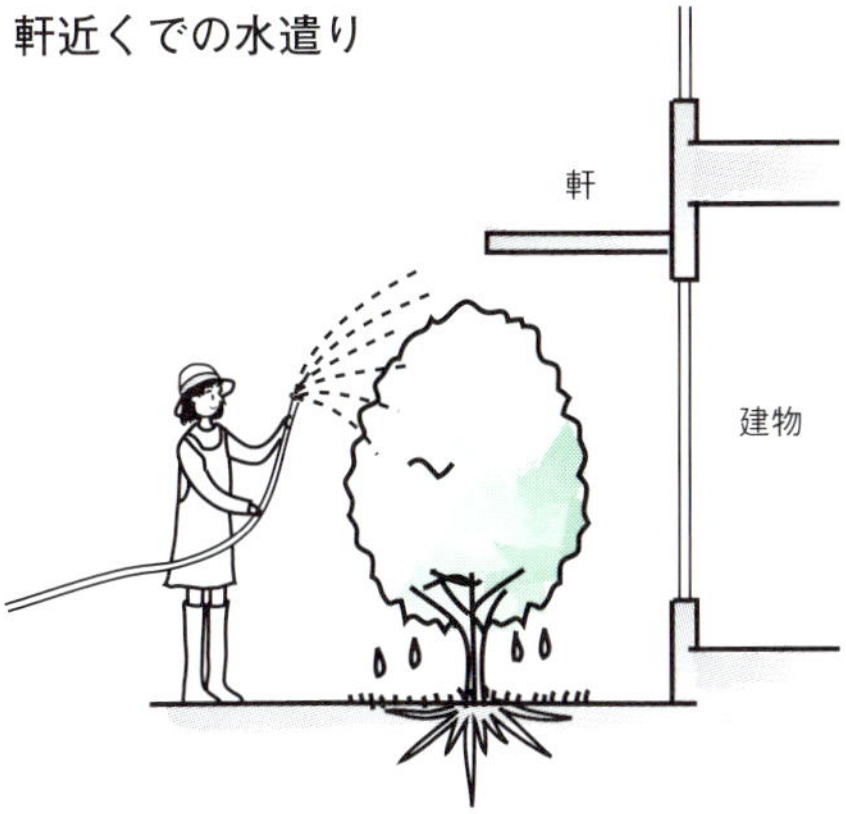

軒の出の付近は、他の場所と比べて地面が乾き気味になるので少し多めに水を遣る。また、樹木に雨水がかかりづらいので葉が乾燥したり、汚れたりしている。足元だけでなく、ときどき葉の部分にも水をしっかりとかけるようにする

05 季節の管理

季節で異なる管理のコツ

植物の栽培管理は、植栽工事が終了すると同時に始まります。住宅の植栽では多くの場合、住まい手が管理することになりますから、植栽後は、施工者から建て主に管理方法をしっかり説明することが大切です。管理内容は水遣《みずや》り、剪定《せんてい》が中心になります［図］。

（1）春の管理（3～6月）

花が咲く種は、咲き終わった花殻《はながら》をこまめに摘《つ》みます。雑草が発生しはじめるので、早いうちから除草をします。

（2）初夏の管理（6～7月）

本州は梅雨に入り、水遣りの世話はほとんどなくなりますが、病気や虫が発生しやすくなります。春に花が咲き終わった樹木については、込み合った枝や葉を間引《まび》きます。害虫はこまめにチェックして早期に取り除きます。

（3）夏の管理（7～9月）

暑い日が続くので、最大のポイントは水遣りです。表土が乾いたら水を遣るというのが基本です。この時期に活発に生長《せいちょう》する植物は少ないので、植栽工事には不向きです。とくに寒冷地原産の針葉樹の移植《いしょく》は避けます。

（4）秋の管理（10～11月）

落葉が始まると頻繁に清掃を行います。葉が堆積することで土の乾燥を防ぎ、保温効果もあるので、株もとに少し残しておいてもよいでしょう。

果樹やバラなどは施肥《せひ》に適した時期です。生長しすぎた枝は剪定して整えます。熱帯原産以外の樹木は植栽の適期です。

（5）冬の管理（12～2月）

多くの植物は休眠期に入ります。霜が多い地域では霜除けとしてムシロや枯葉で地表面を覆《おお》います（マルチングします）。また、ソテツなどの暖地性の植物は、寒風が当たる場所では寒冷紗《かんれいしゃ》や菰《こも》巻き（ムシロ巻き）などを設置します。多雪地帯は雪吊《ゆきつ》り、雪避《ゆきよ》け、低木《ていぼく》は束ねたりして雪対策を施します。

美しい庭を維持するには、施肥や剪定など季節ごとの管理法を理解しましょう

[図] 季節の管理のカレンダー

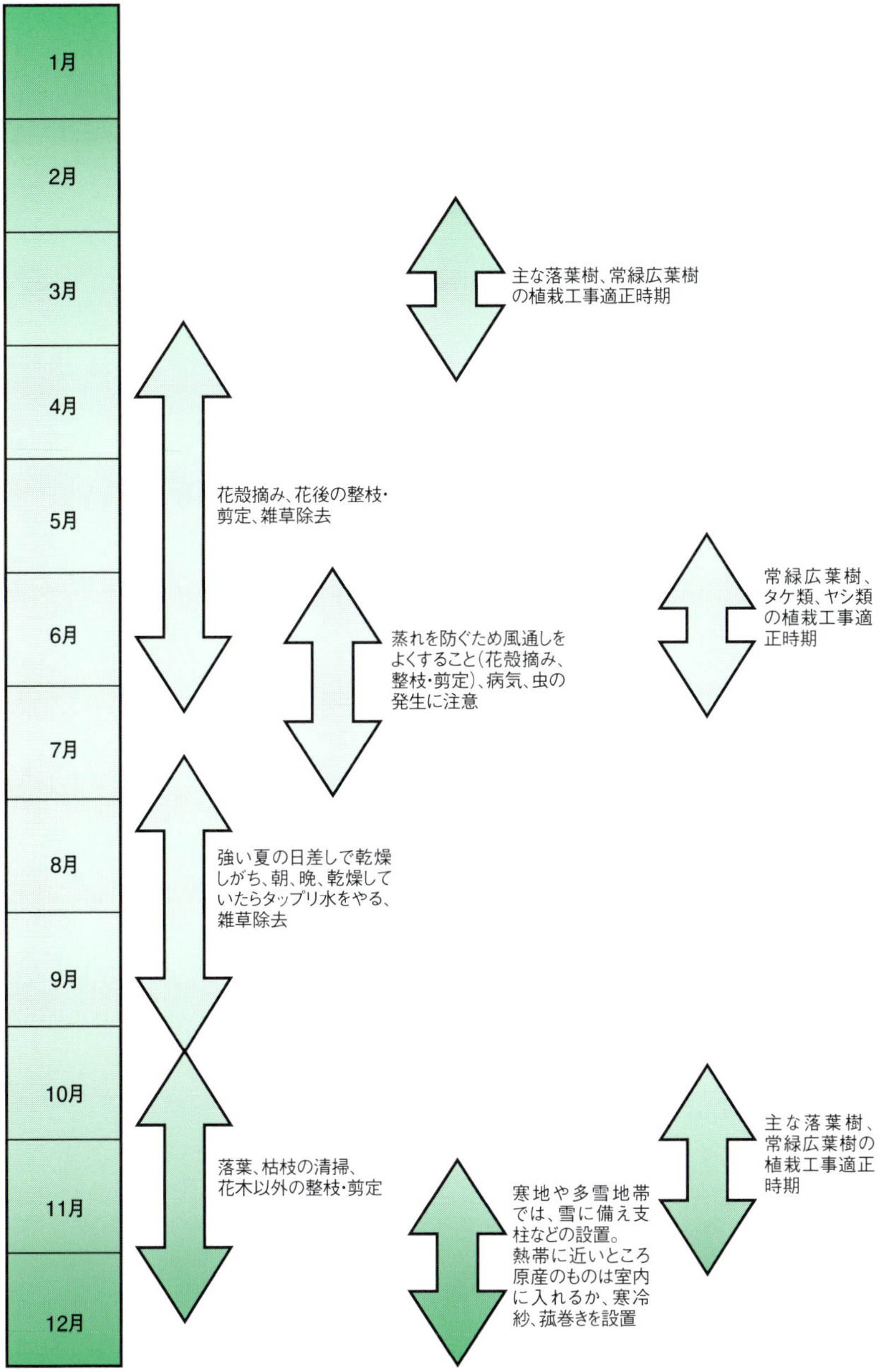
1月
2月
3月
4月
5月
6月
7月
8月
9月
10月
11月
12月
主な落葉樹、常緑広葉樹の植栽工事適正時期
花殻摘み、花後の整枝・剪定、雑草除去
常緑広葉樹、タケ類、ヤシ類の植栽工事適正時期
蒸れを防ぐため風通しをよくすること(花殻摘み、整枝・剪定)、病気、虫の発生に注意
強い夏の日差しで乾燥しがち、朝、晩、乾燥していたらタップリ水をやる、雑草除去
主な落葉樹、常緑広葉樹の植栽工事適正時期
落葉、枯枝の清掃、花木以外の整枝・剪定
寒地や多雪地帯では、雪に備え支柱などの設置。熱帯に近いところ原産のものは室内に入れるか、寒冷紗、菰巻きを設置

06 長期管理のポイント

○剪定《せんてい》するポイント

植栽から1〜2年の間、樹木の生長《せいちょう》が鈍くなるのは、環境が変わって適応するのに時間がかかるから。ただし、3年も経過すると、環境が合っていればぐんぐん生長します。

植物は通常、日が当たる方向に向かって枝を伸ばし、葉を繁らせます。そのため、樹木の南側や西側ばかりがボリュームを増し、全体のバランスが悪くなることがあります。剪定は、そのバランスを整えるように行うとよいでしょう。また、若木ならば、早春や晩秋に大きく掘り上げて回転させる方法もあります【図】。

込み合った枝は、枝の基部から随時剪定してかまわないのですが、夏の暑い時期に幹《みき》に直接強い日差しが当たると、幹肌が焼けることがありますから気をつけます。また、寒い時期には常緑樹《じょうりょくじゅ》の剪定に注意。寒風が幹に当たると冷害が出ることがあります。

○幹と根の管理

時間が経過すると、地面は締め固まって水はけが悪くなり、根が伸びにくくなって、植栽全体の調子を落とすことがあります。そのときは、適宜土を耕《たがや》して、土中に空気を送り込むようにします。

とくに、狭い庭や屋上庭園などの限られた範囲に植栽した場合は、土の量が少なく、根詰《ねづ》まりを起こしやすなります。土の中に小さな穴を開けて空気を入れたり、細根を整理するなどして、それに併せて地上部の枝も刈り込みます。

樹木は高さや枝ぶりは、剪定によってある程度のコントロールは可能ですが［46頁参照］、幹の太さを変えることはできません。植物図鑑などで事前にどのくらい生長するかを把握しておくことが大切です。

雑木《ぞうき》などの株立《かぶだ》ちは、幹が太くなってきたら思い切って地際《じぎわ》から一番太い幹のものを切って更新します。

樹木の南面と西面は枝葉が繁りやすいので、剪定や若木ならば回転させ樹形を整えます

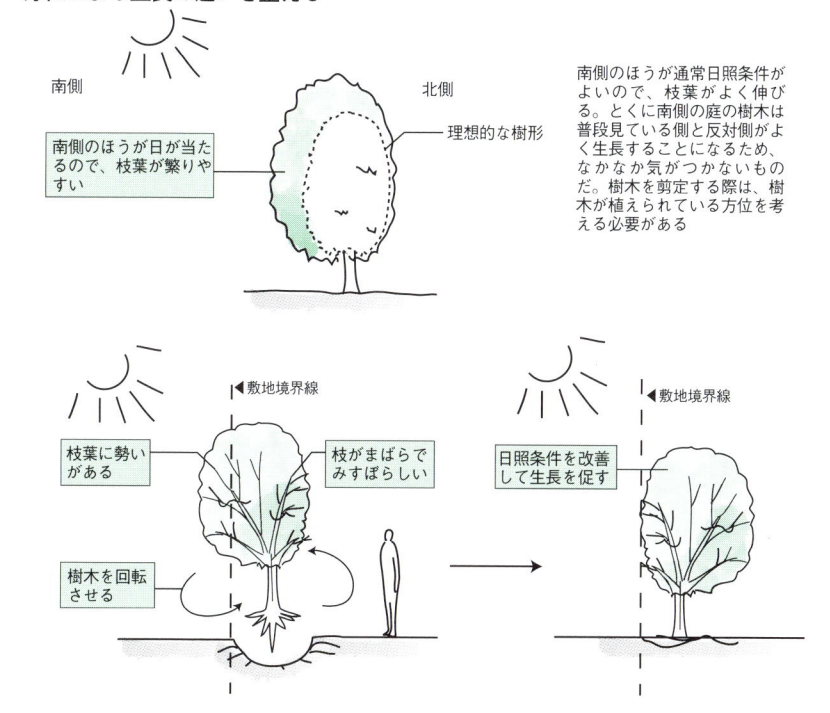

[図] 長期の管理のポイント

樹形を整える

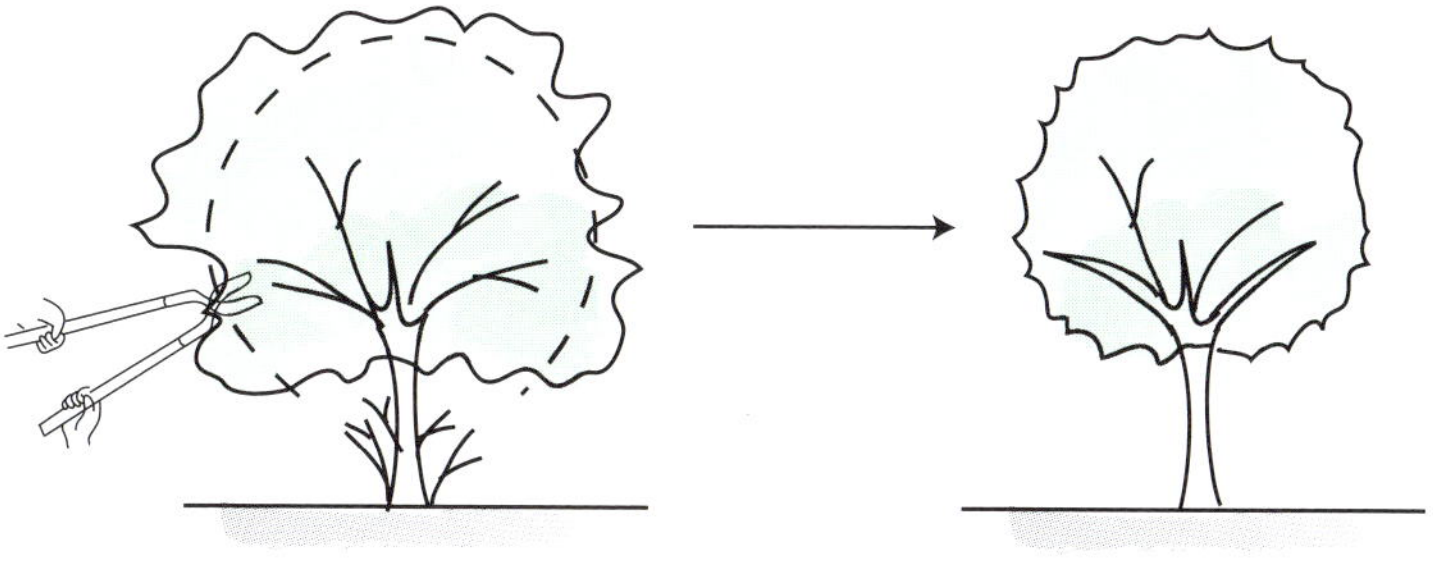

植栽後、1～2年くらいで徒長枝(とちょうし)や、からみ枝が伸びる。
樹形が乱れるので余分な枝を剪定する

方位による生長の違いを整える

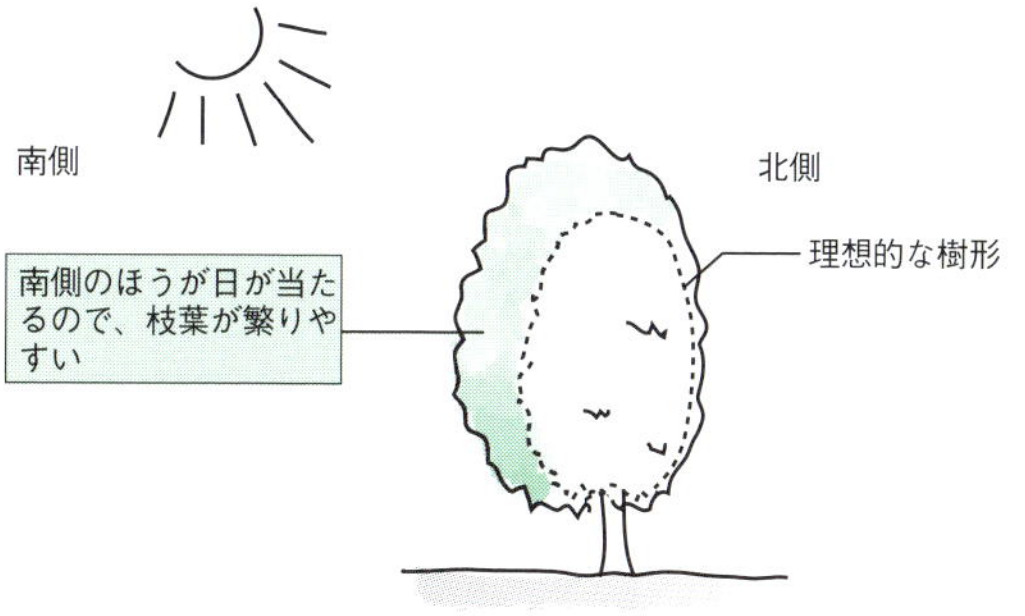
南側
北側
理想的な樹形
南側のほうが日が当たるので、枝葉が繁りやすい

南側のほうが通常日照条件がよいので、枝葉がよく伸びる。とくに南側の庭の樹木は普段見ている側と反対側がよく生長することになるため、なかなか気がつかないものだ。樹木を剪定する際は、樹木が植えられている方位を考える必要がある

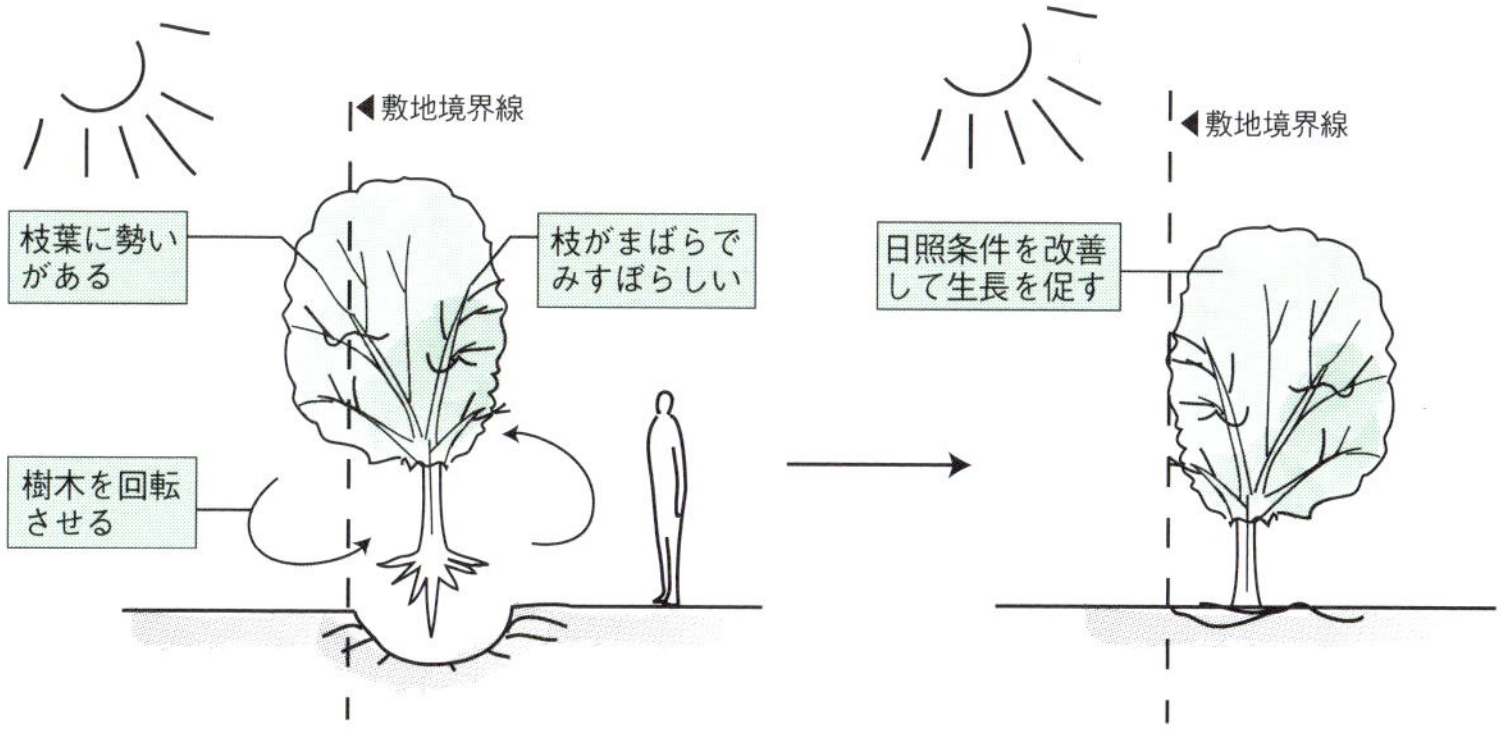
敷地境界線
枝葉に勢いがある
枝がまばらでみすぼらしい
樹木を回転させる
敷地境界線
日照条件を改善して生長を促す

さらに長い年月が経つと、樹木の北側面は枝がまばらになり、みすぼらしくなる。このような場合は、根回しをして樹木の北面と南面を入れ替えることで、樹形や生長のバランスをとるようにする

山﨑誠子(やまざき・まさこ)

植栽家、ランドスケープデザイナー。一級建築士。GAヤマザキ取締役。

日本大学短期大学部建築・生活デザイン学科准教授。手軽に楽しめる住宅のガーデニングの提案から、造園・都市計画に至るまで幅広く活躍。著書に『花のコンテナ～コツのコツ』(監修・小学館)、『大人の園芸』(共著・小学館)、『山﨑流 自然から学ぶ庭づくり！』(明治書院)、『樹木別に配植プランがわかる植栽大図鑑』(エクスナレッジ)、『世界で一番やさしい　住宅用植栽』(エクスナレッジ)など

建築の仕組みが見える06

緑と暮らしのデザイン手帖

2025年3月31日　初版第1刷発行

著者　山﨑誠子

発行者　三輪浩之

発行所　株式会社エクスナレッジ
〒106-0032
東京都港区六本木7-2-26
https://www.xknowledge.co.jp/

問合せ先　編集　Tel:03-3403-1381
Fax:03-3403-1345
info@xknowledge.co.jp
販売　Tel:03-3403-1321
Fax:03-3403-1829